9급 공무원 시험대비 최신판

박문각 공무원

기본서

응용역학 단권화 만점 이론서

단원 핵심 체크 및 기본 문제

최근 출제 경향 반영

김현 편저

김현 응용역학

동영상 강의 www.pmg.co.kr

김현
응용역학

PREFACE 이 책의 머리말

토목직 공무원에 도전하시는 여러분! 반갑습니다.

"현명한 응용역학"이라는 이름으로 박문각(노량진 학원 및 온라인)에서 강의교재로 사용되었던 응용역학 이론서를 다듬고 보완하여 출간하게 되었습니다. 이 책은 그간의 토목직 공무원 시험의 응용역학 과목에서 출제된 내용과 이 내용의 바탕이 되는 역학(Mechanics)개념 및 원리들을 토대로 심혈을 기울여 분석하고 정리하여 탄생한 책입니다. 또한 2025년도 문제를 포함한 최신 경향을 충실히 반영하고 있습니다.

역학은 힘을 다루는 학문이므로, 힘이 작용할 때 일어나는 현상들을 이해하면 보다 쉽게 문제를 해결해 나갈 수 있습니다. 구조역학에서는 구조체에 힘이 작용하면 힘은 평형을 이루게 되므로 "힘의 평형"의 개념이 매우 중요하게 거의 모든 문제에 적용됩니다. 또한 이 힘의 작용은 구조체의 내부에 응력을 일으키므로 응력과 변형의 관계인 "후크의 법칙"이 또 하나의 기본 개념이 됩니다. 이 두 가지 개념과 원리를 잘 이해하고 활용하면 역학의 많은 문제들을 쉽게 풀어나갈 수 있습니다. 기본 개념과 원리를 알면 쉽게 문제 풀이 방식을 찾아 나갈 수 있으며, 이후의 계산은 사칙연산으로 풀어나가는 경우가 대부분입니다. 따라서, 개념이나 원리에 대한 이해 없이 무조건 공식들을 외우는 공부를 지양하고, 기본 개념과 원리를 잘 이해한 후에 꼭 필요한 부분들은 암기하여 활용하도록 합시다.

역학의 기본 개념들이나 원리는 시대에 따라 변할 수 없는 고유한 법칙들을 토대로 정리되고 구성되어 있으므로 문제의 유형이 어느 정도 정해져 있어 기출을 토대로 공부하기 쉽고 기출문제를 그대로 공부해도 무리가 없는 과목입니다. 본 책은 기출 문제들을 철저하게 분석하여 출제가능성이 있는 부분들을 중심으로 매우 슬림한 교재로 만들었습니다.

물론, 수험자 여러분들께 주어진 시간이 대학교육과 같은 4년 또는 그 이상이 주어져 있다면 700여 쪽이 넘는 방대한 분량으로 기초이론이나 세부적인 모든 사항들을 매우 깊이 있게 정리하고 연계된 지식들까지 모두 세세하게 정리할 수도 있겠지만, 일반적인 수험자들에겐 1년 이내의 단시간이 주어져 있고 또 이 기간에 공통과목(국어, 영어, 국사) 3개 과목과 더불어 전공 과목 2개를 동시에 학습하여 소기의 성과를 올려야 하기 때문에 절대적인 시간이 매우 부족한 것이 사실입니다.

따라서, 이 교재는 학습 시간 대비 성과(성적)라는 가성비를 극대화하기 위하여 공부의 방향과 학습 내용을 제대로 포커싱하여 역학과목 전반의 방대한 분량을 분석하고 또 분석하여, 시험 출제 가능성이 높은 부분들을 도출하여 상세하게 기술하고, 그렇지 않은 부분들은 간략화하여 학습 분량을 동종 여타 교재들 대비 절반 이하로 줄였습니다. 그렇지만, 시험에 출제될 내용들은 그간 몇차례의 시험 결과에서도 증명되었듯이 90% 이상을 담고 있음을 확신합니다.

아울러, 이 책의 내용을 보다 쉽고 오래 기억되도록 학습효과를 극대화하려면, 박문각의 강의를 곁들여 학습하시기를 권유드립니다. 교재에 담지 못한 탁월한 학습효과를 얻을 수 있는 개념 원리 설명과 이미지 설명 및 두뇌과학에 기반한 기억법들이 강의에서는 소개되고 있습니다.

모쪼록 이 책을 선택하신 여러분들의 성적 향상과 합격을 기원합니다.

2025. 7.

김 현

ANALYSIS 응용역학 과목의 구성과 출제비중 분석

❶ 응용역학 과목의 구성

응용역학 과목은 구조물의 매크로한 거동을 다루는 구조역학 분야와 구조물을 구성하는 미소 요소나 재료들의 마이크로한 거동을 다루는 재료역학 분야로 구성되어 있다. 공무원 시험의 출제 비중은 평균적으로 구조역학이 약 70% 이상, 재료역학이 약 20~30% 정도를 차지하고 있다. 각 부분의 세부 단원 중에는 응력과 변형률 등 두 분야에 공통으로 포함된 내용도 있다. 이들 과목은 대학교의 토목관련학과에서 한두 학기의 강좌로 수업하는 과목들이다.

역학 과목은 비전공자에게는 다소 어려울 수도 있지만, 과목의 초반부에 나오는 힘의 평형 관계나 응력과 변형률의 기본 개념 및 원리를 잘 이해하여 차곡차곡 연결하고 확장해 나가다 보면 재밌게 공부하며 지식을 확장해 나갈 수 있다.

❷ 구조역학 분야의 구성과 특징

구조역학 분야는 구조물이 힘을 받을 때, 지지하고 저항하는 힘의 평형 관계, 그리고 보와 라멘 등의 정정구조물의 거동 특성, 기둥의 거동 특성 등을 다룬다. 세부 단원들은 힘과 모멘트, 응력과 변형, 힘의 평형을 이용한 정정구조물의 해석(반력 및 부재력 구하기), 단면의 성질, 트러스, 구조물의 처짐, 부정정구조, 영향선과 이동하중 등으로 구성되어 있다. 이 중 응력과 변형 등 일부 단원들은 재료역학과 중복되는 부분이다.

역학의 기본 개념들이나 원리는 시대에 따라 변할 수 없는 고유한 법칙들을 토대로 정리되어 있으므로 문제 유형이 어느 정도 정해져 있어 기출을 토대로 공부하기 쉽고 기출문제를 그대로 공부해도 무리가 없다.

또한 힘과 응력 구하기, 모멘트 구하기 등 역학과목의 기본적인 이론들은 토목설계 과목에서도 활용되는 이론이므로 철저하게 학습하여 전천후로 활용할 수 있는 실력을 배양하는 것이 필요하다.

❸ 재료역학 분야의 구성과 특징

재료역학 분야는 어떤 물체나 구조물이 힘을 받을 때, 그 재료나 물체를 구성하는 미소 요소 부분에서 일어나는 응력과 변형 등의 관계를 공부하는 분야이다. 미소 요소 역시 구조역학과 동일하게 힘과 모멘트가 작용하고 힘의 평형 관계를 이용하여 해석하는 내용으로 구성되어 있다. 다만, 눈에 보이는 구조물을 다루는 구조역학보다 눈에 보이지 않는 미소한 부분의 응력이나 변형을 다루기 때문에 좀 더 어렵게 느껴질 수 있다. 그러나 기본적인 역학의 개념과 이론을 동일하게 적용하여 문제를 해결하므로 큰 원인인 힘의 평형과 응력과 변형률의 관계를 잘 숙지하면 어렵지 않게 문제들을 해결할 수 있.

재료역학도 구조역학과 마찬가지로 자주 출제되는 문제들의 유형이 어느 정도 정해져 있어 기출을 토대로 공부하기 용이하다. 또한, 최근 시험 문제의 난이도는 고난이도 문제보다는 중난이도 이하의 비교적 쉬운 문제들의 비중이 많이 늘어나는 경향을 보이고 있다.

❹ 응용역학 과목 출제비중 분석

1. 국가직 출제비중 분석

토목직 9급 응용역학 과목에서 단연 출제비중이 높은 단원은 정정구조물의 해석 부분과 재료역학 단원이다. 대체로 두 단원의 비중이 25% 내외로 출제되고, 국가직 시험에서 지난 10여 년간 이 두 단원을 합하면 50%, 최근 5개년으로 살펴보면 53%를 차지한다. 당연히 공부 비중에서도 이 두 단원의 내용에 더 집중하여 주요 개념과 원리들을 잘 이해하는 것이 중요하다.

응용역학 국가직 9급 시험 연도별 단원별 출제 문항수 및 비중 분석

국가직	기본(힘)	정정구조	단면특성	재료역학	트러스	기둥	영향선	처짐	부정정
2015	2	3	1	6	1	2	0	3	2
2016	1	5	1	7	1	1	1	1	2
2017	3	5	2	3	3	1	0	2	1
2018	0	4	2	2	1	2	1	5	3
2019	0	7	1	4	2	1	0	1	4
2020	0	4	1	6	1	1	1	4	2
2021	2	4	1	6	2	0	1	2	2
2022	2	7	3	3	1	1	0	2	1
2023	1	6	2	5	2	1	1	1	1
2024	2	4	1	7	1	1	1	2	1
2025	2	6	1	5	1	1	0	3	1
(소계)	15	55	16	54	16	12	6	26	20
(평균)	1.36	5	1.45	4.91	1.45	1.09	0.55	2.36	1.82
[비중]	6.82	25	7.27	24.55	7.27	5.45	2.73	11.82	9.09
최근5년	9	27	8	26	7	4	3	10	6
평균	1.8	5.4	1.6	5.2	1.4	0.8	0.6	2	1.2
(비중)	9	27	8	26	7	4	3	10	6

그 외의 단원들은 힘의 특성 등 역학의 기본사항과 단면의 특성, 트러스해석, 기둥 및 영향선과 이동하중, 나아가 구조물의 처짐과 부정정 구조 단원으로 나눌 수 있고, 각 단원에서 고르게 1~2문제가 꾸준히 출제되고 있다. 역학에서 비교적 어려운 단원으로 고려되는 처짐과 부정정 단원은 과거 특정 연도에 난이도가 높았던 경우 비중이 높게 많은 문제가 출제되는 경우도 있었으나, 최근에는 대체로 처짐 2문제, 부정정 1문제 정도로 출제되는 추이를 보이고 있다. 그러나 특정 연도에 어느 특정 단원에서 특이하게 많은 문제가 출제되는 경우도 종종 있어 어느 한 단원이라도 소홀히 할 수는 없다.

ANALYSIS
응용역학 과목의 구성과 출제비중 분석

2. 지방직 출제비중 분석

토목 지방직 9급 시험의 응용역학 과목도 국가직과 큰 출제 비중은 유사하게 나타난다. 지난 10년간의 기출을 분석해 보면, 출제비중이 높은 정정구조물의 해석 부분이 약 28%, 그 다음이 재료역학 단원으로 22%의 비중을 보이며, 이 두 단원을 합하면 역시 50% 수준의 비중을 나타내고 있다. 최근 5개년의 경향을 보면 이 두 단원의 비중이 59%를 차지하는 것으로 나타나 역시 공부에 있어서도 이 두 단원의 개념과 원리들을 철저하게 이해하고, 더 많은 시간을 투입하여 문제들을 풀어보는 것이 필요해 보인다. 전반적인 출제 경향과 최근의 경향은 국가직의 분석과 유사하게 나타난다.

응용역학 지방직 9급 시험 연도별 단원별 출제 문항수 및 비중 분석

지방직	기본(힘)	정정구조	단면특성	재료역학	트러스	기둥	영향선	처짐	부정정
2013	2	5	1	3	3	1	0	3	2
2014	3	5	1	3	1	1	1	3	2
2015	1	5	2	4	2	1	1	2	2
2016	0	7	1	3	2	2	1	2	2
2017	1	3	2	5	3	1	0	3	2
2017(2)	1	5	0	4	1	1	0	6	2
2018	0	5	0	7	0	3	1	1	3
2019	1	4	4	3	2	1	0	3	2
2020	1	5	1	4	2	2	0	2	3
2021	2	7	0	3	1	1	1	3	2
2022	1	7	2	4	1	1	1	1	2
2023	0	7	1	5	1	1	1	2	2
2024	1	6	1	6	1	1	1	2	1
2025	2	7	1	7	1	1	0	0	1
(소계)	14	78	18	60	22	18	7	31	31
(평균)	1	5.57	1.29	4.29	1.57	1.29	0.5	2.21	2.21
[비중]	5	27.86	6.43	21.43	7.86	6.43	2.5	11.07	11.07
최근5년	6	34	5	25	5	5	4	8	8
평균	1.2	6.8	1	5	1	1	0.8	1.6	1.6
(비중)	6	34	5	25	5	5	4	8	8

그 외의 단원들은 힘의 특성 등 역학의 기본사항과 단면의 특성, 트러스해석, 기둥 및 영향선과 이동하중, 나아가 구조물의 처짐과 부정정 구조 단원으로 나눌 수 있고, 각 단원에서 고르게 1~2문제가 꾸준히 출제되고 있다. 역학에서 비교적 어려운 단원으로 고려되는 처짐과 부정정 단원은 과거 특정 연도에 난이도가 높았던 경우 비중이 높게 많은 문제가 출제되는 경우도 있었으나, 최근의 추이는 대체로 처짐 2문제, 부정정 1문제 정도로 출제되는 추이를 보이고 있다. 그러나 특정 연도에 어느 특정 단원에서 특이하게 많은 문제가 출제되는 경우도 종종 있어 어느 한 단원이라도 소홀히 할 수는 없다.

❺ 출제 경향 분석과 대비법

응용역학 과목에서 구조역학 분야는 출제비중이 약 70% 이상을 차지할 정도로 비중이 높은 중요 분야이다. 가장 기본이 되는 정정구조물(보와 라멘)의 반력과 부재력 구하기, 부정정차수 구하는 문제, 트러스의 부재력과 영부재 구하는 문제, 단면특성값(I, E 등) 구하는 문제, 기둥의 조합응력과 좌굴하중 구하는 문제, 처짐과 처짐각 문제, 영향선과 이동하중(절대최대휨모멘트 등) 문제 등이 꾸준하게 출제되고 있다.

재료역학 분야는 보통 5~6문제 정도가 출제되며, 해당 문제가 많이 출제되면 어려운 시험이었다고 평가하고 있으나, 최근의 경향은 재료역학 문제의 난이도가 고난이도보다는 중난이도 이하의 문제들이 많이 출제되고 있어 너무 어렵게 접근할 필요가 없다.

역학 문제는 기본 개념 및 원리를 알면 쉽게 문제 풀이 방식을 찾아 나갈 수 있으며, 이후의 계산은 사칙연산으로 풀어나가는 경우가 대부분이다. 따라서, 개념이나 원리에 대한 이해 없이 무조건 공식들을 외우는 공부를 지양하고, 기본 개념과 원리를 잘 이해한 후에 필요한 부분들은 암기하도록 하자.

그리고 매우 지엽적인 부분에서 출제된 극소수의 문제를 제외하고, 대부분의 문제들은 단원별로 대표적인 출제 유형이 어느 정도 정해져 있고, 이런 측면에서 기출문제를 철저하게 분석하여 단원별 출제 유형을 파악하고, 이를 토대로 공부해 나가는 것이 좋다.

CONTENTS 이 책의 차례

제1장 공학과 역학의 기초

제1절	공학 단위계의 이해	14
제2절	물리량 표현에 사용되는 배수 접두어	15
제3절	공학(역학)에서 사용되는 그리스문자의 이해	16
제4절	기초 수학의 이해와 활용	17

제2장 힘의 작용과 지지

제1절	힘의 작용	26
제2절	힘의 평형	29
제3절	구조물에 작용하는 하중과 지지	32
제4절	부재력의 종류와 계산	35
제5절	구조물의 판별	36
단원 기본 문제		38

제3장 정정구조물 해석

제1절	정정보의 해석	48
제2절	정정 라멘과 아치	61
단원 기본 문제		68

제4장 | 트러스 해석

제1절	트러스의 개요	96
제2절	절점법 (Method of Joint)	97
제3절	절단법(단면법) (Method of Section)	100
제4절	트러스의 영부재	102
단원 기본 문제		104

제5장 | 단면의 성질

제1절	개요	116
제2절	단면의 모멘트	116
제3절	단면계수 S	118
제4절	단면2차반경(회전반경) r	119
제5절	기본 도형의 단면특성값	119
제6절	비정형 도형, 속빈 도형의 단면특성	120
단원 기본 문제		121

제6장 | 재료의 역학적 성질

제1절	응력과 변형	132
제2절	응력의 종류	133
제3절	변형률(strain)	136
제4절	응력-변형률 관계	138
제5절	합성재의 응력	139
제6절	부재의 응력 상태	140
단원 기본 문제		145

CONTENTS 이 책의 차례

제7장 기둥의 응력과 거동

제1절	기둥의 분류	168
제2절	중심축하중을 받는 단주	169
제3절	편심축하중을 받는 단주	169
제4절	단면의 핵	170
제5절	축하중을 받는 장주(長柱)	171
단원 기본 문제		173

제8장 영향선과 이동하중

제1절	영향선도(influence line diagram)	184
제2절	단순보의 영향선	185
제3절	캔틸레버의 영향선	187
제4절	내민보의 영향선	188
제5절	게르버보의 영향선	190
제6절	최대 반력 (R_{max})	192
제7절	최대 부재력	193
제8절	뮐러 브레슬러법을 이용한 영향선 작도	194
단원 기본 문제		199

제9장 구조물의 처짐

제1절	처짐과 처짐각	208
제2절	처짐의 해법	210
제3절	주요 처짐각과 처짐 식	215
제4절	스프링 연결 부재의 해석	216
단원 기본 문제		219

제10장 부정정 구조물의 해석

제1절	부정정 구조물	232
제2절	3연 모멘트의 정리	232
제3절	변위일치법	234
제4절	에너지법	235
제5절	처짐각법	236
제6절	모멘트분배법	237
단원 기본 문제		240

김현
응용역학

🚧 학습의 주안점

제1장은 응용역학 과목을 공부하기 위한 기본적인 내용들에 대해서 정리하는 장으로 역학 문제 해결을 위한 단위계의 이해 및 기초 수학, 물리학 등 공학의 기초사항들에 대하여 간단히 훑어보는 단원입니다. 이 장의 내용은 시험에 직접 출제되지는 않지만, 역학의 기본이 되는 셈을 이해하고, 또 시험문제를 잘 풀어나가는데 기초가 되는 중요한 사항들이니 꼭 정리하고 넘어가도록 합시다. 특히, 단위계의 이해나 생소한 그리스문자에 대해서는 잘 학습하여 응용역학을 수월하게 공부해 나가기 위한 든든한 토대를 만들기 바랍니다.

제1절 공학 단위계의 이해

제2절 물리량 표현에 사용되는 배수 접두어

제3절 공학(역학)에서 사용되는 그리스문자의 이해

제4절 기초 수학의 이해와 활용

CHAPTER 01

공학과 역학의 기초

CHAPTER 01 공학과 역학의 기초

제1절 공학 단위계의 이해

1 공학 단위계

(1) **미터법**: 1790년 프랑스 C. 탈레랑의 제안으로 지구 자오선 길이의 1/40,000,000을 1m로 정하고, 한 변 길이 0.1m인 정육면체의 부피를 $1l$(liter)로 하고, $1l$ 부피에 담긴 4℃ 물의 질량을 1kg으로 정함.

(2) **피트 파운드법**: 고대 이집트 바빌로니아에서 유래되어 영국 엘리자베스 1세에 의해 도량형 단위로 확립되어 서양에서 사용됨.

(3) **국제 단위계(SI)**: 1960년 제11차 국제도량형총회에서 미터법을 근간으로 한 국제 표준 도량형으로 SI 단위계 채택 (m, kg, s 등 기본 7개 단위와 조합 단위로 구성)

📖 SI 단위계 및 MKS 단위계의 단위

단위계 \ 양	길이	질량	시간	힘	응력 (압력)	에너지 (일)
SI	m	kg	s	N	Pa(N/m^2)	J
MKS	m	kg	s	kgf	kgf/m^2	kgf·m

(주) N: newton, Pa: pascal, J: joule

(4) **SI 단위 환산과 조합**

① 길이 (Length): m (meter)
  ㉠ 1 m=30.3 ft
  ㉡ 1 ft (1′)=12 in=0.3048 m

② 무게(질량) (Mass): kg (kilo-gram)
  ㉠ 1 kg=2.2046 lb
  ㉡ 1 lb (pound)=0.45359 kg

③ 힘 (Force): N (Newton)
  ㉠ 1 N = 질량 1kg의 물체에 작용하여 $1m/\sec^2$의 가속도를 일으키는 힘
   $=(1kg)\times(1m/s^2)=1kg\cdot m/s^2$, 1 N=(1/9.8)kgf=0.102kgf
  ㉡ 1 kgf =1kg의 힘 (지구상에서 1kg의 질량을 지지하는 힘)
   $=1(kg)\times(9.8m/s^2)=9.8kg\cdot m/s^2=9.8N ≒ 10N$
   = 질량 1kg의 물체에 작용하여 중력가속도(g)를 내게 하는 힘

④ 응력, 강도 (Stress, Strength) : Pa(pascal)
 ㉠ $1\ Pa = 1N/m^2$

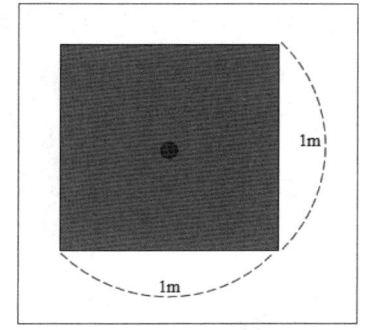

제2절 물리량 표현에 사용되는 배수 접두어

1 배수 접두어의 사용

(1) 하나의 설계나 해석에 사용되는 물리량은 어떤 값에 비하여 다른 값이 매우 큰 경우도 있고, 반대로 매우 작은 값을 갖는 경우도 있는데, 이런 값들을 효율적으로 표현하기 위하여 10의 배수를 이용하여 간단하게 표현하고 있다. (1.2×10^{-6} 등)

(2) 이러한 표현에 사용되는 10의 배수를 나타내는 접두어는 다음 표와 같으며, 특히 이 중에서 토목공학에서 많이 활용되는 k, M, G와 m(milli)는 널리 알려진 용어들로 원활한 이해와 소통을 위하여 꼭 기억하도록 하자.

▶ 10^n 배수 접두어

배수	접두어 명칭	기호	배수	접두어 명칭	기호
10	데카(deca)	da	10^{-1}	데시(deci)	d
10^2	헥토(hecto)	h	10^{-2}	센티(centi)	c
10^3	킬로(kilo)	k	10^{-3}	밀리(milli)	m
10^6	메가(mega)	M	10^{-6}	마이크로(micro)	μ
10^9	기가(giga)	G	10^{-9}	나노(nano)	n
10^{12}	테라(tera)	T	10^{-12}	피코(pico)	p

① 길이 : $1km = 10^3 m = 10^6 mm$

② 면적 : $1m^2 = (10^3 mm)^2 = 10^6 mm^2$

③ 힘 : $1kN = 10^3 N$

④ 응력 : $1MPa = 10^6 Pa,\ 1GPa = 10^9 Pa$

2 배수 접두어와 친한 물리량들

(1) 힘의 단위 ➡ $kN = 10^3 N$

(2) 응력의 단위 ➡ $1MPa = 10^6 Pa = 10^6 N/m^2 = 10^6 N/(10^3 mm)^2 = 1N/mm^2$

❸ 배수 접두어를 사용한 응력 단위 변환

(1) 1 Pa=N/m^2

(2) 1 MPa=$10^6\,N/m^2 = 10^6\,N/(10^3 mm)^2 = N/mm^2$

(3) 1 GPa=$10^9\,N/m^2 = 10^6\,kN/(10^3 mm)^2 = kN/mm^2$

제3절 공학(역학)에서 사용되는 그리스문자의 이해

❶ 그리스문자의 사용

(1) 그리스문자는 수학과 과학뿐만 아니라 역학에서 각종 물리량과 용어들을 나타내는 문자로 많이 사용되고 있다. 구조공학에서 자주 접하는 그리스문자는 다음과 같다.

① 응력(stress) : σ (시그마)
② 변형률(strain) : ε (엡실론)
③ 포아송비(poisson's ratio) : ν (누-)
④ 처짐, 변형(deflection) : Δ (δ) (델타)
⑤ 철근비(reinforcement ratio) : ρ (로-)

❷ 그리스문자 명명

(1) 그리스문자(Greek letter)는 다음 표에 나타낸 바와 같이 영어의 알파벳과 유사한 순으로 구성되어 있고, 발음은 매우 다른 것을 알 수 있다.

(2) 역학 등 구조공학의 물리량이나 용어의 표기로 그리스문자가 많이 사용되는 것은 현대 수학의 이론을 정립한 피타고라스 등 그리스 수학자(철학자)들의 영향이었다고 본다. 그리스문자의 명명은 다음 표와 같다.

📖 Greek Letter

대문자	소문자	이름	발음	대문자	소문자	이름	발음
A	α	alpha	알파	N	ν	nu	누-
B	β	beta	베타	Ξ	ξ	xi	크사이
Γ	γ	gamma	감마	O	o	omicron	오미크론
Δ	δ	delta	델타	Π	π	pi	파이
E	ε	epsilon	엡실론	P	ρ	rho	로-
Z	ζ	zeta	제타	Σ	σ	sigma	시그마
H	η	eta	이타	T	τ	tau	타우
Θ	θ	theta	세타	Y	υ	upsilon	입실론
I	ι	iota	아이오타	Φ	ϕ	phi	파이
K	κ	kappa	카파	X	χ	chi	카이
Λ	λ	lambda	람다	Ψ	ψ	psi	프사이
M	μ	mu	뮤	Ω	ω	omega	오메가

제4절 기초 수학의 이해와 활용

1 계산 능력 필요

(1) 응용역학 과목뿐만 아니라 토목설계 과목에서도 수학적 계산을 요하는 문제가 많이 출제되고 있어 문제의 파악과 계산실력을 높일 수 있는 연산과 삼각함수, 기본 도형에 대한 이해와 응용이 중요하다. 이를 위하여 수학적 계산에 사용되는 기초 연산과 도형 및 삼각함수의 기본 내용들을 정리하였고, 나아가 공학적인 문제 해결에 많이 활용되는 그래프의 이해와 비례식의 계산 등에 대해서도 간단하게 정리하였으니, 잘 숙지하도록 하자.

2 분수식의 이해

(1) **통분** : 두 분모의 공통분모를 찾아 분모를 통일시키는 것 (+, − 계산 위해)

(2) **약분** : 분모와 분자를 공약수로 나누어 주는 것 (예, 10의 배수)

(3) 분수식이나 곱셈, 나눗셈에서 10의 배수(5의 배수, 2의배수, 3의배수)로 약분

3 빠른 셈을 위한 계산법

(1) 각자리의 큰 수(96, 987, 1998 등)는 10의 배수로 치환해서 1차 계산 후 정리한다. 예를 들어, 위에 주어진 수와 같은 큰 수들을 사칙연산 할 때는 다음과 같이 10의 배수로 바꾸어 (96 → 100, 987 → 1000, 1,998 → 2,000) 간편하게 계산한 후 결과에서 더해진 수 만큼 **빼주면** 최종 결과를 빠르게 얻을 수 있다.

① $327 - 96 = (327 - 100 = 227) + 4 = 231$
② $987 + 456 = (1,000 + 456 = 1,456) - 13 = 1,443$
③ $1998 \times 4 = (2,000 \times 4 = 8,000) - (2 \times 4) = 7,992$

(2) 자주 사용되는 유리수(0.**), 정수의 배수들은 기억하자.

① $0.85 \times 2 = 1.7$
② $0.85 \times 4 = 3.4$

(3) 합해서 10배수로 떨어지는 수의 쌍들 기억하자.

① 합해서 "10"이 되는 수의 쌍

(2,8)	(3,7)	(4,6)
(1,1,8)	(1,2,7)	(1,3,6)

② 합해서 "20"이 되는 수의 3쌍

(2,9,9)	(3,8,9)	(4,7,9)	(5,6,9)
(6,6,8)	(7,7,6)	(8,8,4)	

④ 도형의 기초

(1) 기본 도형의 면적과 활용

① 기본 도형의 면적과 도심

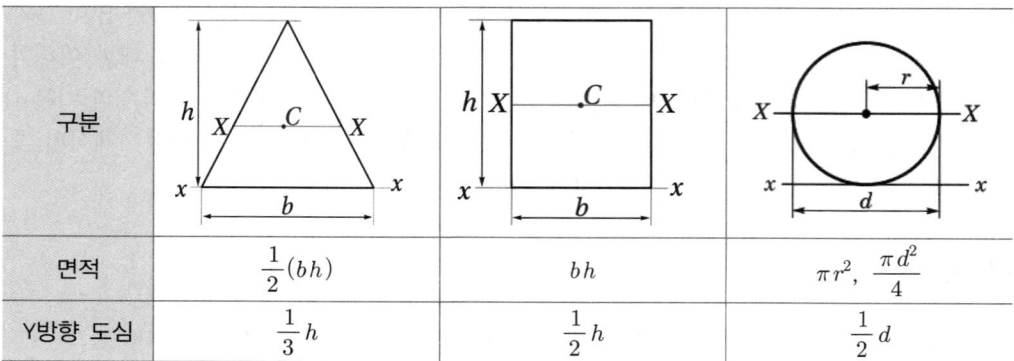

② 도형의 면적과 도심을 이용한 치환

③ 힘(하중)의 치환: 등분포하중, 등변분포하중 ⇨ 도심 위치에 집중하중으로 치환

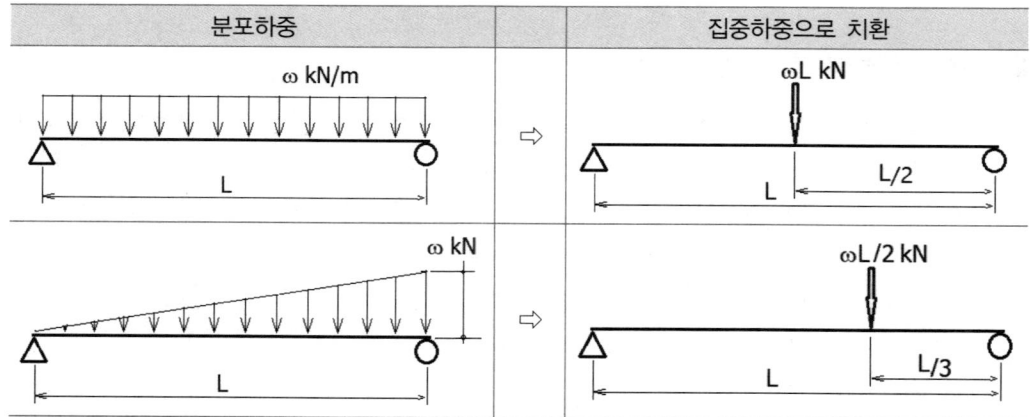

④ 복잡한 도형의 계산: 겹침의 원리(중첩의 원리)를 이용

(2) 삼각형의 특징

① 삼각형의 세 내각의 합은 180도이다.

② 한 외각의 크기는 다른 두 내각의 합과 같다.

③ 무게중심(도심)은 밑변에서 1/3 위치에 있다.

⑤ 호도법과 라디안(rad)

(1) 라디안(rad) 값은 각의 크기를 나타내는 SI단위로서 단위원($r=1$)의 중심각이 대하는 호의 길이로 나타낸다. 즉 반지름이 r인 원에서 원호의 길이가 l인 중심각(θ)은 $\dfrac{l}{r}$rad이 된다.

(2) 라디안(rad)과 도(°)의 관계

$$1 \text{ rad} = \left(\dfrac{180°}{\pi}\right) \simeq 57.3°$$
$$180° = \pi \text{ rad}$$

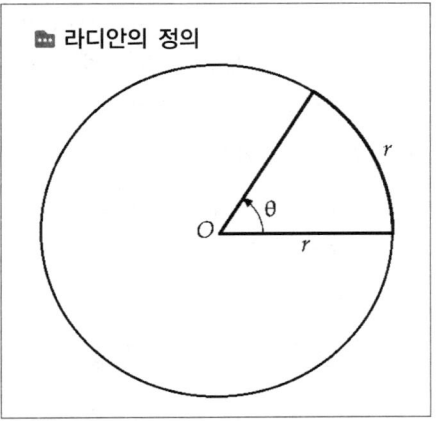
▣ 라디안의 정의

⑥ 삼각함수의 기본과 활용

(1) 삼각비
 ① 다음 그림과 같은 직각삼각형에서 한 예각(∠B)이 결정되면, 임의의 두 변의 비는 삼각형의 크기에 관계없이 일정하다. 이 비를 삼각비라 하고, 물리학이나 역학의 비례관계에서 많이 활용된다.
 ② sin(사인): 빗변에 대한 높이의 비
 ③ cos(코사인): 빗변에 대한 밑변의 비
 ④ tan(탄젠트): 밑변에 대한 높이의 비
 ⑤ $\sin\theta = \dfrac{b}{c}$ ($\dfrac{높이}{빗변}$) (각 θ를 낀 변이 밑변 a일 때)
 ⑥ $\cos\theta = \dfrac{a}{c}$ ($\dfrac{밑변}{빗변}$)
 ⑦ $\tan\theta = \dfrac{b}{a}$ ($\dfrac{높이}{밑변}$)
 ⑧ 각이 매우 작은 경우 $\tan\theta \simeq \theta$

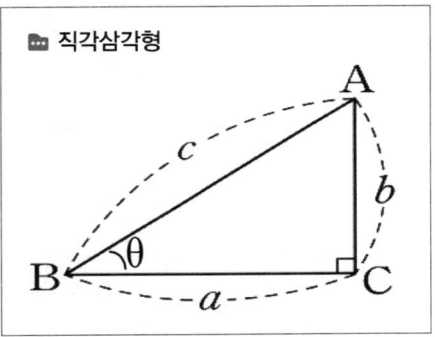
▣ 직각삼각형

(2) 삼각비의 활용
 ① 삼각비의 정의에 따라 닮은꼴(한 예각이 같은) 직각삼각형에서 한 변의 길이의 비는 다른 변의 길이의 비와 같다.
 ② $a_1 : a_2 = b_1 : b_2$
 ③ $a_1 : b_1 = a_2 : b_2$
 ④ 비례식의 활용

$$a_1 : a_2 = b_1 : b_2$$
$$\Rightarrow a_1 b_2 = a_2 b_1 \Rightarrow \therefore a_1 = \dfrac{b_1 a_2}{b_2}$$

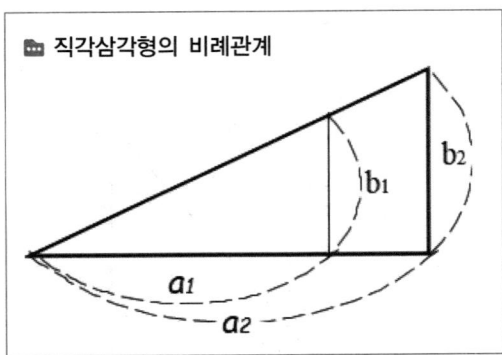
▣ 직각삼각형의 비례관계

⑤ 직각삼각형 삼각비의 비례관계를 이용한 비례식 계산은 힘의 평형관계와 RC 보의 해석에서 응력과 변형률 구하는 계산을 비롯한 많은 부분에서 활용되고 있으니 잘 익히고 자유자재로 활용할 수 있도록 하자.

(3) **특수각의 삼각비**

① 직각삼각형에서 한 예각이 30°, 45°, 60°인 경우는 많이 사용되므로 이를 특수각으로 명명해 아래 표의 값과 같이 주어진다. 특수각의 삼각비 값은 꼭 외우도록 한다.

▶ 특수각의 삼각비

삼각비	$\theta=30°$	$\theta=45°$	$\theta=60°$
유형			
$\sin\theta$	$\sin 30° = \dfrac{1}{2}$	$\sin 45° = \dfrac{1}{\sqrt{2}}$	$\sin 60° = \dfrac{\sqrt{3}}{2}$
$\cos\theta$	$\cos 30° = \dfrac{\sqrt{3}}{2}$	$\cos 45° = \dfrac{1}{\sqrt{2}}$	$\cos 60° = \dfrac{1}{2}$
$\tan\theta$	$\tan 30° = \dfrac{1}{\sqrt{3}}$	$\tan 45° = \dfrac{1}{1} = 1$	$\tan 60° = \dfrac{\sqrt{3}}{1} = \sqrt{3}$

(4) **특수변의 삼각비**

① 더불어 아래와 같은 특수변의 삼각비의 관계도 많이 사용되니 기억하도록 하자.

㉠ (3 : 4 : 5 = 6 : 8 : 10)   ㉡ 5 : 12 : 13

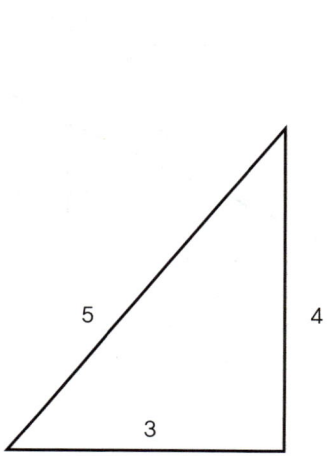
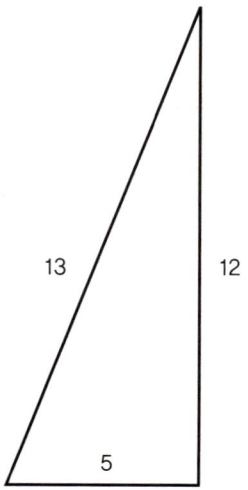

(5) 삼각함수의 그래프

① sin 곡선의 그래프

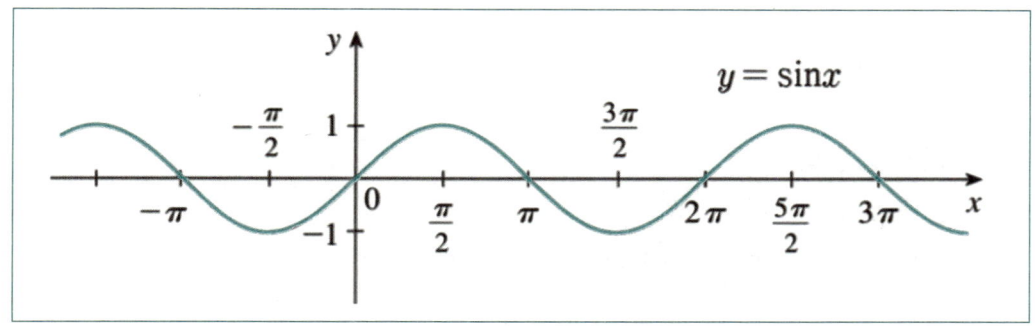

$$\sin 30° = \cos 60° = \frac{1}{2}, \quad \sin 60° = \cos 30° = \frac{\sqrt{3}}{2}$$

(6) 삼각함수의 각변환

$$\sin(180° - \theta) = \sin\theta$$

예 둔각 120°의 sin값 : $\sin 120° = \sin(180° - 60°) = \sin 60° = \frac{\sqrt{3}}{2}$

※ 삼각비의 관계와 각변환 정리는 역학의 힘의 평형과 힘의 합성 분해에서 종종 활용된다.

7 피타고라스의 정리

(1) 직각삼각형에서 (밑변)² + (높이)² = (빗변)²이 되는 것을 피타고라스의 정리라 한다. 이 정리는 역학의 비례관계와 힘의 합성 분해에서 종종 활용된다.

(2) 피타고라스의 정리에 따라, 그림과 같은 직각삼각형에서 다음식이 성립한다.

① $a^2 + b^2 = c^2$ ∴ $c = \sqrt{a^2 + b^2}$, ∴ $a = \sqrt{c^2 - b^2}$
② $a^2 + b^2 = c^2$ (양변 ÷ c^2) ➡ $\sin^2\theta + \cos^2\theta = 1$

■ 직각삼각형

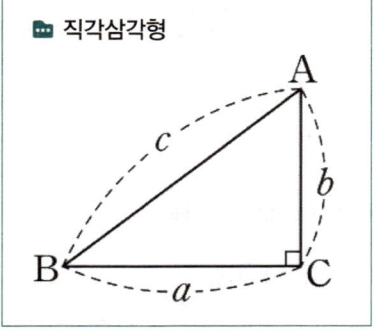

8 Sin 법칙

(1) Sin 법칙은 직각삼각형에서 세 내각의 비와 세 변의 관계를 정한 것으로, sin 관계에 따라 다음과 같은 비례관계가 성립된다.

$$\frac{a}{\sin A} = \frac{b}{\sin B} = \frac{c}{\sin C}$$

⑨ 곱셈공식과 응용

(1) $(a \pm b)^2 = a^2 \pm 2ab + b^2$

(2) $(a+b)(a-b) = a^2 - b^2$

⑩ 직선의 방정식

(1) **직선의 기울기**

① 두 점 A (x_1, y_1), B(x_2, y_2)을 지나는 직선의 기울기(m)

$$m = \frac{y_2 - y_1}{x_2 - x_1}$$

② 기울기 $= \tan\theta = \dfrac{\Delta x}{\Delta y} = y'$

(2) **직선의 방정식**

① 직선의 방정식은 기울기와 더불어 휨재의 변화구간에서 강도감소계수를 구하는 식이나 강구조의 휨강도를 산정하는 식 등에서 활용하며, 직선의 방정식을 이해하면 주어진 식들을 외우는 부담에서 벗어나 편리하게 활용할 수 있다.

② 기울기(m)와 y절편(n)을 알 때

$$y = mx + n$$

③ 기울기(m)와 한 점(x_1, y_1)을 알 때

$$y = m(x - x_1) + y_1$$

⑪ 미분과 적분

(1) **미분의 기본**

① 미분과 적분의 관계식은 하중-전단력-휨모멘트 관계나 처짐곡선의 미분방정식 등에서 나타나며, 미분에 대한 기본적인 이해만으로도 역학에서 문제 해결에는 큰 지장이 없다.

② 2차 함수 $y = ax^2 + bx + c$ 의 미분

$$y' = 2ax + b$$

③ 미분은 기본적으로 접선의 기울기를 나타낸다.

(2) 적분의 기본

① 적분 관계식은 단면의 모멘트의 정의에 포함되어 단면1차모멘트와 단면2차모멘트를 구하는 식에서 활용되고 하중-전단력-휨모멘트 관계에서 어떤 위치(x)의 적분값은 0~x구간의 면적을 나타내는 관계와 처짐곡선의 미분방정식 등에서 나타나며, 정적분과 부정적분에 대한 기본적인 이해만으로도 역학에서 문제 해결에는 큰 지장이 없다.

② 2차 함수 $y = ax^2 + bx + c$ 의 정적분(a~b 구간)

$$\int_a^b y\,dx = \left[\frac{1a}{3}x^3 + \frac{1b}{2}x^2 + cx\right]_a^b$$

③ 적분은 기본적으로 주어진 구간의 면적을 나타낸다.

12 비율의 이해와 비례식

(1) A : B라고 하는 것은 기준이 되는 B에 대한 A의 비를 나타내는 것으로 $\dfrac{A}{B}$ 로 표시하고, AA비(율)는 보통 기준값(전체 대상 또는 비교 대상)에 대한 AA의 비를 나타낸다.

(2) **철근비** : 전체단면적(기준)에 대한 철근 단면적의 비

(3) **항복비(yield ratio)** : 인장강도(기준)에 대한 항복강도의 비

(4) **변형률** : 원래의 길이(기준)에 대한 변형된 길이의 비 $= \dfrac{\text{변형된 길이}}{\text{원래 길이}} \dfrac{\Delta}{l}$

김현
응용역학

학습의 주안점

제2장은 힘의 작용과 지지 단원은 응용역학 과목의 역학적 이론을 전개하는 토대가 되는 기초 단원이며, 힘의 평형 관계 등 시험에도 직·간접적으로 많이 출제되는 중요한 단원입니다. 이 단원은 힘의 평형방정식을 이용한 반력과 부재력 구하기, 자유물체도를 그려 부재력의 기본식 만들기, 중첩의 원리 이용, 바리뇽의 정리와 라미의 정리 활용하여 미지의 힘 구하기, 구조물의 판별식 등 응용역학의 기본적이고 필수적인 내용을 담고 있습니다. 힘의 평형 관계는 이 단원과 이후의 정정구조물 단원 및 여러 단원에서 수많은 문제들을 풀어나가는데 기본적인 개념이 되므로 잘 이해하여 유용하게 활용할 수 있도록 합시다.

제1절 힘의 작용

제2절 힘의 평형

제3절 구조물에 작용하는 하중과 지지

제4절 부재력의 종류와 계산

제5절 구조물의 판별

CHAPTER 02

힘의 작용과 지지

CHAPTER 02 힘의 작용과 지지

제1절 힘의 작용

❶ 물리량의 구분

(1) **벡터(vector)량**
  ① 정의: 크기와 방향을 갖는 물리량
  ② 종류: 힘, 모멘트, 변위, 중량(weight), 속도, 가속도, 운동량, 전기장 등

(2) **스칼라(scalar)량**
  ① 정의: 크기만 갖는 물리량
  ② 종류: 일, 에너지, 시간, 질량(mass), 속력, 길이, 면적, 부피, 온도 등

❷ 힘

(1) **정의**: 물체의 상태(형태, 속도, 방향 등)을 변화시키는 요인 (추상적 개념)

(2) **단위**: N(Newton, 뉴턴), $1N = 1kg \times 1m/sec^2$ ($f = ma$)
  ※ 지구상 질량 1kg인 물체가 갖는 힘: 1kg(중) = 1kgf = 9.8N ≃ 10N

(3) **힘의 표현**: 힘의 3요소(크기, 방향, 작용점)

❸ 힘의 합성과 분해

(1) **힘의 합성**
  ① 두 개 이상의 힘을 하나로 표현
  ② 나란한 힘들의 합성: 같은 방향은 더하고, 반대 방향은 뺀다.
  ③ 서로 다른 방향의 힘들: 평행사변형법 (평행사변형 그려 대각선)

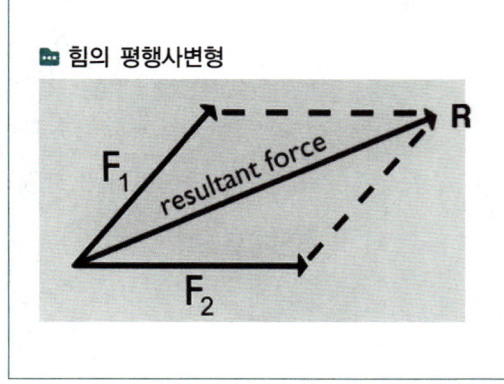

📖 힘의 평행사변형

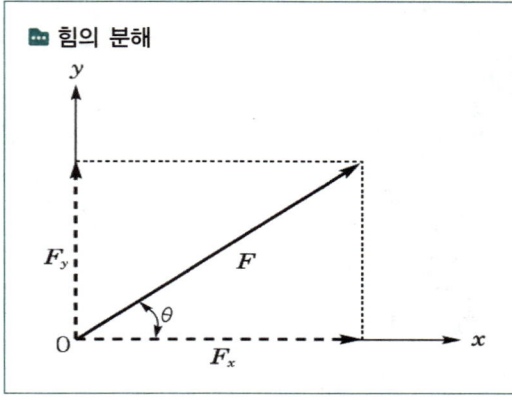

📖 힘의 분해

(2) 힘의 분해
① 하나의 힘을 수직, 수평 2개로 나눔 ⇨ 직사각형법 (직사각형 그려 x, y축으로 분해)
② x방향의 분력: $F_x = F\cos\theta$
③ y방향의 분력: $F_y = F\sin\theta$

(3) 힘의 분해 연습
그림과 같이 보 AB의 중간 C점에 경사방향으로 하중 P=100kN이 작용할 때, 이 하중의 수직방향 분력과 수평방향 분력을 구해보자. (단, 각도 $\theta = 60°$ 이다.)

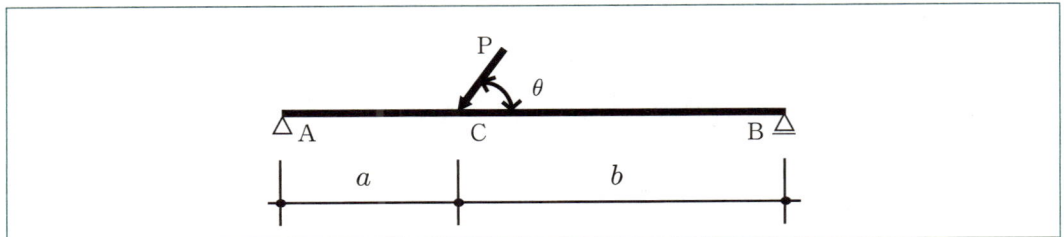

① 분력을 구하기 위해서 우선 경사방향의 힘 P를 직사각형을 이용하여 수직 방향의 힘(P_Y)과 수평 방향의 힘(P_X)으로 표시한다.

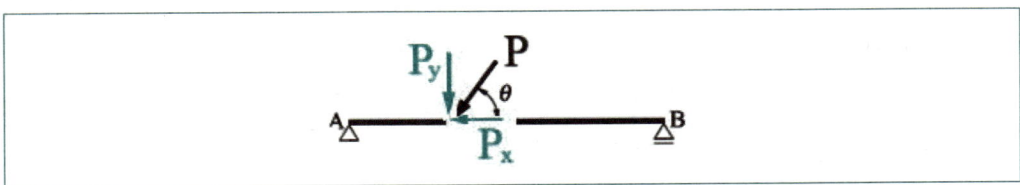

② 주어진 하중 P(=100 kN)와 작용 각도 θ(=60°)로 삼각함수를 이용하여 분력 P_X와 P_Y를 다음과 같이 구한다.

$$P_X = P\cos 60° = 100 \times \frac{1}{2} = 50\,[kN]$$

$$P_Y = P\sin 60° = 100 \times \frac{\sqrt{3}}{2} = 50\sqrt{3}\,[kN]$$

4 힘의 모멘트(Moment, M)

(1) 정의와 식
① 힘의 모멘트는 다음 그림에서와 같이 한 점(축)을 중심으로 회전시키려는 힘으로 힘의 크기와 구하고자 하는 점에서 힘의 작용점까지의 수직 거리를 곱하여 산정한다.
② 일반식: $M = P \times L$ (힘×수직거리)
③ 모멘트의 단위: N·m, kN·m, kgf·m

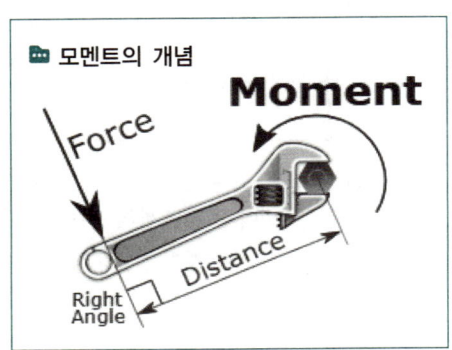

▶ 모멘트의 개념

(2) 힘의 모멘트 구하기 연습

그림과 같은 캔틸레버보 자유단에 힘 P=30 kN이 작용하는 경우에 A점에서의 힘의 모멘트를 구해보자. (단, 보의 길이 l=4 m 이다.)

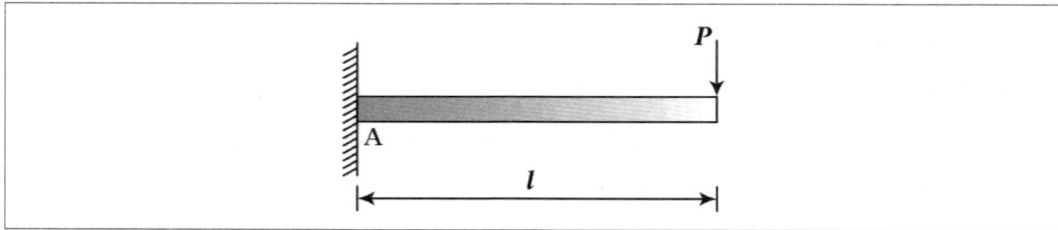

① 모멘트는 힘과 수직거리의 곱으로 구하므로 힘 P의 작용점과 A점 사이의 수직거리를 곱하여 다음과 같이 구한다.

$$M_A = P \times l = 30 \times 4 = 120 [kN.m]$$

5 바리뇽의 정리

(1) 개념과 식

① 평면상 어떤 점에서 서로 나란한 여러 힘들($P_1, \ldots P_4$)의 모멘트의 합은 그 점에 대한 합력(R)의 모멘트와 같다. (모멘트의 원리)

② 주로 여러 힘이 작용할 때 합력의 위치(작용점)를 구하는데 이용한다.

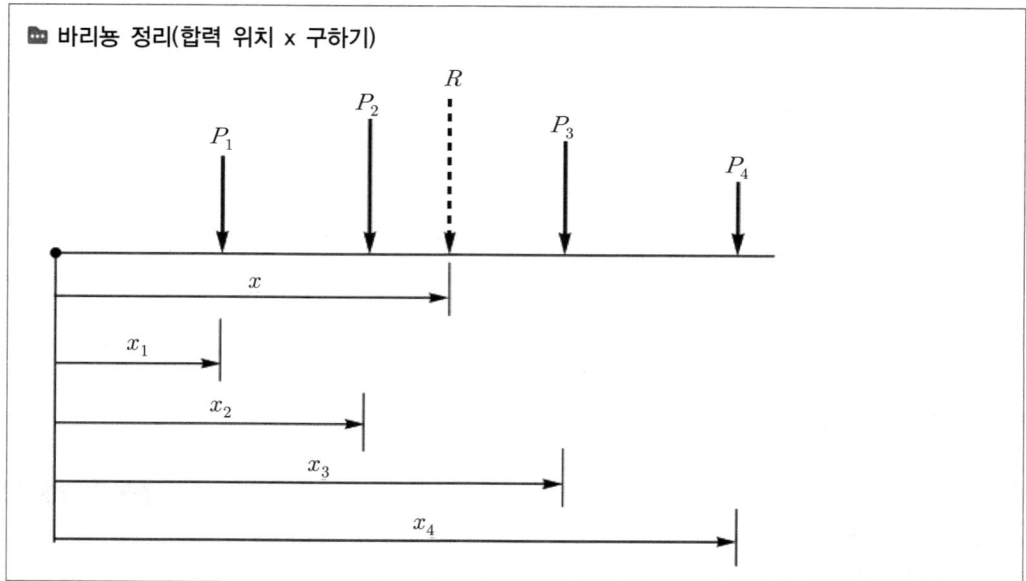

③ $P_1, \ldots P_4$ 나란한 4개의 힘이 작용하는 경우에 이들 합력의 위치(작용점)는 다음과 같다.

$$P_1 \times x_1 + P_2 \times x_2 + P_3 \times x_3 = R \times x, \quad \therefore\ x = \frac{P_1 \times x_1 + P_2 \times x_2 + P_3 \times x_3}{R}$$

(2) 합력의 위치 구하기 연습

그림과 같이 세 개의 나란한 힘들이 작용할 때 합력 R의 작용 위치 x를 구해보자.

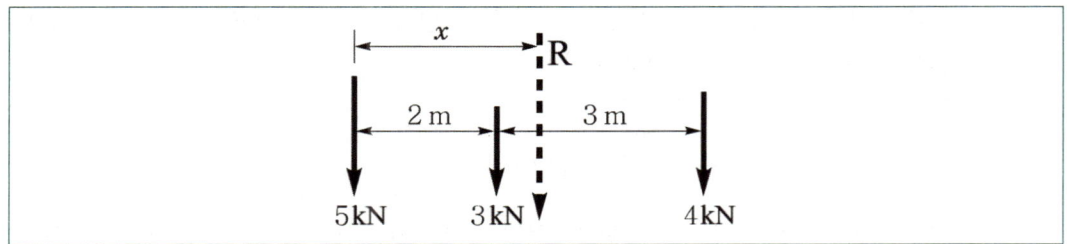

① 먼저 나란한 세 힘의 합력을 구한 후에 바리뇽의 정리를 사용하여 다음과 같이 x를 구한다.

② 세 힘의 합력

$$R = -5 - 3 - 4 = -12 [kN] \text{(하향)}$$

③ 작용점 위치

$$3 \times 2 + 4 \times 5 = 7 \times x, \quad \therefore x = \frac{3 \times 2 + 4 \times 5}{12} = 2.17 \text{ (m)}$$

제2절 │ 힘의 평형

작용하는 힘(외력)과 물체에서 대응하는 힘(부재력) 및 지지점에서 지지하는 힘(반력)이 평형을 이룬 상태를 말하는 것으로, 구조체가 힘을 받아 정지 상태에 있는 경우 힘의 평형 상태에 있다고 본다. 힘의 평형을 응용역학의 주 대상으로 하는 2차원 좌표평면을 기준으로 표현하면 X-축방향(수평한 방향)과 Y-축방향(수직한 방향)의 힘으로 나타내어 다음과 같이 정리할 수 있다.

❶ 힘의 평형 방정식(2차원 평면)

(1) $\Sigma F_x = 0$: 수평력의 합은 '0'이다. (수평으로 움직이지 않는다.)

(2) $\Sigma F_y = 0$: 수직력의 합은 '0'이다. (상하로 움직이지 않는다.)

(3) $\Sigma M = 0$: 모멘트의 합은 '0'이다. (회전하지 않는다.)

❷ 라미의 정리 (세 힘의 평형 관계)

(1) 개념과 식

① 한 점에 작용하는 3개의 힘이 평형을 이룰 때, 각 힘은 힘들 간의 사잇각을 이용한 sin법칙을 이용하여 다음 식과 같은 관계로 된다.

$$\frac{a}{\sin A} = \frac{b}{\sin B} = \frac{c}{\sin C} \Rightarrow \frac{P_a}{\sin A} = \frac{P_b}{\sin B} = \frac{P_c}{\sin C}$$

② 이 정리를 이용하면 한 점에 작용하는 3개의 힘의 관계에서 특정한 힘의 크기를 용이하게 구할 수 있다.

(2) 세 힘의 평형관계를 이용한 힘 구하기 연습

그림과 같이 세 개의 힘들이 한점에 모이는 형상으로 나타날 때, 이들 중 특정한 힘을 구하는 연습으로, 삼각형으로 된 케이블에 수직 하향으로 하중 P가 작용할 때, 우측 부재가 $T_1 = 5$ kN의 힘을 받는 경우에 작용하는 하중 P를 구해보자.

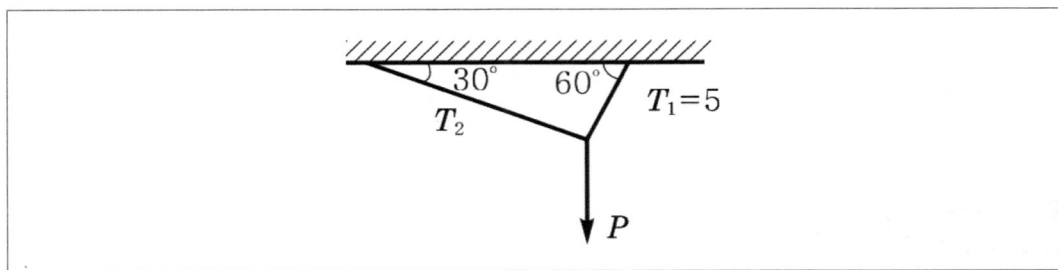

① 한점에 모이는 세 힘의 관계이므로 라미의 정리를 이용한다.
② 각 힘들과 마주보는 각을 주어진 삼각형의 각을 이용하여 구하면, 하중 P와 마주보는 각은 90°이고, 인장력 T_1에 마주보는 각은 수직선을 기준으로 $180° - 60° = 120°$ 이다.
③ 한편 sin 각변환 공식에 따라 $\sin(180° - \theta) = \sin\theta$ 이다.
④ 라미의 정리 식

$$\frac{P}{\sin 90°} = \frac{T_1}{\sin 120°} \Rightarrow \frac{P}{1} = \frac{5}{\sin 60°} = \frac{5}{\sqrt{3}/2} = \frac{10\sqrt{3}}{3}$$

③ 마찰력

(1) 개념과 식

① 물체간의 접촉면에서 접촉면의 거칠기(마찰계수 μ)로 인해 저항이 생기며, 이 현상을 마찰이라고 한다. 이 면에 수직한 하중(N)으로 접촉면에 평행하게 힘(P)의 반대 방향으로 저항하는 힘을 마찰력(f)이라 한다.

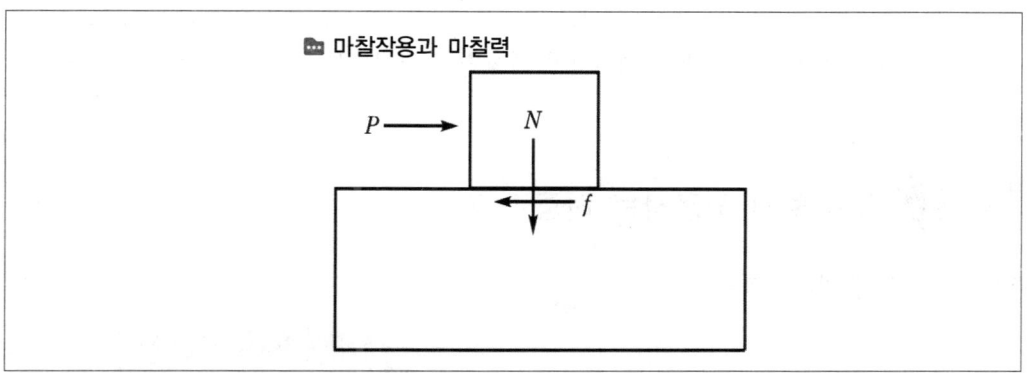

■ 마찰작용과 마찰력

② 마찰력 $f = \mu N$
- here, μ : 마찰계수
  N : 마찰면에 수직한 힘

(2) 마찰력 구하기 연습

그림과 같은 30°의 경사진 언덕에서 40 kN의 물체를 밀어 올리는 데는 얼마를 초과하는 힘(P)이 필요한지 구해보자. (단, 마찰계수는 0.3이다.)

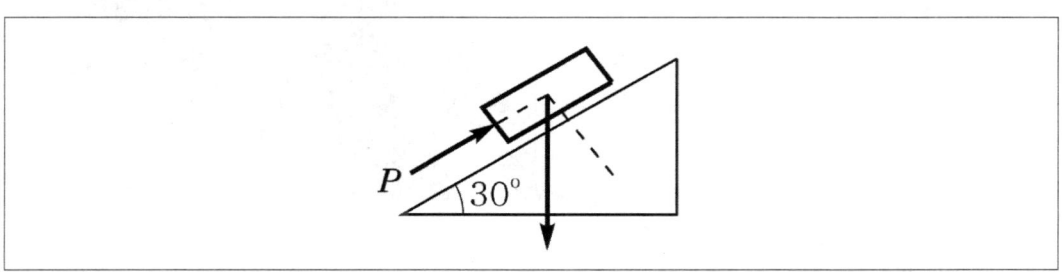

① 중력방향으로 작용하는 힘 40 kN을 경사면과 평행한 힘(F)과 경사면에 수직인 힘(N)으로 분해하여 고려한다.

② 경사면에 평행한 힘

$$F = W\sin 30° = 40 \times (1/2) = 20\,[kN]$$

③ 경사면에 수직한 힘

$$N = W\cos 30° = 40 \times (\sqrt{3}/2) = 20\sqrt{3}\,[kN]$$

④ 경사면에 수직한 힘으로 인한 마찰력

$$f = \mu N = 0.3 \times 20\sqrt{3} = 6\sqrt{3} = 10.39\,[kN]$$

⑤ 경사방향 하향력

$$F + f = 20 + 10.39 = 30.39\,[kN]$$

⑥ 물체를 밀어올리는 힘 P가 경사방향 하향력 30.39 kN보다 크면 밀려 올라간다.

제3절 구조물에 작용하는 하중과 지지

❶ 구조체(부재)의 종류

(1) 보(beam)

(2) 기둥(column)

(3) 슬래브(slab)

(4) 벽체(wall)

(5) 기초(foundation)

(6) 라멘(Rahmen)

(7) 아치(arch)

(8) 트러스(truss) 등

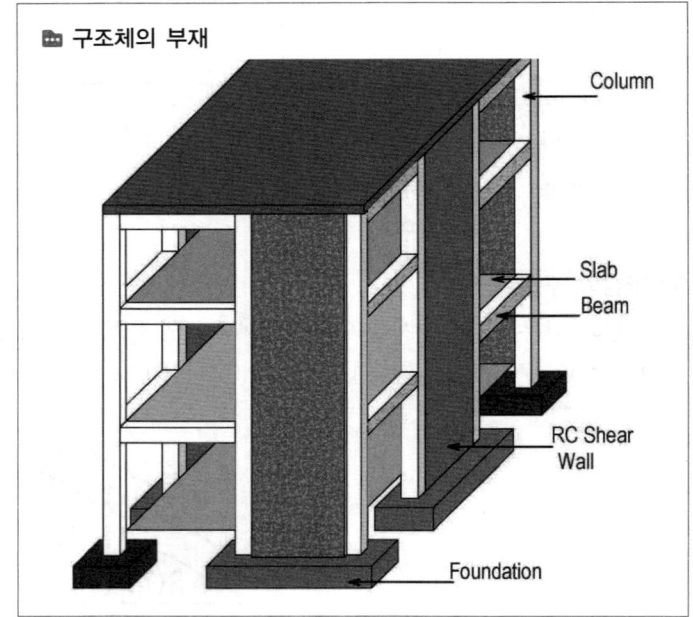

❷ 하중의 작용에 따른 분류

(1) 작용 방법에 따른 분류

　① 정하중(static load) : 움직이지 않고 정적인 상태로 작용하는 하중

　② 동하중(dynamic load) : 시간에 따라 변하는 하중으로 차량, 지진, 바람 등

(2) 작용 상태에 따른 분류

① 집중하중　　② 등분포하중　　③ 등변분포하중　　④ 모멘트 하중

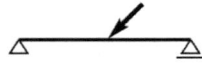 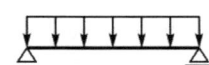  

③ 지점과 절점

(1) 지(지)점(support)의 분류

① 고정지점(fixed support) : 고정-수직력, 수평력 및 휨모멘트 모두 지지 (V, H, M 반력)
② 회전지점(hinged support) : 핀 조건-수직력과 수평력 지지 (V 및 H 반력 / 회전 자유)
③ 이동지점(roller support) : 롤러 조건-수직력만 지지 (V 반력 / 수평 이동과 회전 자유)

지점의 종류와 반력수

보종류	캔틸레버	단순보	
그림 표현			
지점	고정지점(fix)	회전지점(hinge)	이동지점(roller)
반력수	3개(V, H, M)	2개(V, H)	1개(V)

(2) 절점(joint)의 분류

① 핀(힌지)절점(hinged joint) : 수직, 수평력 전달 (회전 자유, 힌지절점에서 M=0)
② 강(고정)절점(rigid joint) : 모든 힘 연속적 전달

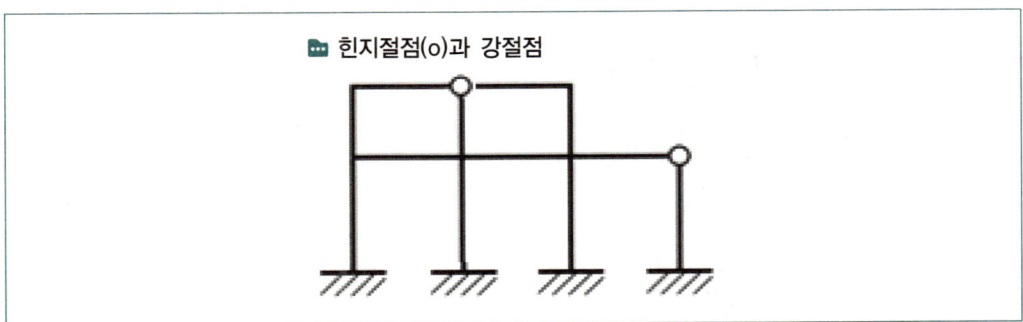

힌지절점(o)과 강절점

③ 그림에서 내부 절점중에서 힌지표시(o)가 있는 부분은 힌지 절점이고, 나머지 부분은 모두 강절점이다.
④ 라멘에서 힌지 절점에서는 휨모멘트가 "0"이다. ($\Sigma M = 0$)
  ※ 라멘 등의 꺾인 절점에서 방향에 따라 힘의 종류 변화에 유의
⑤ 수평부재 ⇆ 수직부재로 꺾인 절점을 기준으로 부재력이 (전단력 ⇆ 축방향력)으로 변화

④ 힘이 작용할 때 나타나는 반응

(1) 구조물에 외부의 힘(외력)이 작용하면 이에 대응하여 구조물 내부에는 부재력(내력)이 생기고, 구조물을 지지하고 있는 지지점에서는 지점 반력이 생긴다.

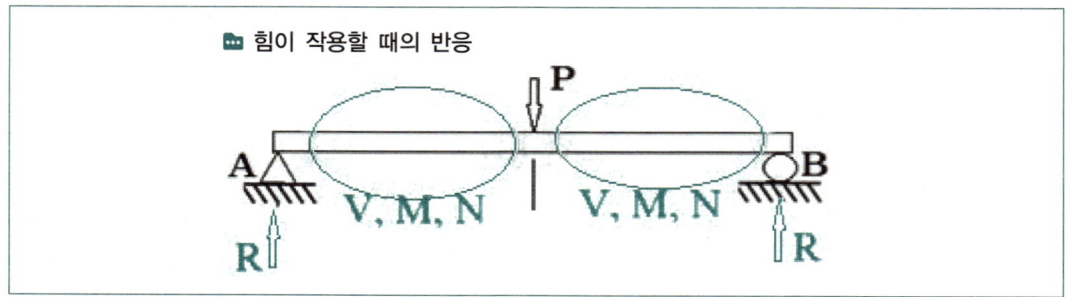
▶ 힘이 작용할 때의 반응

(2) 반력이란 구조물의 지지점 또는 연결점에서 전달되는 힘을 받을 때 생기는 힘으로, 구조체(또는 부재)가 정지 상태(평형)를 유지하기 위해 수동적으로 생기는 힘

(3) 반력은 작용하는 힘과 크기는 같고, 방향은 정반대

(4) 힘의 평형을 이용하여 부재에 작용하는 힘(부재력)과 지지점에 생기는 힘(반력)을 구함.

⑤ 지지점(support)에서의 지지

(1) **부재는 힘을 지지점으로 전달**
  ① 구조체는 미소변형 가정
  ② 부재는 작용하는 힘을 지지점으로 전달

(2) **지지점에서 반력**
  ① 지지점에서는 지점반력이 생겨서 구조물을 지지
  ② 힘의 평형조건을 이용하여 지점 반력 구함.
  ③ 지점 반력은 수직반력(V), 수평반력(H), 모멘트 반력(M) 등이 있음.

⑥ 부재 내에서의 지지

(1) **부재의 강도와 강성 보유**
  ① 강도(strength) : 하중(힘)을 지지하는 능력
  ② 강성(stiffness) : 변형을 견디는 능력

(2) **부재력(내력)으로 지지 (평형)**
  ① 부재내에서는 부재력(=내력=단면력)이 생겨서 하중을 지지
  ② 부재력은 축방향력(N), 전단력(V), 휨모멘트(M), 비틀림모멘트(T) 등이 있음.

(3) 구조물(부재)은 정지 상태 (안정)
① 안정(stability)은 힘이 작용할 때, 구조물이 자신의 위치를 유지하는 능력(외적 안정)과 구조물의 형상을 유지하는 능력(내적 안정)을 말하며, 이를 유지하지 못하고 형상이 찌그러지거나 위치가 이동해 가면 불안정 상태가 된다.

제4절 부재력의 종류와 계산

1 부재력의 종류와 부호

(1) 축(방향)력 (axial force : N)
① 부재의 축방향(평행하게)으로 생기는 힘
② 부재를 인장하거나(인장력), 압축하는 힘(압축력)
③ 인장력 : 양(+)

(2) 전단력(shear force : V)
① 부재의 축방향에 수직한 힘
② 부재를 전단(절단, shear) 하려는 힘
③ 시계방향 전단 작용 : 양(+)

(3) 휨모멘트(bending moment : M)
① 부재에 작용하는 힘으로 인해 부재를 휘게 만드는 부재력으로 굽힘모멘트라고도 함.
② 아래로 볼록한 휨(smile) : 양(+)

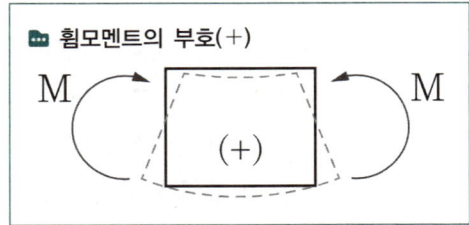

2 부재력 계산

(1) 자유물체도 작성
① 자유물체도란 어떤 물체의 역학적 상태를 표현하기 위하여, 구조물의 일부 또는 전부를 분리해 단순화 표현하고, 그 부분에 작용하는 모든 힘 들(하중, 반력, 부재력 등)을 표시한 그림(diagram)을 말하며, 자유물체 부분에서도 힘의 평형은 만족하게 된다.

(2) 부재력 계산
① x 점에서의 부재력 (부분 평형 개념을 적용)
  ㉠ x 위치에서 절단하여 그 점의 부재력을 표시
  ㉡ 힘의 평형방정식을 이용하여 미지의 부재력을 계산
    ⓐ $\Sigma F_x = 0$을 이용하여 x 점의 축(방향)력 값을 구한다.
    ⓑ $\Sigma F_y = 0$을 이용하여 x 점의 전단력값을 구한다.
    ⓒ $\Sigma M_x = 0$을 이용하여 x 점의 모멘트값을 구한다.

제5절 구조물의 판별

❶ 구조물의 상태

(1) 정정과 부정정
　① 정정: 힘의 평형방정식 만으로 반력과 부재력을 구할 수 있는 구조
　② 부정정: 추가적인 조건 필요

(2) 안정과 불안정
　① 안정: Geometry(기하학적 형상)와 Position(위치)을 유지하는 성질
　② 불안정: 기하학적 형상이나 위치가 변하는 것

❷ 구조물의 판별식(부정정차수 n)

(1) 개념과 기본식
　① 구조물의 판별식은 기본적으로 평형방정식을 적용하여 구할 수 있는 미지수의 개수가 몇 개인지를 판단하여, 구조물의 안정상태 및 정정, 부정정 여부를 판단하고 부정정차수를 구하는 식이다.

$$\text{판별식(일반식)}: n = m + R + f - 2j$$
here, m: 부재수, R: 반력수, f: 강접합수, j: (절점·지점·자유단)수

　② 판정　n=0 : 정정 구조
　　　　　n>0 : 부정정 구조 (n은 부정정 차수)
　　　　　n<0 : 불안정 구조

　③ 부재수와 연결 유형에 따른 강접합수 산정은 아래 그림과 같이한다.

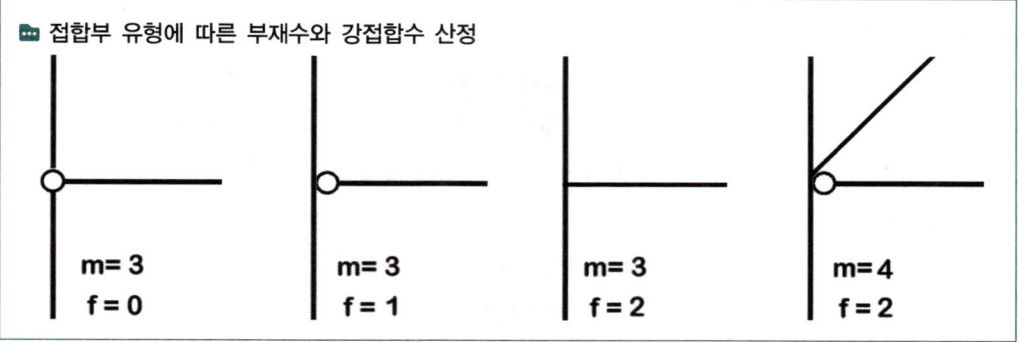

접합부 유형에 따른 부재수와 강접합수 산정

(2) 구조물의 판별 연습 Ⅰ (보)

다음 구조물의 안정 및 정정 여부를 판별하고, 부정정차수를 구해보자.

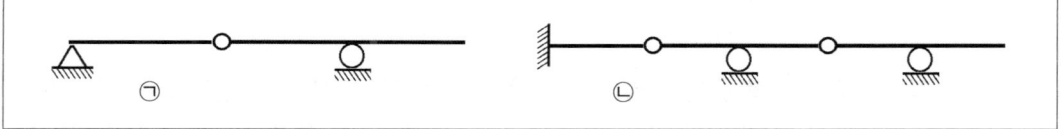

① 부재수(m)와 반력수(R)를 세고, 강접합이 있는지 확인하여 강접합수(f)를 센다.
② 구조 ㉠과 구조 ㉡에서는 각각 이동지점 위에 연속되는 보에서 강접합이 존재한다.
③ 절점수와 지점수 및 자유단 수를 세서 일반식으로 부정정차수(n)를 산정한다.
④ 구조 ㉠ n=m+R+f-(2j)=3+3+1-(2*4)=-1 (판정 : 불안정)
⑤ 구조 ㉡ n=m+R+f-(2j)=5+5+2-(2*6)=0 (판정 : 정정, 안정)

(3) 구조물의 판별 연습 Ⅱ (라멘)

다음 라멘 구조물의 안정 및 정정 여부를 판별하고, 부정정차수를 구해보자.

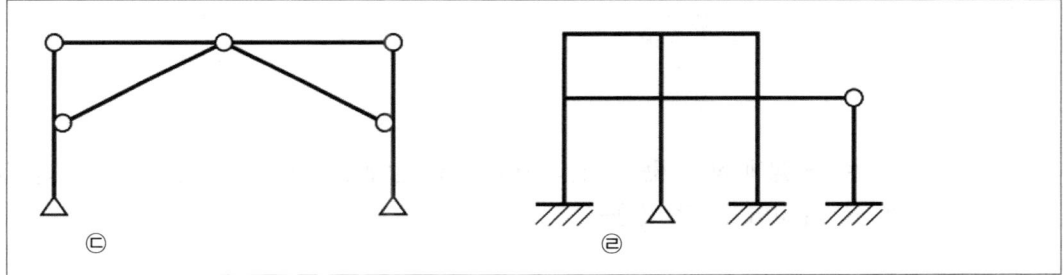

① 부재수(m)와 반력수(R)를 세고, 강접합이 있는지 확인하여 강접합수(f)를 센다.
② 구조 ㉢에서는 수직 기둥 부재의 연결점에 강접합이 존재하고, 구조 ㉣에서는 라멘의 기둥-기둥, 기둥-보 및 보-보 연결부에 강접합이 존재한다. 라멘의 연결부와 같이 여러 부재들이 만나는 곳에서는 부재의 접합 원리를 이해하고 강접합 수를 헤아린다.
③ 절점수와 지점수 및 자유단 수를 세서 일반식으로 부정정차수(n)를 산정한다.
④ 구조 ㉢ $n = m + R + f - 2j = 8 + 4 + 2 - (2 \times 7) = 0$ (판정 : 정정, 안정)
⑤ 구조 ㉣ $n = m + R + f - 2j = 12 + 11 + 12 - (2 \times 11) = 13$ (판정 : 13차 부정정, 안정)

CHAPTER 02 단원 기본 문제

01 그림과 같이 2개의 힘이 동일점 O에 작용할 때, 두 힘 U, V의 합력의 크기[kN]는? 17 지

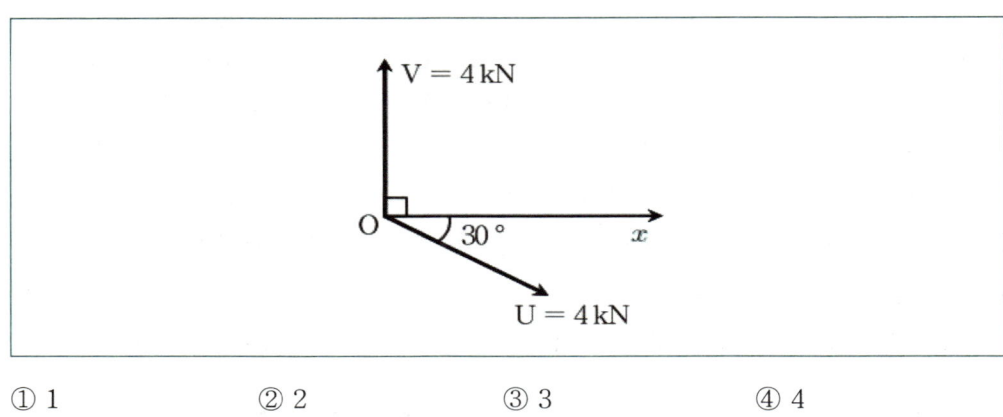

① 1 ② 2 ③ 3 ④ 4

02 그림과 같이 원점에 작용하는 세 힘이 정적 평형 상태에 있기 위해서 필요한 힘 F의 크기 [kN]와 x축과 이루는 각 $\theta[°]$는? 25 국

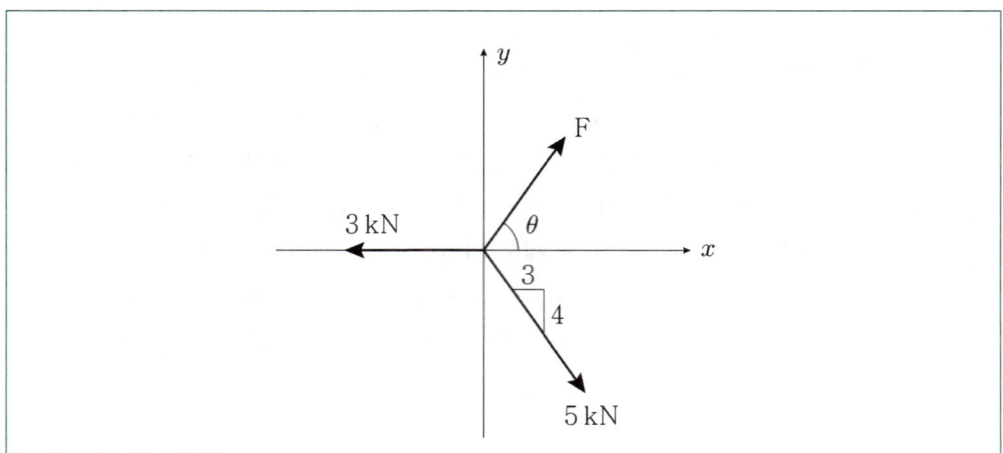

	F	θ
①	3	30
②	3	60
③	4	60
④	4	90

03 그림과 같이 하중 P가 작용할 때, 하중 P의 A점에 대한 모멘트의 크기[kN·m]는? 17-2 지

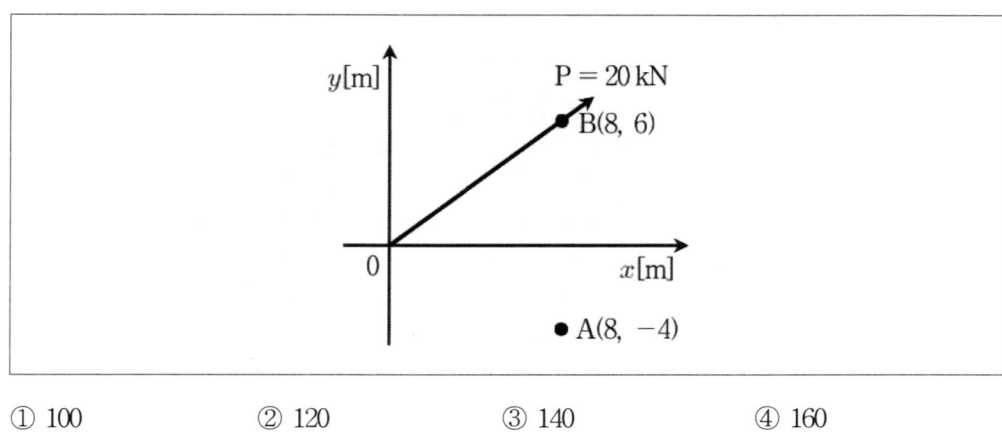

① 100　　　② 120　　　③ 140　　　④ 160

04 그림과 같이 $P_1 = 13$ kN, $P_2 = 7\sqrt{2}$ kN의 힘이 O점에 작용할 때, A점에 대한 모멘트의 크기[kN·m]는?

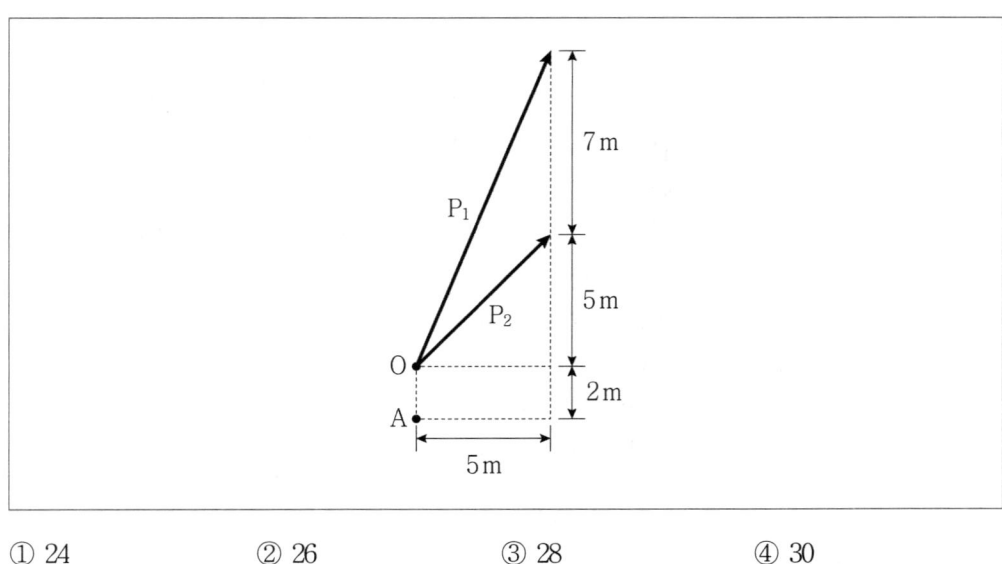

① 24　　　② 26　　　③ 28　　　④ 30

05 다음과 같이 구조물에 작용하는 평행한 세 힘에 대한 합력(R)의 O점에서 작용점까지 거리 x[m]는?

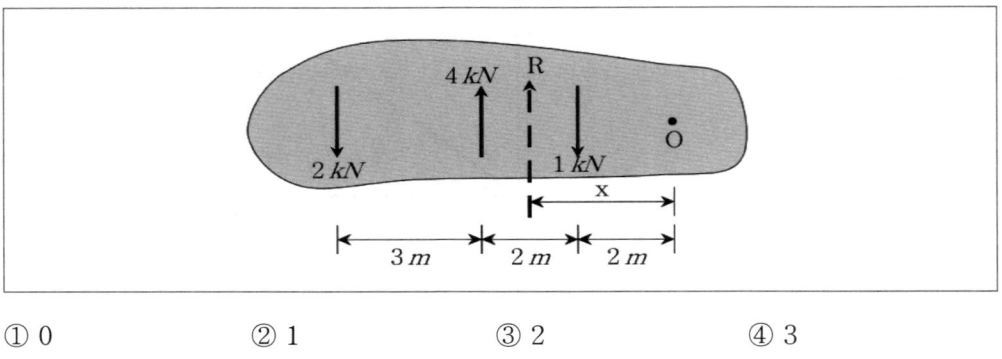

① 0 ② 1 ③ 2 ④ 3

06 다음과 같이 힘이 작용할 때 합력(R)의 크기[kN]와 작용점 x의 위치는?

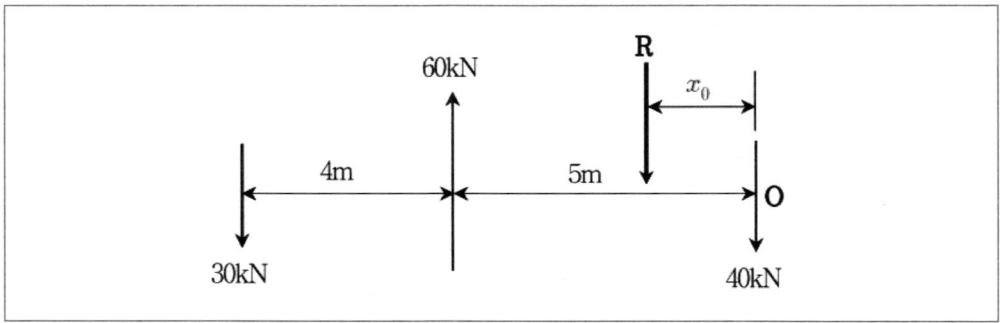

① R=10(↓), x=원점(O)의 좌측 3 m
② R=10(↓), x=원점(O)의 우측 3 m
③ R=10(↑), x=원점(O)의 좌측 3 m
④ R=10(↑), x=원점(O)의 우측 3 m

07 그림과 같이 여러 힘이 평행하게 강체에 작용하고 있을 때, 합력의 위치는? 16 국

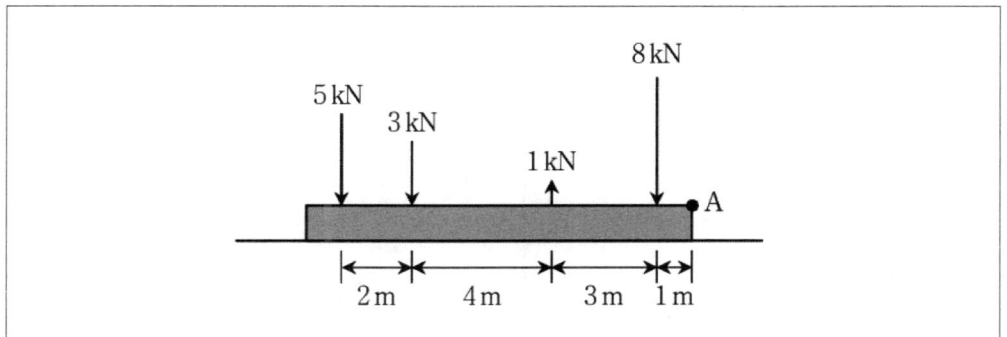

① A점에서 왼쪽으로 5.2 m
② A점에서 오른쪽으로 5.2 m
③ A점에서 왼쪽으로 5.8 m
④ A점에서 오른쪽으로 5.8 m

08 그림과 같은 케이블구조에서 무게 10 kN의 하중을 C점에 매달 때 케이블 AC에 작용하는 장력은 얼마인가?

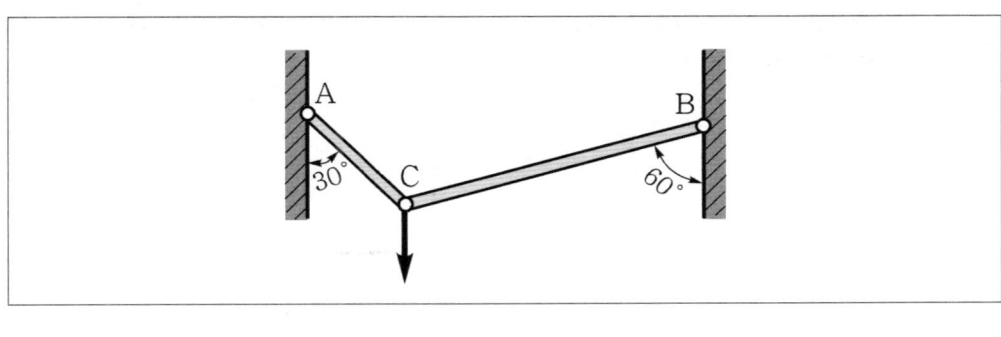

① 5.4 kN ② 6.7 kN ③ 9.72 kN ④ 8.66 kN

09 다음 그림과 같은 구조물에서 B점에 100 kN의 수직하향력이 작용할 때 부재 AB가 받는 힘은 몇 kN인가?

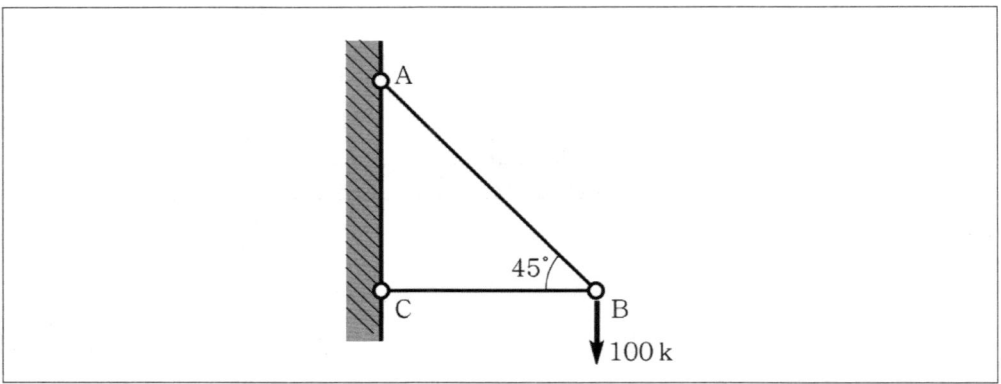

① 압축력, 100 kN ② 인장력, 100 kN ③ 인장력, 141 kN ④ 압축력, 141 kN

10 그림과 같이 지면에 케이블로 고정한 기구가 부양력 120 kN과 수평풍하중(W)에 의해 케이블 각도가 60°에서 정지상태를 유지할 때, 케이블의 장력 T의 크기[kN]는? (단, 케이블의 형상은 선형이다.) 24 국

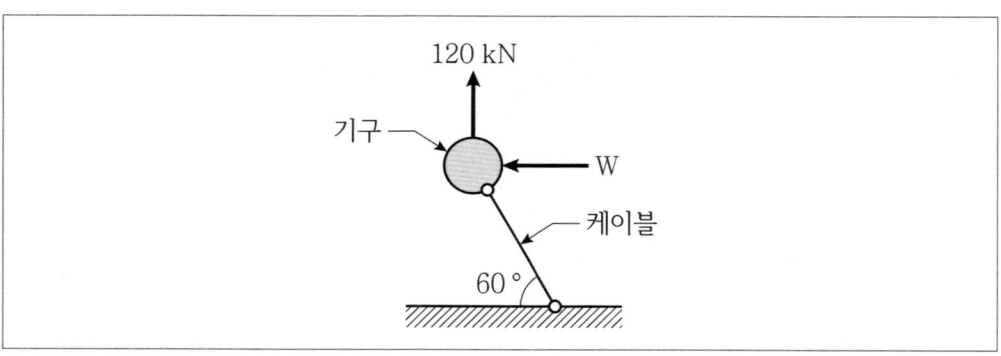

① $120\sqrt{3}$ ② $\dfrac{240}{\sqrt{3}}$ ③ $\dfrac{120}{\sqrt{3}}$ ④ $240\sqrt{3}$

11 다음 그림과 같은 구조물을 판별한 것 중 옳은 것은? 09 국

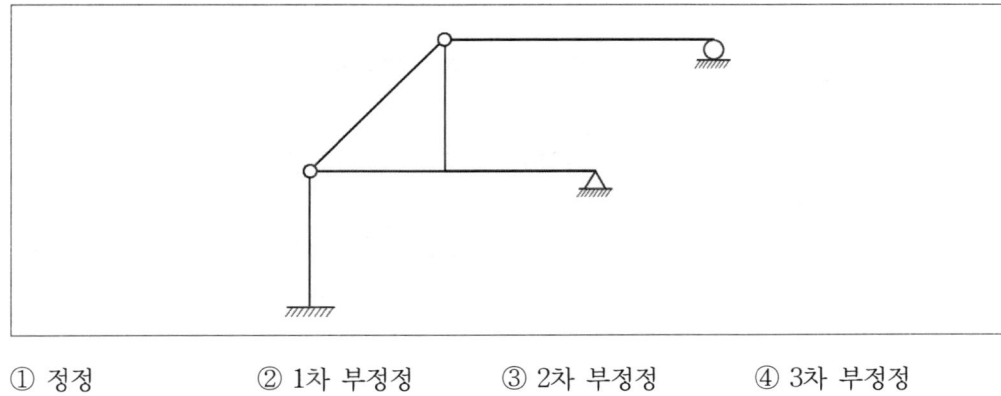

① 정정　　② 1차 부정정　　③ 2차 부정정　　④ 3차 부정정

12 다음과 같은 구조물의 부정정 차수는? 12 국

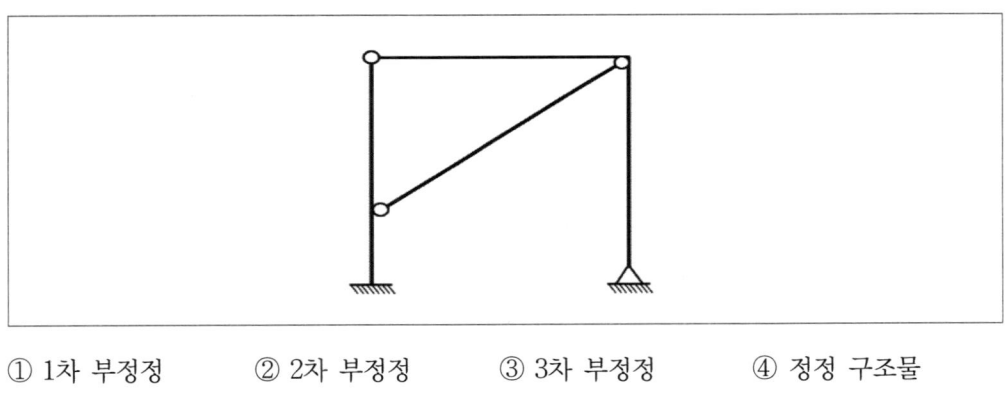

① 1차 부정정　　② 2차 부정정　　③ 3차 부정정　　④ 정정 구조물

13 그림과 같은 라멘 구조물의 부정정 차수는? 21 국

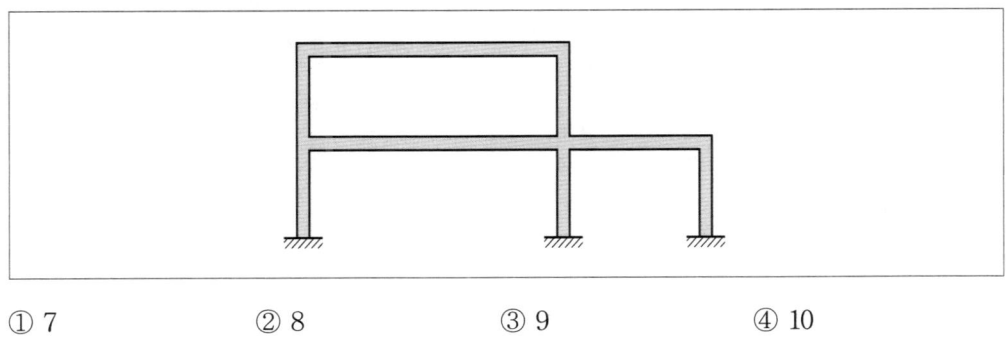

① 7　　② 8　　③ 9　　④ 10

14 그림과 같은 보 (가), (나), (다)의 부정정 차수를 모두 합한 차수는? 21 지

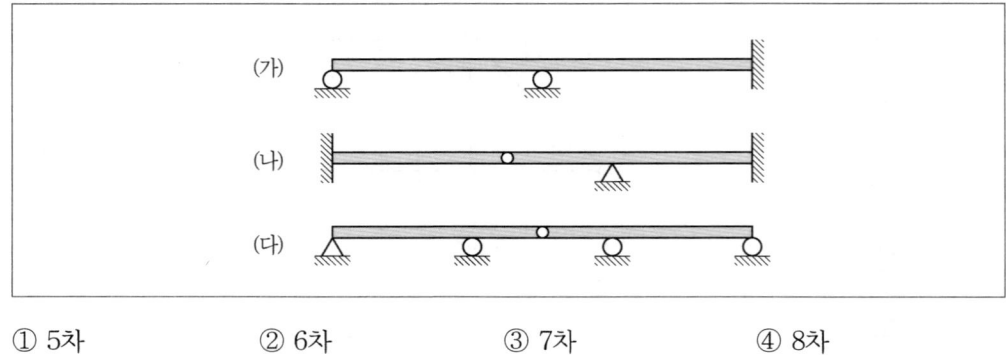

① 5차   ② 6차   ③ 7차   ④ 8차

정답 및 해설

01 ④ 02 ④ 03 ④ 04 ① 05 ① 06 ② 07 ① 08 ④ 09 ③ 10 ② 11 ③ 12 ②
13 ③ 14 ③

01 ④ U와 V 사이 합력 작용 각 (90°+30°)/2=60°이고 평행사변형을 그리면, R=4

02 ④ 수평 방향과 수직 방향의 힘의 평형을 고려하면, 좌측으로 향하는 3kN의 힘은 우하향 5kN 힘의 수평 성분인 3kN과 평형을 이루므로, 힘 F의 수평성분은 0이 되고, 수직 성분은 4가 되어야 한다. ∴ F=4 [kN] 수직 상향(90°)

03 ④ B점의 힘 P를 수직과 수평으로 분해(직사각형 이용)하여, 특수변의 삼각비(3 : 4 : 5 관계)에 따라 수평 분력은 $P_x = 20\cos\theta = 20 \times \dfrac{4}{5} = 16$ 이고, Ma=16×10=160

04 ① O점의 힘 P_1, P_2를 수직과 수평으로 분해(직사각형 이용)하면, 수직 힘은 A점을 통과하는 힘이므로 모멘트가 "0"이고, 수평 분력은 특수변의 삼각비($1:1:\sqrt{2}$ 및 5 : 12 : 13 관계)에 따라 $P_{1x}=5$, $P_{2x}=7$ 이며 A점에서 모멘트를 산정하면, $M_O = 5 \times 2 + 7 \times 2 = 24$

05 ① 합력=-2+4-1=1, 거리는 바리뇽정리에 의해 $x = \dfrac{-2 \times 7 + 4 \times 4 - 1 \times 2}{1} = 0$

06 ② 합력=-30+60-40=-10(하향), 거리 $x_0 = \dfrac{-30 \times 9 + 60 \times 5}{-10} = -3$(우측)

07 ① 합력=-5-3+1-8=-15(하향), 거리 $x = \dfrac{-5 \times 10 - 3 \times 8 + 1 \times 4 - 8 \times 1}{-15} = 5.2$(좌측)

08 ④ 힘 P에 마주보는 각=90°, 힘 F_{AC}에 마주보는 각=180°-60°=120°이고, 한점에 모이는 세힘의 관계 이므로 라미의 정리 이용 : $\dfrac{F_{AC}}{\sin 60°} = \dfrac{10}{\sin 90°}$ ∴ $P = \dfrac{10\sqrt{3}}{2} = 5\sqrt{3} = 8.66$

09 ③ B점의 AB 부재력을 수직과 수평으로 분해(직사각형 이용)하여, 수직 방향의 힘의 평형을 이용하여 계산하면, $\Sigma F_y = -100 + F_{AB}\sin\theta = 0$, ∴ $F_{AB} = 100 \times \sqrt{2} = 141.4$(인장)

10 ② 수평풍하중 W를 좌측으로 옮기면, 부양력 120kN에 마주보는 각 : 90°+30°=120°, 케이블 장력 T 에 마주보는 각 : 90°이고, 한점에 모이는 세힘의 관계이므로 라미의 정리 이용하여 계산하면,
$\dfrac{T}{\sin 90°} = \dfrac{120}{\sin 60°}$ ∴ $T = \dfrac{120}{\sqrt{3}/2} = \dfrac{240}{\sqrt{3}}$

11 ③ $n = m + R + f - (2j) = 6 + 6 + 2 - (2 \times 6) = 2$ (2차 부정정)

12 ② $n = m + R + f - (2j) = 5 + 5 + 2 - (2 \times 5) = 2$ (2차 부정정)

13 ③ $n = m + R + f - (2j) = 8 + 9 + 8 - (2 \times 8) = 9$ (9차 부정정)

14 ③ (가) n=5-3=2, (나) n=8-3-1=4, (다) n=5-3-1=1 (합 7차 부정정)

김현
응용역학

🚧 학습의 주안점

제3장은 응용역학 과목에서 가장 출제빈도가 높은 정정보와 정정라멘 등 정정구조물의 반력과 부재력 등을 힘의 평형을 이용해 구하는 단원입니다. 힘의 평형식을 이용하여 반력을 구하는데, 집중하중의 경우에는 대칭으로 작용하거나 일정 거리비로 작용하는 경우에는 직관적으로 빠르게 계산할 수 있도록 숙달해 두고, 등분포(등변분포) 하중이 작용하는 경우에는 도심위치에 등가의 집중하중으로 치환하여 반력을 구하도록 합니다. 부재력의 경우에는 하중-전단력-휨모멘트 관계를 잘 활용하여 부재력을 쉽고 빠르게 파악하고 부재력 다이어그램을 그릴 수 있도록 하는 것이 필요합니다. 그리고 기본적인 계산 절차에서 응용하여 부재력의 최댓값과 작용위치 또는 부재력이 "0"이 되는 위치를 구하는 문제들도 많이 연습하도록 합시다.

제1절 정정보의 해석

제2절 정정 라멘과 아치

CHAPTER 03

정정구조물 해석

CHAPTER 03 정정구조물 해석

제1절 정정보의 해석

❶ 정정보의 해석 방법

(1) 힘의 평형방정식 이용
  ① 정정 구조물은 정의에 따라 힘의 평형방정식 만으로 지점반력과 부재력을 구할 수 있다.
  ② $\Sigma F_x = 0$, $\Sigma F_y = 0$, $\Sigma M = 0$ 이용 지점 반력 계산
  ③ 자유물체도를 그려 특정 위치의 부재력 계산

(2) 해석 기준
  ① 2차원(2D) 좌표계(X-Y 좌표 평면)를 기준으로 계산
  ② 정역학적 부호규약 활용[원점기준 x축 우측방향 +(양), y축 상향 +, 모멘트 시계방향 +]

❷ 정정보의 유형

(1) **단순보(simple beam)** : 그림 (a)   (2) **캔틸레버(cantilever : 외팔보)** : 그림 (b)
(3) **내민보(overhanging beam)** : 그림 (c)   (4) **게르버보(Gerber's beam)** : 그림 (d), (e)

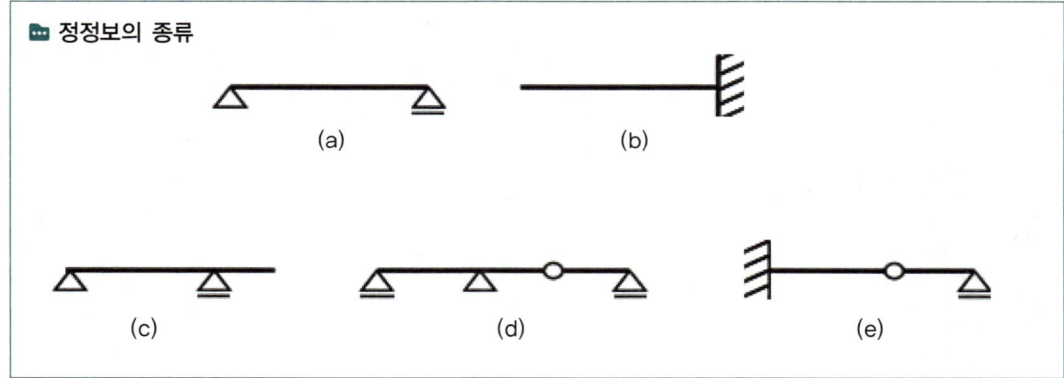

📖 정정보의 종류

※ 연습 : 그림에서 정정보의 각 지점에 지점특성에 맞는 반력을 표시해 보자.

③ 지점반력 계산

(1) 지점반력의 종류

① 수직반력 V, ② 수평반력 H, ③ 모멘트반력 M

(2) 지점반력의 계산

① 각 지지점에 미지 반력(V_A, V_B, H_A, M_A, 등)을 표시한다.

② 힘의 평형방정식($\Sigma F_x = 0$, $\Sigma F_y = 0$, $\Sigma M = 0$)을 세운다.

③ (대입, 연립 등) 방정식을 풀어 반력(V_A, V_B, H_A, M_A 등)을 구한다.

(3) 지점반력 구하기 연습

다음 그림과 같이 경사방향으로 하중 P=120 kN이 작용할 때, A, B 지점에서의 반력을 모두 구해보자. (단, 거리 a=2m, b=4m이고, 각도 θ=30° 이다.)

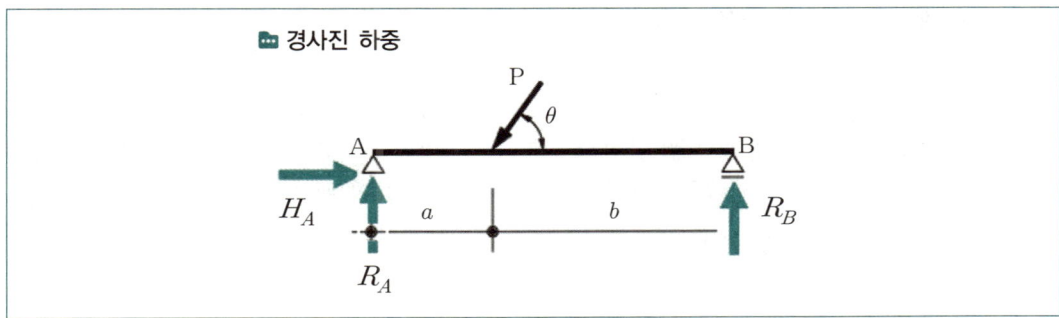
▶ 경사진 하중

① 우선 경사방향으로 작용하는 하중 P=120 kN을 주어진 경사각 θ=30°의 삼각함수를 이용하여 수직한 힘과 수평한 힘으로 분해한다.

$$P_y = P\sin\theta = 120 \times \frac{1}{2} = 60, \quad P_x = P\cos\theta = 120 \times \frac{\sqrt{3}}{2} = 60\sqrt{3}$$

② 수평 방향과 수직 방향의 힘의 평형방정식을 세워서 다음과 같이 반력을 구한다.

③ 수평 방향 힘의 평형방정식

$$\Sigma F_x = 0, \quad H_A - 60\sqrt{3} = 0, \quad \therefore H_A = 60\sqrt{3}$$

④ 수평 방향 힘의 평형방정식

$$\Sigma F_y = 0, \quad R_A + R_B - 60 = 0, \quad \therefore R_A + R_B = 60 \quad \cdots \text{㉠식}$$

⑤ B점에서 휨모멘트의 평형방정식

$$\Sigma M_B = 0, \quad R_A \times 6 - 60 \times 4 = 0, \quad \therefore R_A = 40 \quad \cdots \text{㉡식}$$

⑥ ㉡식을 ㉠식에 대입하면, $\therefore R_B = 20$

④ 부재력 계산 및 부재력도 작성

(1) 부재력의 종류와 부호 (※ 변형 부호 규약)
　① 축(방향)력 (axial force : N) : 인장력(+)
　② 전단력 (shear force : V) : 시계방향 전단 작용 (+)
　③ 휨모멘트 (bending moment : M) : 아래로 볼록한 휨(smile) (+)

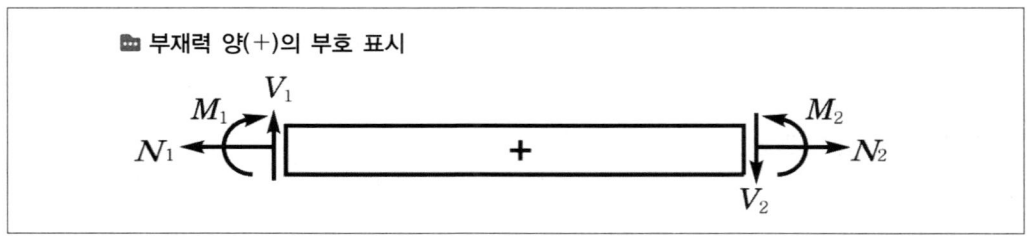

　　　📖 부재력 양(+)의 부호 표시

(2) 부재력 계산을 위한 자유물체도 작성
　① 구조물의 일부 또는 전부를 분리하여, 작용하는 모든 힘들(하중, 반력, 부재력 등)을 표시한다. 그림에서와 같이 잘린 단면이 좌측인 경우에는 부재력을 그림과 같이 축력 N_1, 전단력 V_1, 휨모멘트 M_1으로 표시하고, 잘린 단면이 우측인 경우에는 그림과 같이 축력 N_2, 전단력 V_2, 휨모멘트 M_2로 표시하여 자유물체도의 힘의 평형을 이용하여 부재력을 구한다.

(3) 부재력 계산 및 부재력도 작성
　① 구하고자 하는 x 점에서의 부재력 (부분 평형 개념을 적용)
　　㉠ x 위치에서 절단하여 그 점의 부재력을 표시한다.
　　㉡ 힘의 평형방정식을 이용하여 미지의 부재력을 계산한다.
　　　ⓐ $\Sigma F_X = 0 \Rightarrow x$ 점의 축(방향)력 값을 구한다.
　　　ⓑ $\Sigma F_Y = 0 \Rightarrow x$ 점의 전단력 값을 구한다.
　　　ⓒ $\Sigma M = 0 \Rightarrow x$ 점의 휨모멘트 값을 구한다.
　　㉢ 부재력 값을 연결하여 부재력도 작성한다.

(4) 부재력의 특성
　① 단순보의 양 지점인 회전단과 이동단에서는 휨모멘트가 영(0)이다.
　② 모멘트하중이 작용하지 않는 캔틸레버의 자유단에서도 휨모멘트가 영(0)이다.
　③ 부재 중간에 집중 하중이 작용하는 그 점(단면)에서는 전단력 값이 좌우가 서로 다른 둘이다.

5 하중(ω)-전단력(V)-휨모멘트(M) 관계

(1) 하중이 작용하는 보에서 미소요소 고려
① 그림의 (a)와 같이 여러 하중이 작용하는 보에서 미소 요소에 대하여 힘의 평형관계를 고려하면 그림 (b)와 같다.

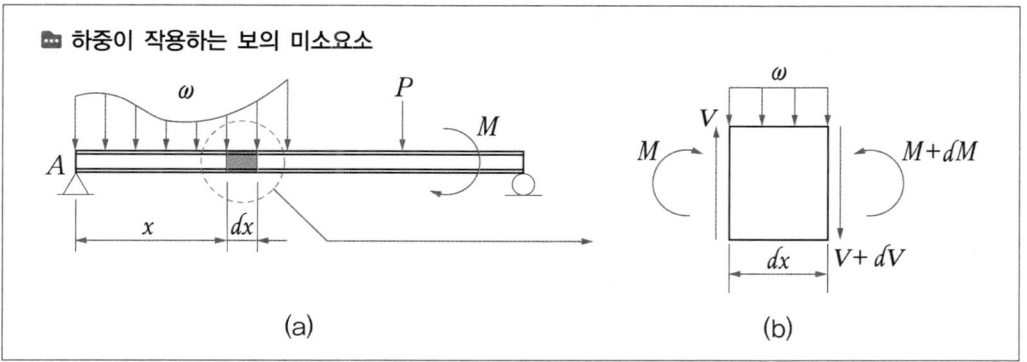

■ 하중이 작용하는 보의 미소요소

② 미소요소의 우측 하단 모서리(O점)에서 모멘트의 평형을 취하면, 하중(ω)와 전단력(V)의 관계 및 전단력(V)과 휨모멘트(M)의 관계가 다음과 같이 나타난다.
  ㉠ x에 관한 전단력의 변화율(또는 전단력도의 기울기)은 바로 그 단면에서의 하중의 강도(크기)와 같다.

$$\frac{dV}{dx} = -\omega$$

  ㉡ x에 관한 휨모멘트의 변화율(또는 휨모멘트도의 기울기)은 바로 그 단면에서의 전단력의 값과 같다.

$$\frac{dM}{dx} = V$$

  ㉢ 하중(ω)-전단력 (V)-휨모멘트 (M) 간의 미분 관계

$$\frac{d^2M}{dx^2} = \frac{dV}{dx} = -\omega$$

  ㉣ 역으로 표현하면 적분의 관계

$$M = \int V dx = -\iint w\, dx$$

(2) 하중과 전단력 및 휨모멘트의 관계 고찰
① 전단력의 변화율(기울기, 미분값) = 하중(-ω)
  ㉠ 하중이 작용하지 않는 구간(하중이 "0") : 전단력 일정(기울기가 "0")
  ㉡ 등분포하중(하중의 크기 일정(상수)) : 전단력의 기울기가 1차함수
② 휨모멘트의 변화율(기울기, 미분값) = 전단력(V)
  ㉠ 전단력이 "0"일 때 휨모멘트는 최대값이다.
  ㉡ 어떤 점에서의 모멘트 크기는 지점에서 그 점까지의 전단력도 면적의 합

6 정정보의 해석 연습

(1) 집중하중을 받는 단순보의 반력 및 부재력 산정

아래 그림과 같이 집중 하중이 작용하는 단순보의 반력과 부재력은 다음과 같이 구한다.

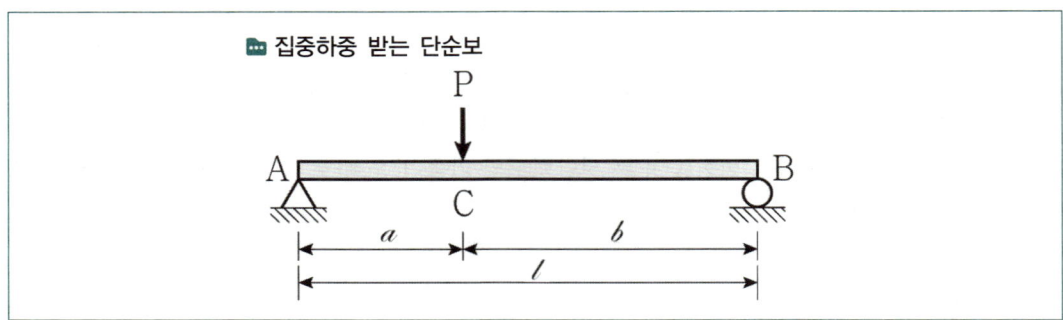

▣ 집중하중 받는 단순보

① 반력계산
  ㉠ A, B 두 지점에 지점의 종류에 맞는 반력을 표시한다.
    ⓐ A 지점(힌지) : 수직반력과 수평반력(V_A, H_A) 표시
    ⓑ B 지점(롤러) : 수직반력(V_B) 표시
  ㉡ 힘의 평형방정식을 세운다.

$$\Sigma F_x = 0 \Rightarrow H_A + 0 = 0 \quad \therefore H_A = 0$$
$$\Sigma F_y = 0 \Rightarrow V_A + V_B - P = 0 \quad \therefore V_A + V_B = P \cdots \text{ⓐ식}$$
$$\Sigma M_b = 0 \Rightarrow V_A \times l - P \times b = 0 \quad \therefore V_A = \frac{Pb}{l} \cdots \text{ⓑ식}$$
$$\text{ⓐ식에 ⓑ식을 대입하면,} \quad \therefore V_B = \frac{Pa}{l}$$

② 자유물체도 1(C점 좌측)의 힘의 평형 이용 부재력 계산
  ㉠ [A~C]구간 전단력 : 지점 A의 수직반력 V_A와 수직방향 부재력은 힘의 평형을 이루어야 하므로 수직방향 부재력(전단력)은 V_A와 크기는 같고 방향은 반대(↓)인 힘이 된다.

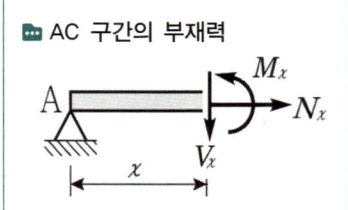

▣ AC 구간의 부재력

ⓛ [A~C]구간 휨모멘트 : 지점 A에서 거리 x인 임의점의 휨모멘트는 A점 수직반력 V_A와 거리 x의 곱($\frac{Pb}{l}x$)으로 표현되는 모멘트(↶)와 그 점의 부재력 모멘트(M_x)의 합이 "0"이 되어야 하므로 부재력 휨모멘트는 반시계방향(↶)으로 $\frac{Pb}{l}x$가 되며, 이 값은 거리 x에 대한 1차식이 되어 기울기 $\frac{Pb}{l}$ 경사를 가진 직선 그래프가 된다.

③ 자유물체도 2(C점 우측)의 힘의 평형 이용
　ⓐ [C~B]구간 부재력 : 지점 B의 수직반력 V_B와 수직방향 부재력은 힘의 평형을 이루어야 하므로 수직방향 부재력(전단력)은 V_B와 크기는 같고 방향은 반대(↓)인 힘이 된다.
　ⓑ [C~B]구간 휨모멘트 : 지점 B에서 거리 x인 임의점의 휨모멘트는 B점 수직반력 V_B와 거리 x의 곱($\frac{Pa}{l}x$)으로 표현되는 모멘트(↷)와 그 점의 부재력 모멘트(M_x)의 합이 "0"이 되어야 하므로 부재력 휨모멘트는 반시계방향(↶)으로 $\frac{Pa}{l}x$가 되며, 이 값은 거리 x에 대한 1차식이 되어 기울기 $\frac{Pa}{l}$ 경사를 가진 직선 그래프가 된다.

④ 부재력도 그림
　ⓐ A점의 전단력의 크기는 지점반력이 되고, 힌지 지점이므로 휨모멘트는 "0"이다.
　ⓑ B점도 전단력의 크기는 지점반력과 같고, 힌지 지점이므로 휨모멘트는 "0"이다.
　ⓒ 따라서 전단력도는 A지점의 반력 크기만큼 A점에서 시작하여 하중(힘)이 없는 구간에는 일정한 크기의 전단력으로 진행되고, 하중 작용점(C)에서는 하중의 크기만큼 하향으로 그리고, 거기서 B점을 향해 일정 크기로 수평 진행하여 B점에서 반력만큼 상향으로 그리면 전단력도는 완성된다.
　ⓓ 휨 모멘트도는 양 지점에서 "0"으로 시작하여 거리에 비례하는 직선으로 증가 또는 감소되는 1차 함수의 그래프가 된다.
　ⓔ 하중-전단력(V)-휨모멘트(M) 관계에 의해 하중의 작용점(C)에서 모멘트의 크기가 최대가 된다.

(2) **등분포하중을 받는 단순보의 반력 및 부재력 산정**
아래 그림과 같이 등분포 하중이 작용하는 단순보의 반력과 부재력은 다음과 같이 구한다.

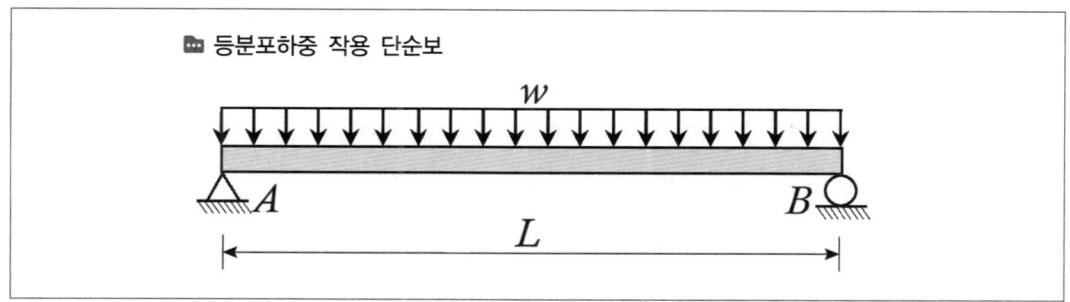

① 반력계산
　㉠ A, B 두 지점에 지점의 종류에 맞는 반력을 표시한다.
　　ⓐ A 지점(힌지): 수직반력과 수평반력(V_A, H_A) 표시
　　ⓑ B 지점(롤러): 수직반력(V_B) 표시
　㉡ 등분포하중 w를 경간의 중간에 등가의 집중하중(wL)으로 작용시킨다.
　㉢ 힘의 평형방정식을 세운다.

$$\Sigma F_x = 0 \Rightarrow H_A + 0 = 0 \quad \therefore H_A = 0$$
$$\Sigma F_y = 0 \Rightarrow V_A + V_B - wL = 0 \quad \therefore V_A + V_B = wL \cdots ⓐ$$
$$\Sigma M_b = 0 \Rightarrow V_A \times l - wL \times L/2 = 0 \quad \therefore V_A = \frac{wL}{2} \cdots ⓑ$$
$$ⓐ식에 ⓑ식을 대입하면, \therefore V_B = \frac{wL}{2}$$

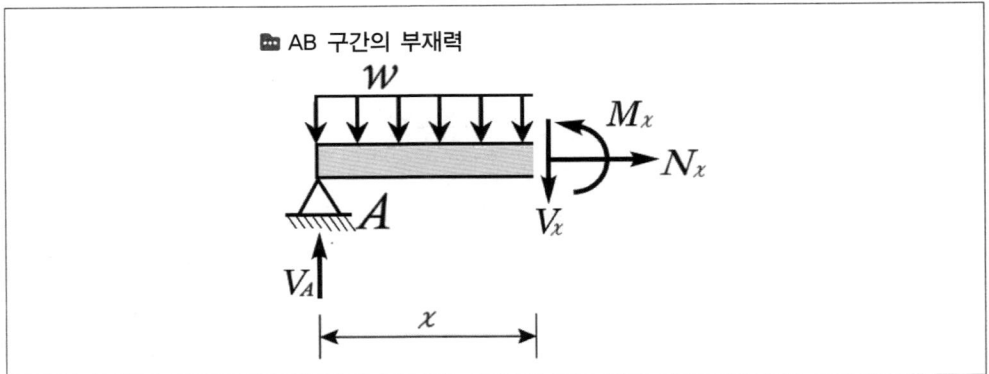

▣ AB 구간의 부재력

② 자유물체도의 힘의 평형 이용 부재력 계산
　㉠ [A~B]구간 전단력: 지점 A에서 거리 x인 임의점의 전단력은 지점 A의 수직반력 V_A와 하중 w 및 수직방향 부재력(전단력 V_x)의 힘의 평형으로부터 구하면, 전단력(V_x)은 $V_A - wx = \frac{wL}{2} - wx$가 된다. 이 식에서 A 점으로 부터의 거리 x가 L/2 미만까지는 전단력(V_x)는 양(+)의 값이고, x=L/2 이면 전단력(V_x)=0이 되고, x가 L/2을 초과하게 되면 전단력(V_x)은 음(-)의 값이 된다.
　㉡ [A~B]구간 휨모멘트: 지점 A에서 거리 x인 임의점의 휨모멘트는 A점 수직반력 V_A와 거리 x의 곱($\frac{wL}{2}x$)인 시계방향 모멘트(↷)에서 하중에 의한($\frac{w}{2}x^2$) 반시계 방향의 모멘트(↶)를 뺀 값($\frac{wL}{2}x - \frac{w}{2}x^2$)이 그 점의 부재력 모멘트($M_x$)가 되어야 하고, 이 값은 거리 x에 대한 2차식이 되어 2차 함수의 그래프인 포물선으로 된다.

③ 부재력도 그림

  ㉠ A점의 전단력의 크기는 지점반력($\frac{wL}{2}$)이 되고, 힌지 지점이므로 휨모멘트는 "0"이다.

  ㉡ B점도 전단력의 크기는 부호가 반대인 지점반력($-\frac{wL}{2}$)과 같고, 힌지 지점이므로 휨모멘트는 "0"이다.

  ㉢ 따라서 전단력도는 A지점의 반력점($\frac{wL}{2}$)에서 시작하여 B지점 반력점($-\frac{wL}{2}$)으로 연결하는 직선으로 되고 이것의 기울기는 음(-)의 하중의 크기(-w)가 된다.

  ㉣ 휨 모멘트도는 양 지점에서 모멘트가 "0"이므로 x축에서 시작하여 2차항($-\frac{w}{2}x^2$)의 계수가 음이므로 위로 볼록한 2차함수 그래프가 된다. A점에서 0에서 시작하여 거리에 비례하는 위로 볼록한 포물선으로 증가 또는 감소되어 B점에서 "0"으로 되는 2차 함수의 그래프가 된다.

  ㉤ 하중－전단력(V)－휨모멘트(M) 관계에 의해 전단력도가 "0"인 점(x＝L/2)에서 모멘트의 크기가 최대가 된다.

(3) **캔틸레버의 반력 및 부재력 산정**

그림과 같은 하중이 작용하는 캔틸레버보의 반력과 부재력은 다음과 같이 구한다.

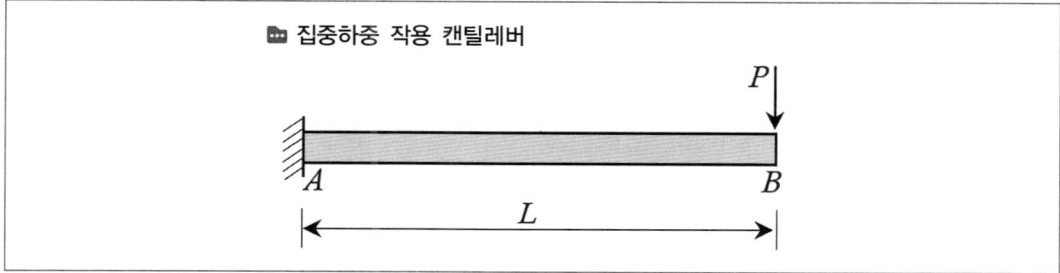

■ 집중하중 작용 캔틸레버

① 반력계산

  ㉠ A지점에 지점의 종류에 맞는 반력을 표시한다.

    ⓐ A 지점(고정 지점) : 수직반력과 수평반력 및 모멘트반력 (V_A, H_A, M_A) 표시

  ㉡ 힘의 평형방정식을 세운다.

$$\Sigma F_x = 0 \Rightarrow H_A + 0 = 0 \quad \therefore H_A = 0$$
$$\Sigma F_y = 0 \Rightarrow V_A - P = 0 \quad \therefore V_A = P$$
$$\Sigma M_a = 0 \Rightarrow M_A + P \times l = 0 \quad \therefore M_A = -Pl$$

② 자유물체도의 힘의 평형 이용 부재력 계산

  ㉠ [A~B]구간 전단력 : 지점 A의 수직반력 V_A와 수직방향 부재력은 힘의 평형을 이루어야 하므로 수직방향 부재력(전단력)은 V_A와 같은 힘이 된다.

ⓒ [A~B]구간 휨모멘트 : 지점 A에서 거리 x인 임의점의 휨모멘트는 A점 반력모멘트 M_A와 A점 수직반력 V_A와 거리 x의 곱(Px)으로 표현되는 모멘트(⌒)와 그 점의 부재력 모멘트 (M_x)의 합이 "0"이 되어야 하므로 부재력 휨모멘트는 $-Pl+Px$가 되며, 이 값은 거리 x에 대한 1차식으로 직선의 그래프가 되며, 1차항(Px)의 계수가 양(+)이므로 이 되어 기울기 P 경사를 가진 우상향인 직선 그래프가 된다.

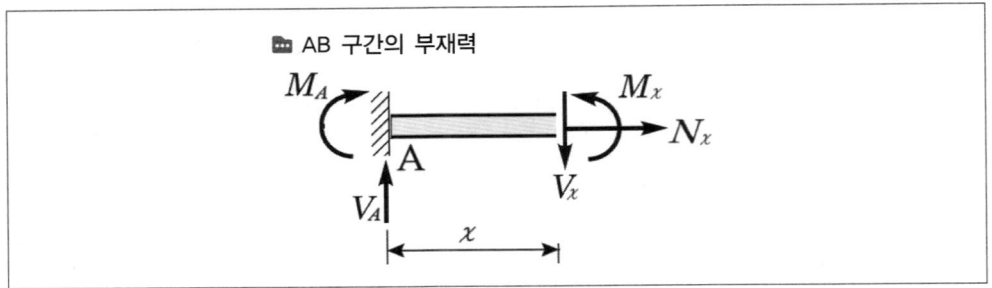

■ AB 구간의 부재력

③ 부재력도 그림
  ㉠ A점의 전단력의 크기는 지점반력이 되고, 하중점인 자유단까지 동일한 힘이 된다.
  ㉡ 따라서 전단력도는 A지점의 반력 크기만큼 A점에서 시작하여 하중(힘)이 없는 구간에는 일정한 크기의 전단력으로 진행되고, 하중 작용점인 자유단에서는 하중의 크기만큼 하향으로 그리면 전단력도는 완성된다.
  ㉢ 휨 모멘트도는 A지점에서 반력모멘트 M_A에서 시작하여 거리 x에 대한 1차식으로 직선의 그래프가 되며, 1차항(Px)의 계수가 양(+)이므로 이 되어 기울기 P 경사를 가진 우상향인 직선 그래프가 되고, 자유단인 B점에서는 휨모멘트가 "0"이므로 B점으로 연결되는 직선이 된다.

(4) 내민보의 반력 및 부재력 산정
  그림과 같은 하중이 작용하는 내민보의 반력과 부재력은 다음과 같이 구한다.

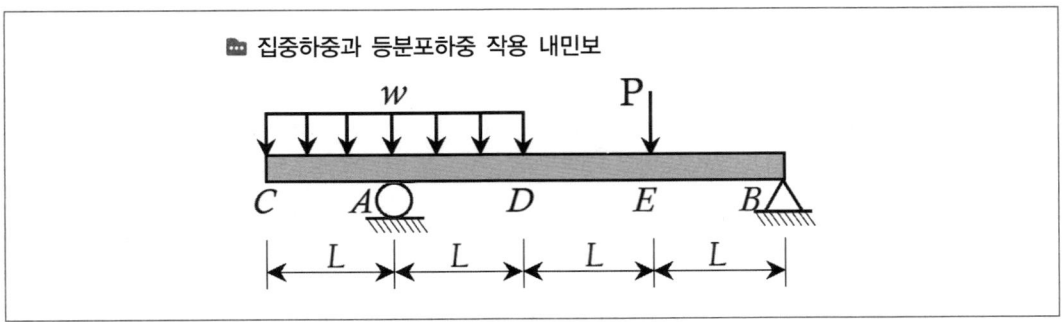

■ 집중하중과 등분포하중 작용 내민보

① 반력계산
  ㉠ 양 지점에 지점의 종류에 맞는 반력을 표시한다.
    ⓐ A 지점(롤러) : 수직반력(V_A) 표시
    ⓑ B 지점(힌지) : 수직반력과 수평반력(V_B, H_B) 표시

ⓒ 힘의 평형방정식을 세운다.

$$\Sigma F_x = 0 \Rightarrow H_B + 0 = 0 \quad \therefore H_B = 0$$
$$\Sigma F_y = 0 \Rightarrow V_A - 2wL - P + V_B = 0$$
$$\Sigma M_B = 0 \Rightarrow V_A \times 3L - 2wL \times 3L - P \times L = 0 \quad \therefore V_A = 2wL - \frac{P}{3}$$

② 자유물체도의 힘의 평형 이용 부재력 계산
  ㉠ [C~A~D]구간 전단력 : 자유단 C에서 단위 길이(m)당 하향 등분포 하중 w만큼씩 하향으로 지점 A까지 직선으로 그리고 A지점에서 지점 수직반력 V_A 만큼 상향으로 이동하여 C~A구간과 동일한 기울기(w)로 D점까지 하향 직선으로 그린다.
  ㉡ [D~E]구간 전단력 : 점 D에서 E(좌측)까지는 작용 하중이 없으므로 D점의 전단력이 그대로 E점까지 수평이동하여 가서 E점에서 집중하중 P의 크기만큼 하향으로 이동한다.
  ㉢ [E~B]구간 전단력 : 점 E(우측)에서 B까지는 작용 하중이 없으므로 E점(우측)의 전단력이 그대로 B점까지 수평이동하여 가서 B점에서 수직 반력 V_B의 크기만큼 상향으로 이동한다.
  ㉣ [C~A~D]구간 휨모멘트 : 점 C에서 D까지의 휨모멘트는 전단력을 적분한 값으로 그려지며 이차항의 계수가 음인 위로 볼록한 형상의 2차 곡선이 되고, 임의점의 전단력은 휨모멘트도의 기울기가 된다.
  ㉤ [D~E~B]구간 휨모멘트 : 점 D에서 E까지는 우하향의 직선으로 그려지고, 점E에서 지점 B까지는 우상향의 직선으로 그려진다.

③ 부재력도 그림
  ㉠ 자유단인 C점의 전단력과 휨모멘트는 "0"이다.
  ㉡ 힌지 지점인 B점의 전단력의 크기는 지점반력과 같고, 휨모멘트는 "0"이다.
  ㉢ 따라서 전단력도는 C점에서 "0"에서 시작하여 우측으로 이동하면서 w의 기울기로 하향하는 그래프로 A지점까지 기서 A 지점에서는 지점 반력 만큼 상향으로 이동한 후 다시 w의 기울기로 하향하는 그래프를 D점까지 그린다. 점 D에서 E까지는 작용 하중이 없으므로 D점의 전단력이 그대로 E점까지 수평이동하여 가서 E점에서 집중하중 P의 크기만큼 하향으로 이동한다. 점 E에서 B까지는 작용 하중이 없으므로 E점(우측)의 전단력이 그대로 B점까지 수평이동하여 가서 B점에서 수직 반력 V_B의 크기만큼 상향으로 그리면 전단력도는 완성된다.
  ㉣ 휨 모멘트도는 양 끝점인 C점과 B지점에서 "0"이 되므로 "0"에서 시작하여 등분포 하중 구간인 C~D 구간은 2차곡선이 되고 D~B구간은 1차 직선이 된다. C~D 구간의 휨모멘트는 전단력을 적분한 값으로 그려지며 이차항의 계수가 음인 위로 볼록한 형상의 2차 곡선이 되고, 임의점의 전단력은 휨모멘트도의 기울기가 된다. D~B 구간의 휨모멘트는 전단력도의 값에 따라 점 D~E까지는 전단력(M도의 기울기)이 음의 값이므로 우하향 직선으로 그려지고, 점 E~B까지는 전단력이 양(+)의 값이므로 우상향 직선으로 그려진다.

(5) 게르버보의 반력 및 부재력 산정

① 게르버보는 독일의 H. Gerber가 고안한 보인데, 단순지지된 장 경간의 경우에 중앙부 휨 모멘트가 커져서 부재의 크기가 증가되는 어려움을 해결할 수 있고, 또한 신축이나 침하로 인한 부재 내부에 2차적인 응력을 발생시키지 않는 장점이 있는 보이다.

② 게르버보는 부정정 차수에 해당하는 만큼의 내부힌지를 설치하여 정정구조화 한 것이 그 특징이다. 아래의 그림 (a)에서 만약 B점에 내부 힌지가 없다면, 보 AC는 1차 부정정 보가 될 것이다. 그림 (b)에서 만약 C점에 내부 힌지가 없다면, 보 ABD는 1차 부정정 보가 될 것이다. 이 보에 부정정 차수 만큼의 내부 힌지를 설치하여 정정구조로 만든 것이 게르버보 이다.

③ 게르버보의 유형은 아래 그림의 (a)와 같은 단순보+캔틸레버보 유형과 그림의 (b)와 같은 단순보+내민보 유형으로 나뉜다.

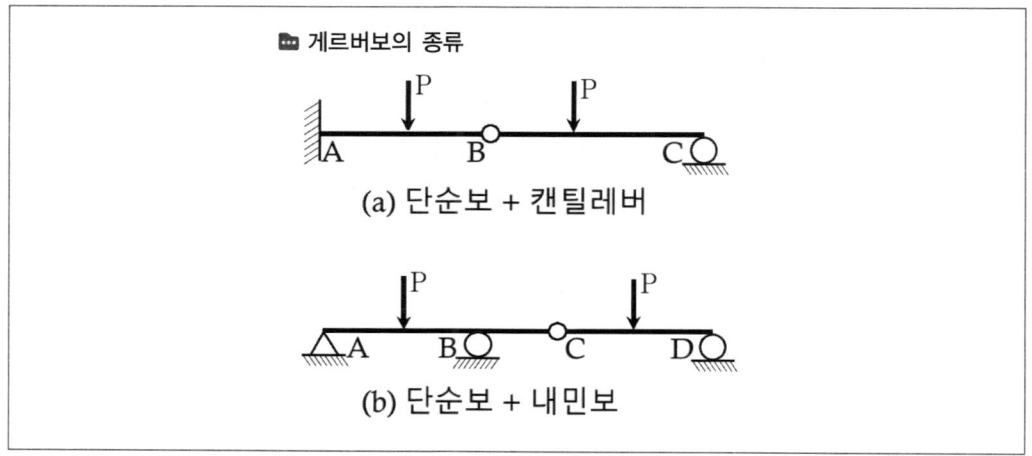

(6) 단순보+캔틸레버 유형

게르버보를 해석하기 위해서는 단순보 부분(BC)을 분리하여 먼저 해석 한 후에 단순보의 내부 힌지 지점(B)에 생기는 반력을 하중으로 가하여 캔틸레버보를 해석하는 절차로 진행한다. 이와 같은 절차로 아래의 게르버보를 해석해 보자.

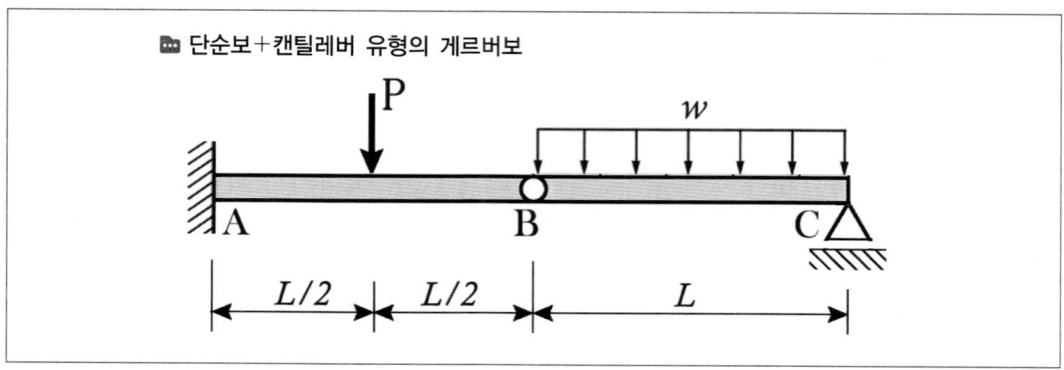

① 우측에 단순보 BC 선택하여 반력계산
  ㉠ 양 지점에 지점의 종류에 맞는 반력을 표시한다.
    ⓐ B 지점(힌지) : 수직반력(V_B) 표시
    ⓑ C 지점(롤러) : 수직반력(V_C) 표시
  ㉡ 힘의 평형방정식을 세운다. (수직하중만 작용)

$$\Sigma F_y = 0 \Rightarrow V_B - wL + V_C = 0$$
$$\Sigma M_C = 0 \Rightarrow V_B \times L - wL \times \frac{L}{2} = 0 \quad \therefore V_B = \frac{wL}{2}$$

② 좌측의 캔틸레버보 AB 해석
  ㉠ 우측 단순보에서 B지점의 반력을 크기는 같고 방향이 반대인 B점 하중으로 가하여 좌측 캔틸레버보를 해석한다.
    ⓐ A 지점(고정 지점) : 수직반력과 수평반력 및 모멘트반력(V_A, H_A, M_A) 표시
  ㉡ 힘의 평형방정식을 세운다.

$$\Sigma F_x = 0 \Rightarrow H_A + 0 = 0 \quad \therefore H_A = 0$$
$$\Sigma F_y = 0 \Rightarrow V_A - P - \frac{wL}{2} = 0 \quad \therefore V_A = P + \frac{wL}{2}$$
$$\Sigma M_a = 0 \Rightarrow M_A + P \times \frac{L}{2} + \frac{wL}{2} \times L = 0 \quad \therefore M_A = -\frac{PL}{2} - \frac{wL^2}{2}$$

③ 부재력도 그림
  ㉠ 내부 힌지 절점인 B점과 이동지점(roller)인 C점의 휨모멘트는 "0"이다.
  ㉡ A점의 전단력의 크기는 지점반력이 되고, 집중하중 P의 작용점까지 동일한 전단력으로 작용하고 하중점에서 하향으로 P만큼 이동한 후 B점까지 그대로 수평이동한다. B점에서 C점까지의 구간에는 등분포하중이 작용하므로 1차 직선으로 그려지며, 전단력도는 B점에서 전단력이 "0"인 C점을 향해 직선을 그리면 전단력도는 완성된다.
  ㉢ 휨 모멘트도는 A지점에서 반력모멘트 M_A에서 시작하여 집중하중점에서 기울기가 변하는 직선으로 휨모멘트가 "0"인 B점(힌지)으로 연결되고, BC구간은 등분포하중이 작용하므로 2차함수인 위로 볼록한 포물선이 B점 "0"에서 시작하여 C점 "0"에서 끝나는 그래프로 그려진다.

(7) 단순보+내민보 유형

이 유형의 게르버 보에서도 단순보 부분(CD)을 분리하여 먼저 해석 한 후에 단순보의 내부 힌지 지점(C)에 생기는 반력을 하중으로 가하여 내민보를 해석하는 절차로 진행한다. 이와 같은 절차로 아래의 게르버보를 해석해 보자.

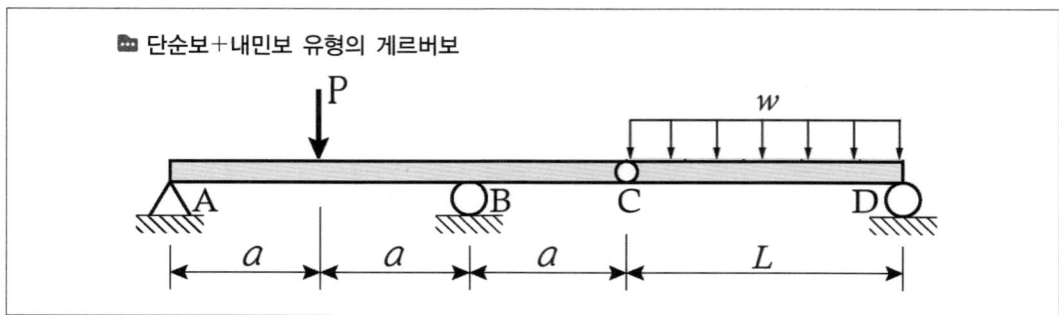

▣ 단순보+내민보 유형의 게르버보

① 우측에 단순보 CD 선택하여 반력 계산
  ㉠ 양 지점에 지점의 종류에 맞는 반력을 표시한다.
    ⓐ C 지점(힌지) : 수직반력(V_C) 표시
    ⓑ D 지점(롤러) : 수직반력(V_D) 표시
  ㉡ 힘의 평형방정식을 세운다. (수직하중만 작용)

$$\Sigma F_y = 0 \Rightarrow V_C - wL + V_D = 0$$
$$\Sigma M_D = 0 \Rightarrow V_C \times L - wL \times \frac{L}{2} = 0 \quad \therefore V_C = \frac{wL}{2}$$

② 좌측의 내민보 ABC 해석
  ㉠ 우측 단순보에서 C지점의 반력을 크기는 같고 방향이 반대인 C점 하중으로 가하여 좌측 내민보를 해석한다.
    ⓐ A 지점(힌지) : 수직반력(V_A) 및 수평반력(H_A) 표시
    ⓑ B 지점(롤러) : 수직반력(V_B) 표시
  ㉡ 힘의 평형방정식을 세운다.

$$\Sigma F_x = 0 \Rightarrow H_A + 0 = 0 \quad \therefore H_A = 0$$
$$\Sigma F_y = 0 \Rightarrow V_A - P + V_B - \frac{wL}{2} = 0 \quad \therefore V_A + V_B = P + \frac{wL}{2}$$
$$\Sigma M_B = 0 \Rightarrow V_A \times 2a - P \times a + \frac{wL}{2} \times a = 0 \quad \therefore V_A = \frac{P}{2} - \frac{wL}{4}$$

③ 부재력도 그림
  ㉠ 내부 힌지 절점인 C점과 보의 양단인 힌지지점 A와 이동지점(roller)인 D점의 휨모멘트는 "0"이다.
  ㉡ A점의 전단력의 크기는 지점반력이 되고, 집중하중 P의 작용점까지 동일한 전단력으로 작용하고 하중점에서 하향으로 P만큼 이동한 후 B점까지 그대로 수평이동한다. B점에서 수직지점반력 만큼 상향으로 이동하여, BC구간에는 작용하중이 없으므로 B점에서 내부힌지 C점까지는 평행으로 이동한다. CD 구간에는 등분포하중이 작용하므로 1차 직선으로 그려지며, 전단력도는 C점에서 전단력이 "0"인 D점을 향해 직선을 그리면 전단력도는 완성된다.
  ㉢ 휨 모멘트도는 A지점의 "0"에서 시작하여 1차 직선으로 집중하중점과 B지점에서 변곡점을 가지는 N자형(우상향-우하향-우상향)으로 그려지면서 휨모멘트가 "0"인 C점(힌지)으로 연결되고, CD구간은 등분포하중이 작용하므로 2차함수인 위로 볼록한 포물선이 C점 "0"에서 시작하여 D점 "0"에서 끝나는 그래프로 그려진다.

제2절 정정 라멘과 아치

1 정정 라멘의 개념과 종류

(1) 라멘과 정정 라멘
  ① 라멘(rahmen)은 2개 이상의 직선 부재가 강접합이나 힌지 등으로 연결되어 이루어진 구조물이고, 정정 라멘은 정정보와 마찬가지로 힘의 평형방정식 만으로 반력과 부재력을 구할 수 있는 라멘을 말한다.
  ② 정정 라멘의 종류는 단순보형 라멘, 캔틸레버형 라멘 그리고 3활절 라멘 등이 있다. 단순보형 라멘과 캔틸레버형 라멘은 일반 정정보와 유사한 개념으로 해석할 수 있고, 3활절 라멘의 경우에는 겔버보와 유사한 개념으로 내부힌지점에서 M=0이라는 식을 하나 더 적용할 수 있다.

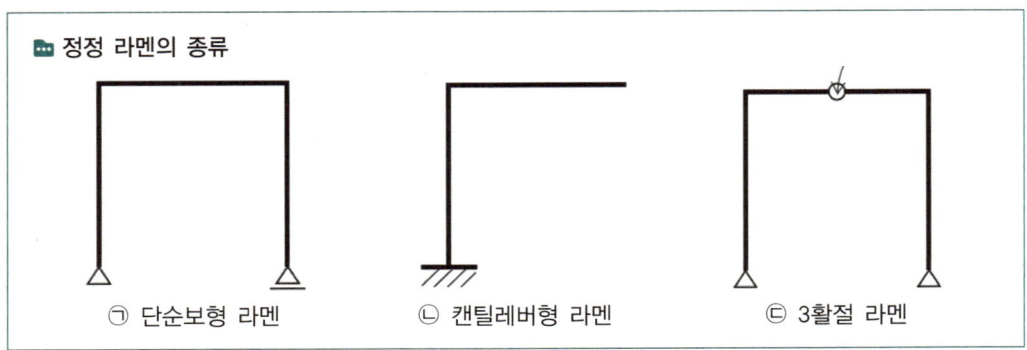

■ 정정 라멘의 종류
㉠ 단순보형 라멘   ㉡ 캔틸레버형 라멘   ㉢ 3활절 라멘

2 정정 라멘의 해석

(1) 라멘 해석의 기본사항

① 수직하중에 대해서는 수평부재는 단순보와 같은 개념으로 풀이하고 양단 수직부재 연결부에서 전단력이 수직부재에 축력으로 전달되어 작용하게 된다.

② 수평하중이 작용하면 수평부재와 수직부재에 축력과 전단력의 교차하게 된다.

(2) 단순보형 라멘의 반력 및 부재력 산정

단순보형 라멘은 단순보와 같은 지지점을 가진 라멘으로 양 지점에서의 반력을 단순보에서와 같이 구하여, 수평부재(보)에 대해서는 단순보와 같이 부재력을 구하고, 수직부재(기둥)에 대해서는 축방향이 수직(Y)방향이 되므로 수평부재에서 전단력으로 작용하던 힘이 축력으로 전환되고, 수평부재의 축력으로 작용하던 힘이 전단력으로 전환되어 각 부재에 작용하던 힘과 중첩되어 부재력을 형성하게 된다. 이와 같은 절차로 아래의 라멘을 해석해 보자.

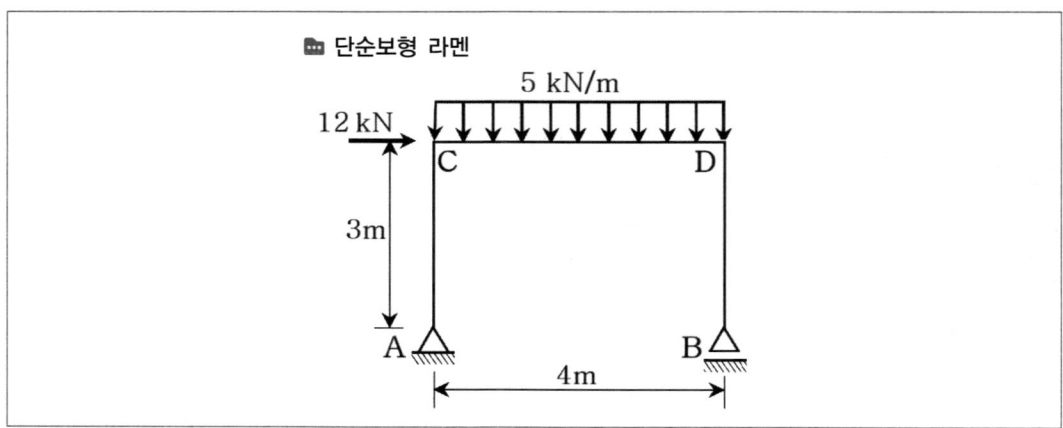

▣ 단순보형 라멘

① 반력계산

㉠ 양 지점에 지점의 종류에 맞는 반력을 표시한다.

ⓐ A 지점(힌지) : 수직반력과 수평반력(V_A, H_A) 표시

ⓑ B 지점(롤러) : 수직반력(V_B) 표시

㉡ 힘의 평형방정식을 세운다. (수직하중만 작용)

$$\Sigma F_x = 0 \Rightarrow H_A + 12 = 0, \quad \therefore H_A = -12(\leftarrow)$$
$$\Sigma F_y = 0 \Rightarrow V_A + V_B - (5 \times 4) = 0, \quad \therefore V_A + V_B = 20 \quad \cdots\cdots \text{ⓐ}$$
$$\Sigma M_B = 0 \Rightarrow V_A \times 4 + 12 \times 3 - 20 \times 2 = 0, \quad \therefore V_A = 1 \quad \cdots\cdots \text{ⓑ}$$
ⓐ식에 ⓑ식을 대입하면, $\therefore V_B = 19$

② AC구간 부재력 계산

㉠ AC구간에서는 수직력은 A지점의 수직반력인 1kN이 AC 전 구간에 걸쳐서 축방향력으로 작용하고 있으므로 이 힘이 축력(압축력)이 되고, 수평력은 A지점의 수평반력 12kN(←)이 C절점의 하중 12kN(→)과 함께 AC 구간에 정(+)의 전단력으로 작용하고 있다.

③ CD구간 부재력 계산
  ㉠ CD구간에서는 수직력은 등분포하중 5kN/m의 힘이 작용(↓)하고 C점에서는 A점의 수직 반력 1kN의 힘이 상향으로, D점에서는 B지점의 수직반력인 19kN이 상향으로 작용하고 있다. 이 힘들이 CD구간에 작용하는 전단력이 되고 이 힘들을 연결하여 표현하면 C점에 +1kN에서 시작해 우측으로 이동하면서 기울기가 −5인 직선(1차함수)으로 그려지고 다시 D점에서 상향으로 19kN의 힘이 작용하여 전단력도가 그려진다.
  ㉡ 한편, CD 구간에 축방향의 부재력을 살펴보면 D절점과 강접합으로 연결된 B지점이 수평이동지점(roller)이므로 수평방향으로는 자유롭게 이동하게 되어 축력이 생기지 않는다.

④ BD 구간 부재력 계산
  ㉠ BD구간에서는 수직력은 B지점의 수직반력인 19kN이 BD 전 구간에 걸쳐서 작용하고 있으므로 이 힘이 축력이 되고, 수평력은 B지점이 수평 이동지점(roller)이므로 수평방향으로는 자유롭게 이동하게 되어 전단력은 생기지 않는다.

⑤ 부재력도 작성
  ㉠ 수평하중에 자유롭게 이동하는 BD구간의 전단력은 "0"이다.
  ㉡ 단순지지점인 A(hinge), B(roller)지점의 휨모멘트는 "0"이다.
  ㉢ 따라서 전단력도는 A지점에서 "0"에서 시작하여 좌측으로 수평반력 Ha만큼 이동하고 C점까지 중간에는 수평하중이 없으므로 C절점까지 같은 크기를 유지하여 평행하게 이동하여 C절점에서 수직 부재는 마무리되고 수평부재 CD에 대해서는 별개로 그려나간다.
  ㉣ 한편 수평부재 CD에 대해서는 C절점에서는 위로 V_A(1kN)만큼 이동하여 기울기 −5인 직선으로 D점까지 직선으로 진행하고, D점에서는 B지점의 수직반력인 V_B(19kN) 만큼 상향으로 이동하여 D점에 마무리 된다. DB구간에는 앞서 살펴본 바와 같이 전단력이 생기지 않는다.
  ㉤ 축력도 역시 전단력도와 같은 방식으로 수직부재와 수평부재를 별개로 나누어 그려야 한다. 수직하중으로 인해 수직부재에 축력이 생기며, AC구간에서는 A지점의 반력이 축력이 되고 BD구간에서는 B지점의 반력이 축력이 되며, 수평부재인 CD부재에서는 수평이동이 자유롭게 연결되어 있어 CD구간에 수평하중으로 인한 축력은 생기지 않는다.
  ㉥ 휨 모멘트도는 단순지지점인 A지점과 B지점에서 "0"이 되므로 "0"에서 시작하여 전단력이 일정한 구간인 AC구간에서는 1차 직선(기울기=전단력값)으로 되고, 등분포 하중 구간인 C∼D 구간은 위로 볼록한 포물선(2차곡선)이 되어 모멘트가 "0"인 D점에서 끝난다. 전단력이 없는 DB구간은 모멘트가 "0"이 된다.

(3) 캔틸레버형 라멘의 반력 및 부재력 산정

캔틸레버형 라멘은 캔틸레버보와 같이 일단 고정단 타단 자유단으로 된 라멘으로 고정단인 A 지점에서의 반력을 캔틸레버 보에서와 같이 힘의 평형조건을 이용하여 구한다.

수평부재(보)에 대해서는 보와 같이 부재력을 구하는데, 수직부재(기둥)에 대해서는 축방향이 수직(Y)방향이 되므로 수평부재에서 전단력으로 작용하던 힘이 축력으로 전환되고, 수평부재의 축력으로 작용하던 힘이 전단력으로 전환되어 각 부재에 작용하던 힘과 중첩되어 부재력을 형성하게 된다. 이와 같은 절차로 다음의 라멘을 해석해 보자.

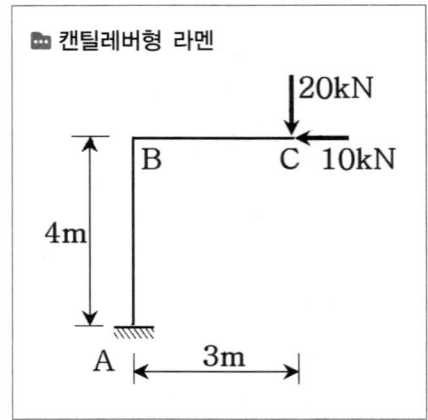
캔틸레버형 라멘

① 반력계산
  ㉠ 고정 지점에 반력을 표시한다.
      ⓐ A 지점(고정) : 수직반력, 수평반력 및 모멘트반력(V_A, H_A, M_A) 표시
  ㉡ 힘의 평형방정식을 세워 반력을 구한다.

$$\Sigma F_x = 0 \Rightarrow H_A - 10 = 0, \quad \therefore H_A = 10(\rightarrow)$$
$$\Sigma F_y = 0 \Rightarrow V_A - 20 = 0, \quad \therefore V_A = 20$$
$$\Sigma M_a = 0 \Rightarrow M_A + 20 \times 3 - 10 \times 4 = 0, \quad \therefore M_A = -20$$

② AB구간 부재력 계산
  ㉠ AB구간에서는 수직력은 A지점의 수직반력인 20kN이 AB 전 구간에 걸쳐서 축방향으로 작용하고 있으므로 이 힘이 축력(압축력)이 되고, 수평력은 A지점의 수평반력 10kN(→)이 C점에서 전달되어 온 B절점의 수평력 10kN(←)과 함께 AB 구간에 부(-)의 전단력으로 작용하고 있다.

③ BC구간 부재력 계산
  ㉠ BC구간에서는 수직력은 C점의 집중하중 20kN의 힘이 하향(↓)으로 작용하고 있고 B점에서는 A점의 수직반력 20kN의 힘이 상향으로 작용하고 있어 이 두 힘이 BC구간에 정(+)의 전단력으로 된다.
  ㉡ 한편, BC구간의 축방향 부재력을 살펴보면 C절점에 작용하는 하중 10kN과 B절점과 강접합으로 연결된 A지점의 수평력(10kN)이 B절점으로 전달되어 BC구간에 축방향력(압축력)으로 된다.

④ 부재력도 작성
  ㉠ 자유단인 C점의 휨모멘트는 "0"이다.
  ㉡ 따라서 전단력도는 A지점에서 수평반력인 10kN 우측으로 이동하여 AB구간에 하중이 없으므로 일정한 크기(-10)로 B점까지 이동한다. B점에서는 A지점의 수직반력 20kN만큼 상향으로 이동하여 BC구간에 하중이 없으므로 동일한 크기로 이동한 다음 C점에서 하중의 크기인 10kN 만큼 하향으로 이동하여 끝난다.
  ㉢ 축력도 역시 전단력도와 같은 방식으로 수직부재와 수평부재를 별개로 나누어 그린다. 수직하중으로 인해 수직부재에 축력이 생기며, AB구간에서는 A지점의 반력(20kN)이 축력으로 되고 수평부재인 BC부재에서는 자유단 C점에 작용하는 수평하중(10kN)이 축력으로 된다.
  ㉣ 휨 모멘트도는 자유단인 C점에서 "0"이 되며, 고정지점인 A지점에서 모멘트 반력의 크기(-20)만큼 우향으로 이동한 후에 전단력이 일정한 구간인 AB구간에서는 1차 직선(기울기=전단력값)으로 B점까지 연속되고 B점은 강절점이므로 모멘트의 크기는 그대로 연속되어 BC구간으로 전달된다. 수평부재인 BC구간에서는 그 구간의 전단력의 크기(20)가 기울기인 1차 직선(기울기=전단력값)으로 C점까지 연속되고 C점은 자유단이므로 모멘트가 "0"으로 끝난다.

(4) **3활절 라멘의 반력 및 부재력 산정**

3활절 라멘은 두 지지점이 힌지이고, 내부 힌지를 하나 갖고 있는 것으로, 힘 평형식 3개와 내부힘 지점에서의 모멘트 M=0이라는 추가 평형식을 적용하여 반력과 부재력을 구한다.

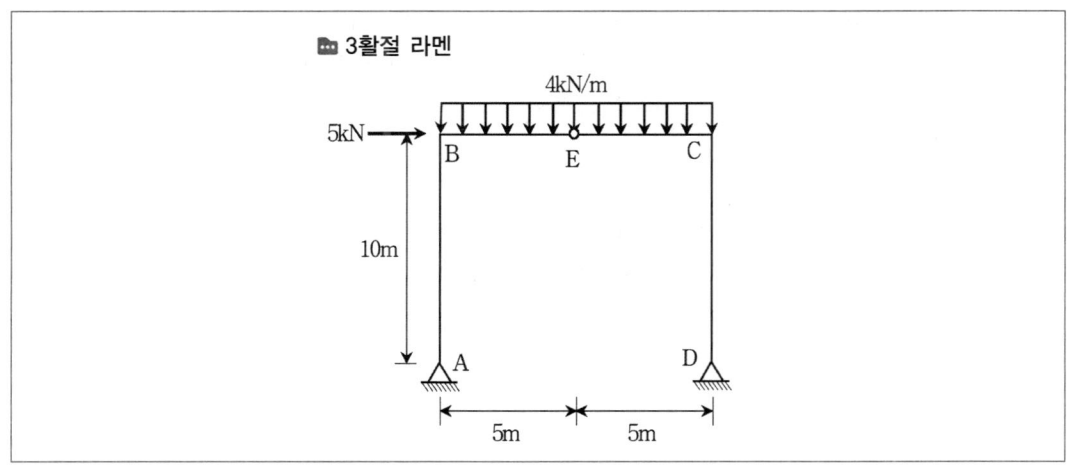

3활절 라멘

① 반력계산
  ㉠ 양 지점에 반력을 표시한다.
    ⓐ A 지점(힌지) : 수직반력과 수평반력(V_A, H_A) 표시
    ⓑ D 지점(힌지) : 수직반력과 수평반력(V_D, H_D) 표시
  ㉡ 힘의 평형방정식을 세워 반력을 구한다.

$$\Sigma F_x = 0 \Rightarrow H_A + 5 + H_D = 0, \quad \therefore H_A + H_D = -5(\leftarrow)$$
$$\Sigma F_y = 0 \Rightarrow V_A + V_B - 40 = 0, \quad \therefore V_A + V_B = 40$$
$$\Sigma M_A = 5 \times 10 + 40 \times 5 - V_D \times 10 = 0, \quad \therefore V_D = 25, \therefore V_A = 15$$
$$\Sigma M_{E(R)} = 20 \times 2.5 - 25 \times 5 - H_D \times 10 = 0, \quad H_D = -7.5(\leftarrow) \therefore H_A = 2.5(\rightarrow)$$

② AB구간 부재력 계산
  ㉠ AB구간에서는 수직력은 A지점의 수직반력인 15kN이 AB 전 구간에 걸쳐서 축방향으로 작용하고 있으므로 이 힘이 축력(압축력)이 되고, 수평력은 A지점의 수평반력 2.5kN(→)이 AB 구간에 부(-)의 전단력으로 작용하고 있다.

③ BC구간 부재력 계산
  ㉠ BC구간에서는 수직력은 A점의 수직반력 15kN의 힘이 상향으로 작용하고 있어 이 힘이 B점에 상향의 힘으로 작용하고 BC구간의 등분포하중이 하향으로 -4kN/m로 작용하여 1m당 4kN씩 하향하여, 직선(1차함수)으로 C지점까지 하향이동한 뒤 C지점에서 D지점의 수직반력 25kN만큼 상향으로 작용하여 BC구간에 부(-)의 전단력으로 된다.
  ㉡ 한편, BC구간의 축방향 부재력을 살펴보면 B절점에 작용하는 하중 5kN과 B절점과 강접합으로 연결된 A지점의 수평력(2.5kN)이 B절점으로 전달되어 BC구간에 축방향력(압축력)으로 된다.

④ 부재력도 작성
  ㉠ 힌지 지점인 A지점과 D지점 및 내부힌지인 E절점의 휨모멘트는 "0"이다.
  ㉡ 각 지점에서 수직력과 수평력은 부재의 축방향에 따라 축력과 전단력으로 작용하고, 등분포하중이 작용하는 BC구간에는 전단력도는 1차함수인 우하향 직선으로 되고 휨모멘트는 2차 함수인 포물선으로 작성된다.

③ 정정 아치의 종류와 해석

(1) 아치의 개념과 종류

① 아치(arch)는 원호형의 곡선부재로 이루어진 구조물을 말하며, 곡선으로 이루어진 부재의 축방향으로 주된 하중을 전달하고 지지하는 구조물이다. 정정 아치는 정정보와 마찬가지로 힘의 평형방정식 만으로 반력과 부재력을 구할 수 있는 아치 구조물을 말한다.

② 아치 부재의 부재력은 축방향력과 전단력 및 휨모멘트가 발생하고 있으나, 보통 축방향력이 주된 부재력으로 작용하도록 설계하고 있다.

③ 정정 아치의 종류는 단순보형 아치, 캔틸레버형 아치 및 3활절 아치 등이 있다. 단순보형 아치과 캔틸레버형 아치는 일반 정정보와 유사한 개념으로 힘의 평형방정식 3개로 해석할 수 있고, 3활절 아치의 경우에는 겔버보와 유사한 개념으로 내부힌지점에서 M=0이라는 식을 하나 더 적용하여 해석한다.

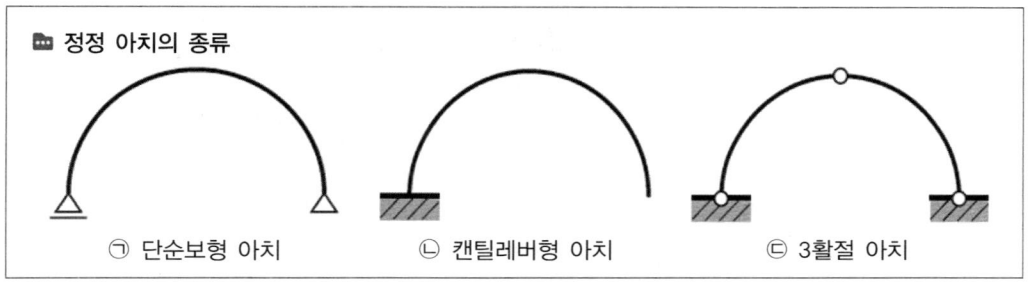

정정 아치의 종류
㉠ 단순보형 아치 ㉡ 캔틸레버형 아치 ㉢ 3활절 아치

(2) 정정 아치의 해석

① 아치의 수직반력 및 수평 반력에 대해서는 단순보나 라멘과 유사한 개념으로 수직 및 수평 방향의 힘의 평형식으로 구하고, 부재력은 전 구간에 대해서 축력과 전단력이 축방향과에 대한 접선과 법선의 방향으로 삼각함수의 비 관계로 크기가 변해가며 작용한다. 한편, 3활절 아치의 경우는 3활절 라멘과 마찬가지로 3가지 힘평형식외에 추가로 내부힌지점에서 휨모멘트 M=0 인 평형식을 하나 더 사용하여 반력과 부재력을 구할 수 있다. 반력과 부재력을 구하는 방법은 정정보나 라멘과 유사하게 구할 수 있다.

② 3활절 아치에서 전 구간에 걸쳐 등분포 하중이 작용할 경우에 부재력 중 전단력과 휨모멘트는 생기지 않고 축방향력만 작용한다.

CHAPTER 03 단원 기본 문제

제1절 정정보의 해석

1 지점 반력 구하기

01 그림과 같은 단순보에서 지점 B의 수직반력[kN]은? (단, 보의 자중은 무시한다)

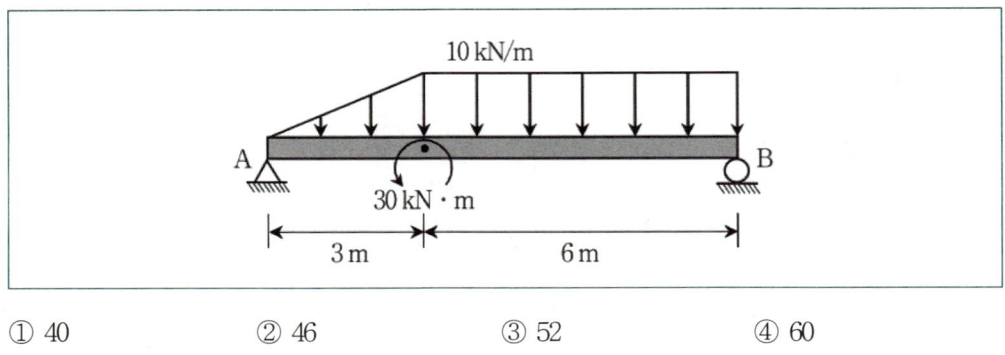

① 40 ② 46 ③ 52 ④ 60

02 다음 그림과 같은 게르버보에서 지점 A에서의 휨모멘트[kN·m]는? (단, 시계방향을 +로 간주한다)

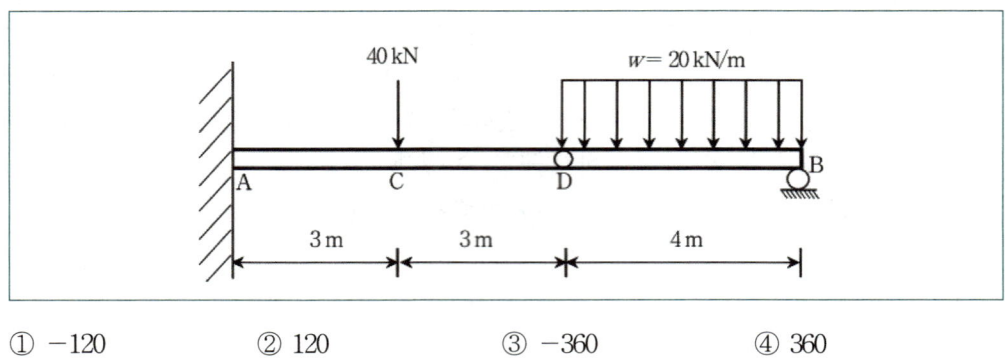

① -120 ② 120 ③ -360 ④ 360

03 그림과 같은 분포하중을 받는 보에서 B점의 수직반력(RB)의 크기는? (단, 구조물의 자중은 무시한다) 19 국

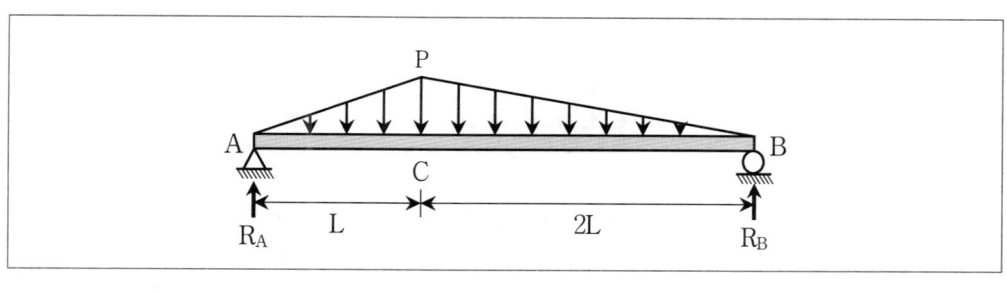

① $\dfrac{1}{6}PL$ ② $\dfrac{1}{3}PL$ ③ $\dfrac{2}{3}PL$ ④ $\dfrac{5}{6}PL$

04 그림과 같은 분포하중과 집중하중을 받는 단순보에서 지점 A의 수직반력 크기[kN]는? (단, 보의 휨강성 EI는 일정하고, 자중은 무시한다) 19 지

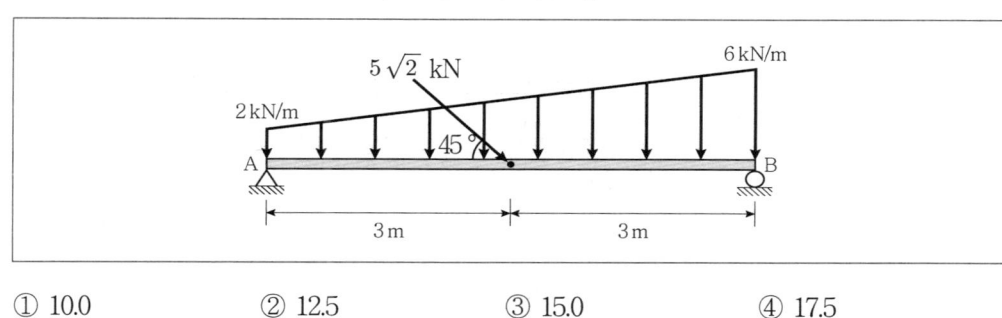

① 10.0   ② 12.5   ③ 15.0   ④ 17.5

05 그림과 같은 구조물의 B지점에서 반력 Rb의 값[kN]은? (단, DE는 강성부재이고, 보의 자중은 무시한다) 14 국

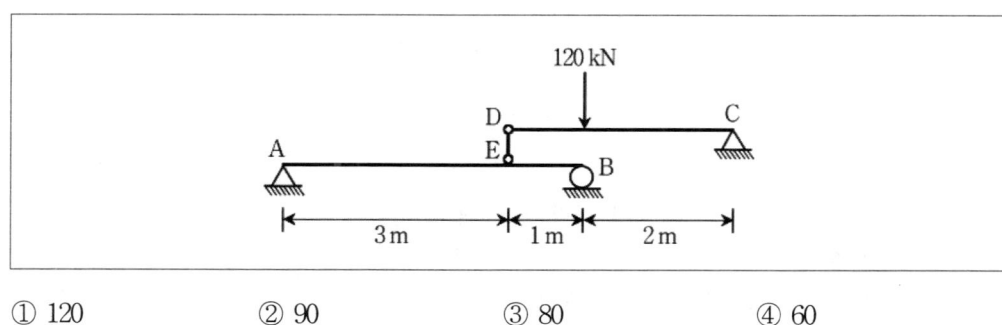

① 120   ② 90   ③ 80   ④ 60

06 그림과 같이 하중이 작용하는 보의 B지점에서 수직반력의 크기 [kN]는? (단, 보의 자중은 무시한다) 14 국

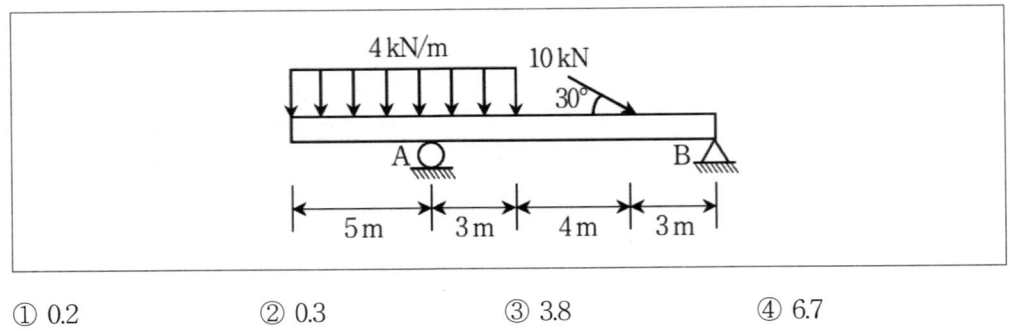

① 0.2   ② 0.3   ③ 3.8   ④ 6.7

07 그림과 같은 내민보에서 지점 A의 수직반력[kN]은? (단, 구조물의 자중은 무시한다) 23 지

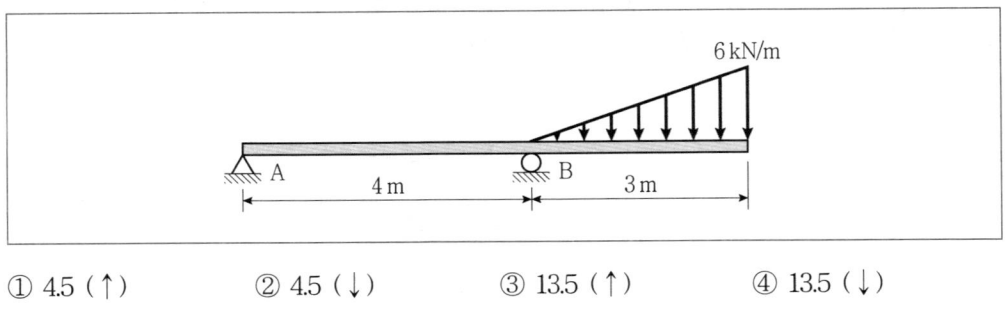

① 4.5 (↑)   ② 4.5 (↓)   ③ 13.5 (↑)   ④ 13.5 (↓)

08 그림과 같은 캔틸레버보에 집중하중 P와 모멘트하중 M = PL이 작용할 때, 옳지 않은 것은? (단, 구조물의 자중은 무시한다) 23 국

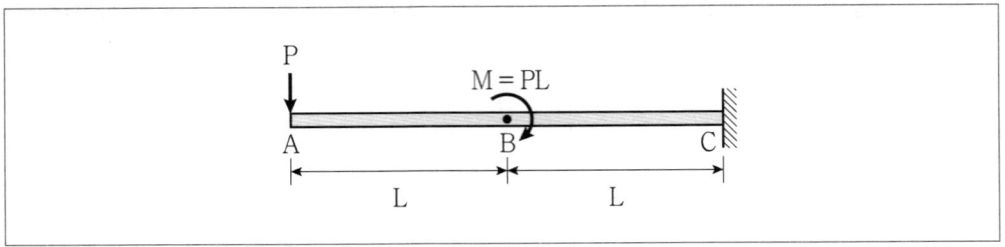

① A점에 발생하는 축력의 크기는 0이다.
② B점에 발생하는 전단력의 크기는 P이다.
③ C점에 발생하는 모멘트 반력의 크기는 0이다.
④ C점에 발생하는 수직반력의 크기는 P이다.

09 그림과 같은 게르버보에서 지점 A의 휨모멘트[kN·m]는? (단, 게르버보의 자중은 무시한다) 11 지

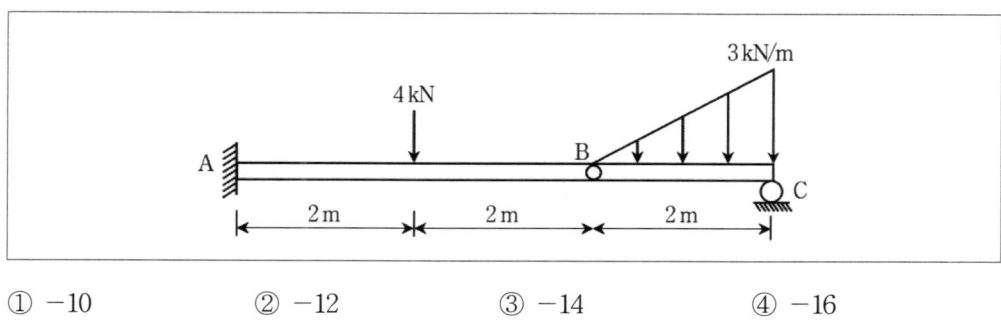

① −10　　② −12　　③ −14　　④ −16

2 부재력 (V, M) 구하기

01 그림과 같은 단순보에서 B점에 집중하중 P=10 kN이 연직 방향으로 작용할 때 C점에서의 전단력 Vc [kN] 및 휨모멘트 Mc [kN·m]의 값은? (단, 보의 휨강성 EI는 일정하며, 자중은 무시한다) 16 지

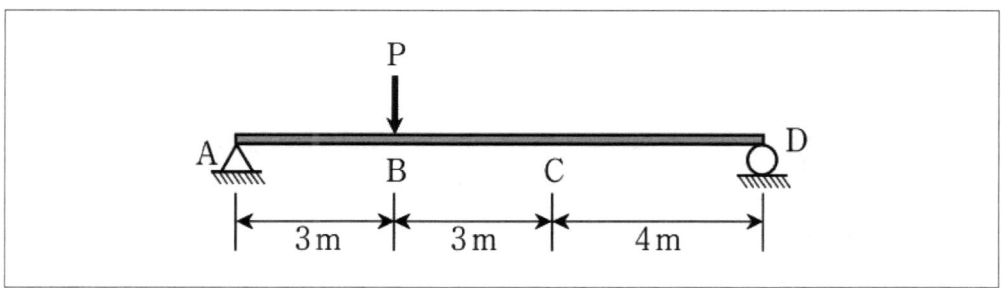

　　　Vc　　Mc
① −3　　10
② −3　　12
③ −7　　14
④ −7　　16

02 다음 그림은 임의의 하중이 가해지고 있는 단순보의 전단력선도이다. 최대 휨모멘트 [kN·m]는? 07 국

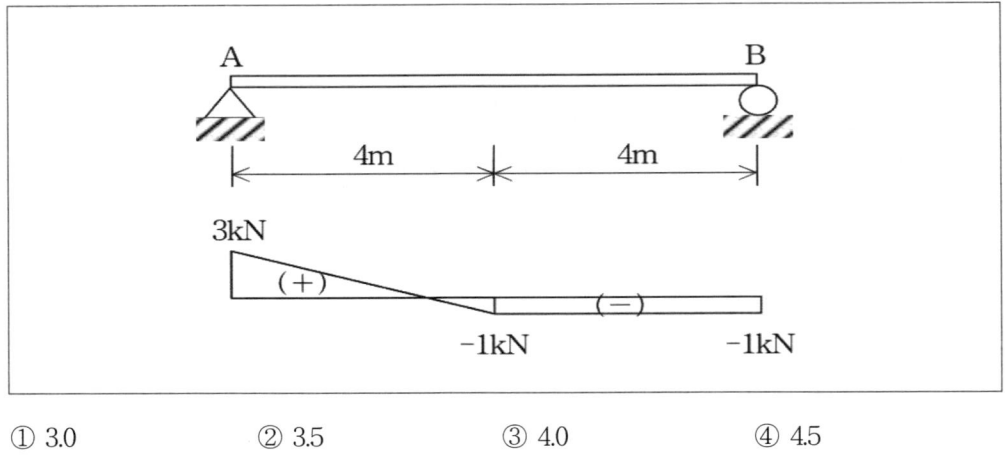

① 3.0　　　② 3.5　　　③ 4.0　　　④ 4.5

03 그림과 같은 단순보에 모멘트 하중이 작용할 때의 설명으로 옳지 않은 것은? 09 지

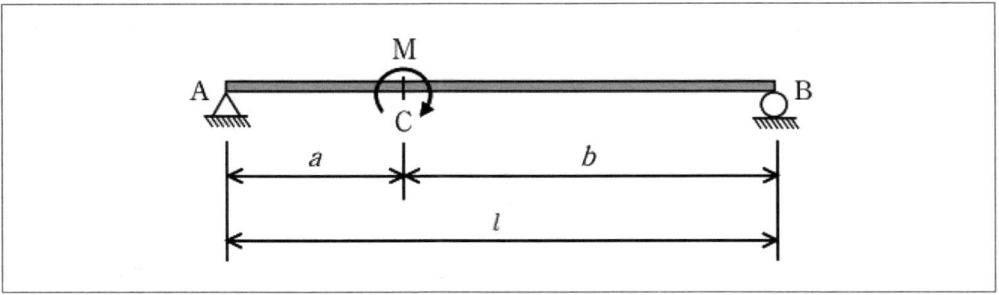

① 전단력의 크기는 AB구간 전체에서 일정하다.
② 휨모멘트는 C단면에서 부호가 바뀌게 된다.
③ 축방향력은 모멘트 하중의 작용위치에 상관없이 영(zero)이다.
④ 지점 A와 지점 B의 반력의 크기는 모멘트 하중의 작용위치에 따라 달라진다

04 그림과 같은 캔틸레버보에 집중하중 P와 모멘트하중 M = PL이 작용할 때, 옳지 않은 것은? (단, 구조물의 자중은 무시한다) 23 국

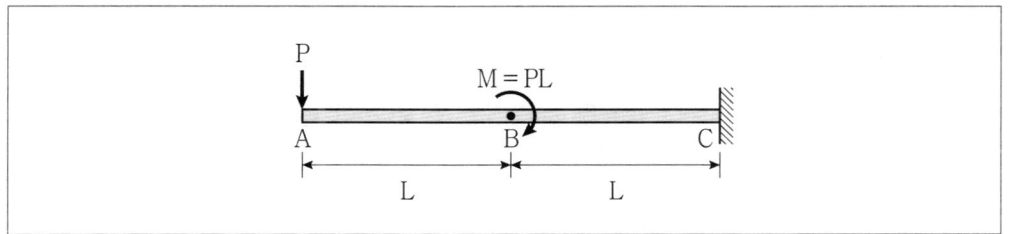

① A점에 발생하는 축력의 크기는 0이다.
② B점에 발생하는 전단력의 크기는 P이다.
③ C점에 발생하는 모멘트 반력의 크기는 0이다.
④ C점에 발생하는 수직반력의 크기는 P이다.

05 다음 그림과 같은 내민보에서 B점에 발생하는 전단력의 크기[kN]는? 10 지

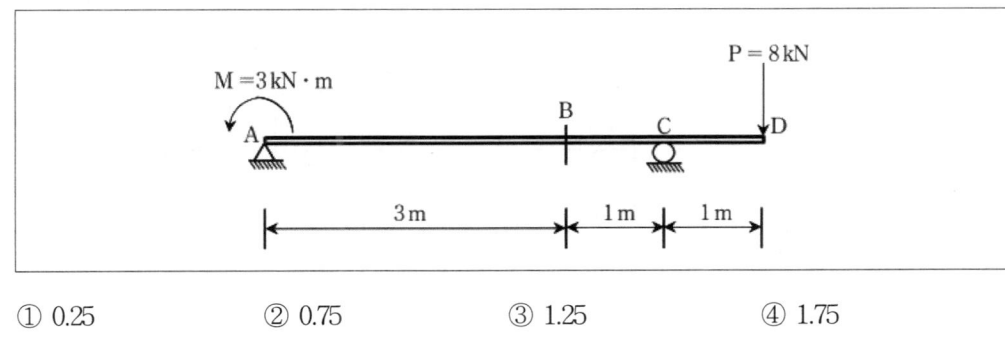

① 0.25　　② 0.75　　③ 1.25　　④ 1.75

06 그림과 같은 단순보에서 D점의 전단력은? (단, 보의 자중은 무시한다) 17 국

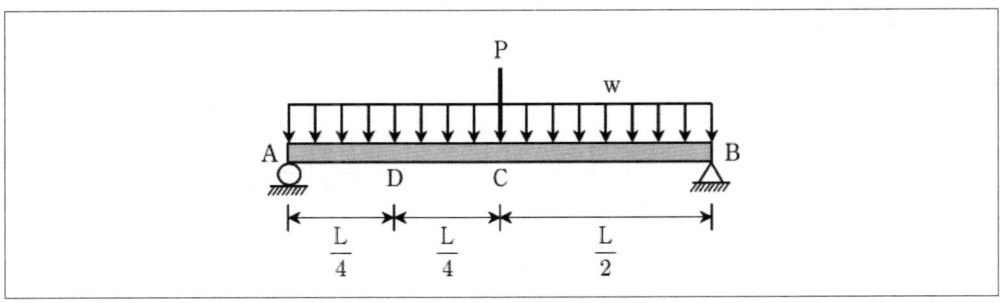

① $\dfrac{P}{2}+\dfrac{\omega L}{2}$　　② $\dfrac{\omega L}{2}$　　③ $\dfrac{P}{2}+\dfrac{\omega L}{4}$　　④ $\dfrac{P}{2}$

07 다음과 같은 보에서 D점에 발생하는 휨모멘트의 크기[kN·m]는? 12 국

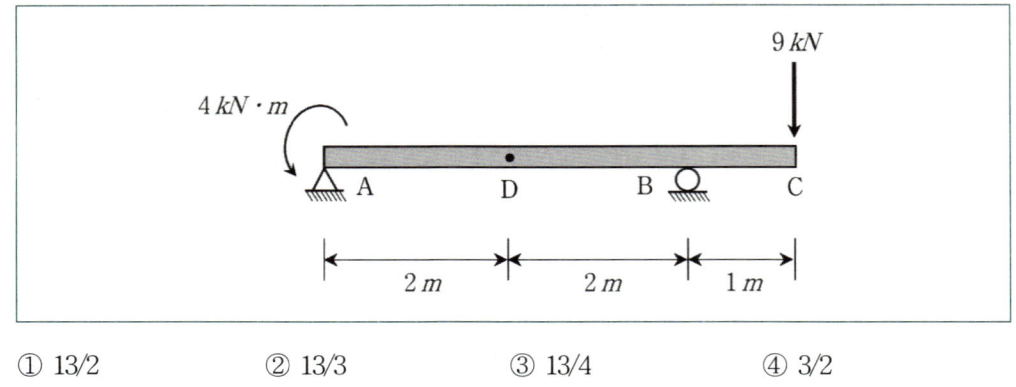

① 13/2　　② 13/3　　③ 13/4　　④ 3/2

08 그림과 같은 분포하중을 받는 단순보에서 C점에서 발생하는 휨모멘트의 크기[kN·m]는? (단, 보의 자중은 무시한다) 18 국

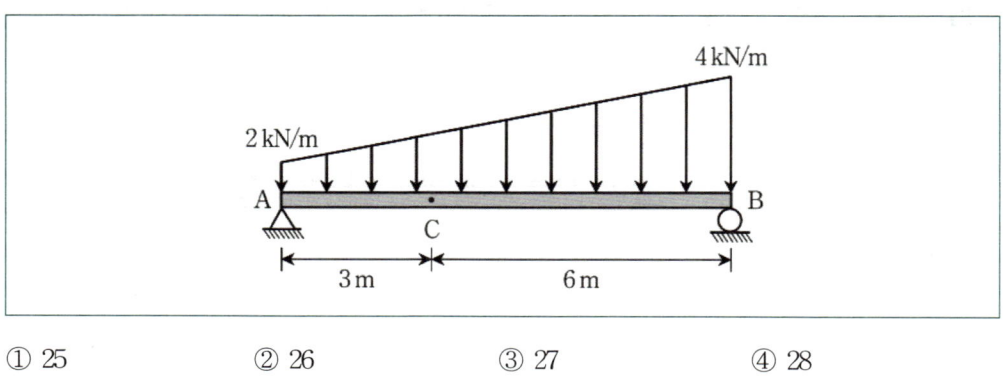

① 25　　② 26　　③ 27　　④ 28

09 다음과 같이 하중이 작용하는 보 구조물에 발생하는 최대휨모멘트 [kN·m]는? (단, 자중은 무시한다) 13 국

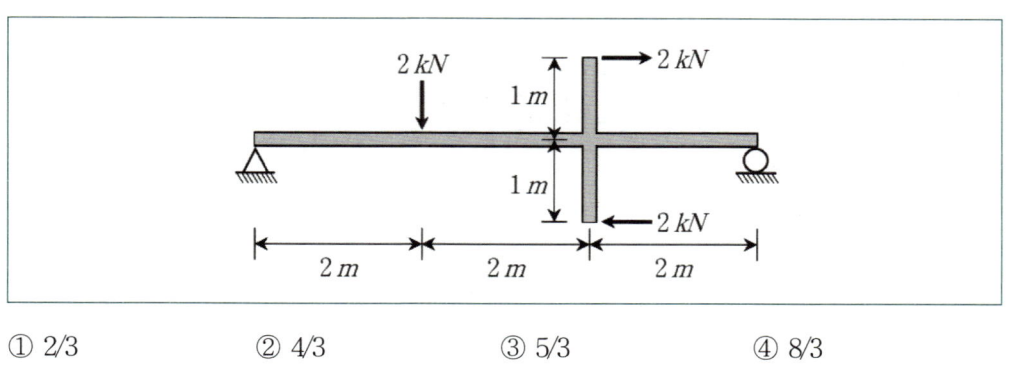

① 2/3　　② 4/3　　③ 5/3　　④ 8/3

10 그림과 같이 부재에 하중이 작용할 때, B점에서의 휨모멘트 크기[kN · m]는? (단, 구조물의 자중 및 부재의 두께는 무시한다) 20 국

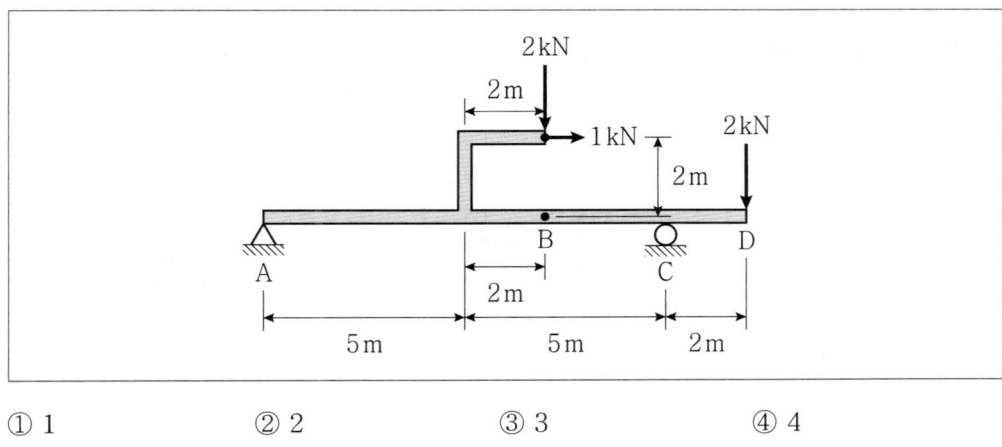

① 1　　　② 2　　　③ 3　　　④ 4

11 다음 그림과 같은 단순보에서 A점과 B점의 수직반력이 같을 때 B점에 작용하는 모멘트 M [kN · m]은? 13 지

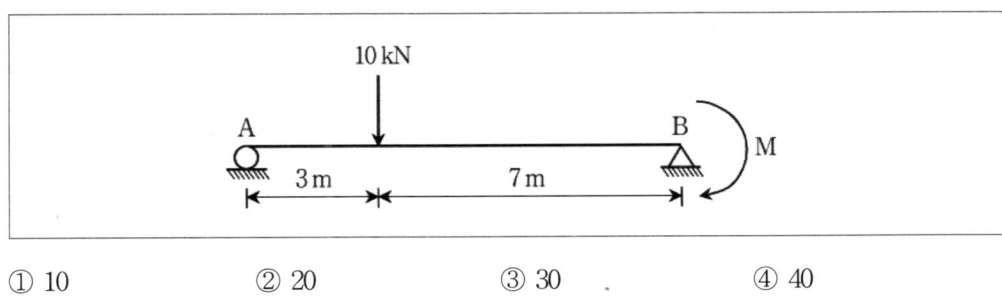

① 10　　　② 20　　　③ 30　　　④ 40

12 단순보 CD에 발생하는 최대 휨모멘트 [kN · m]는? 07 국

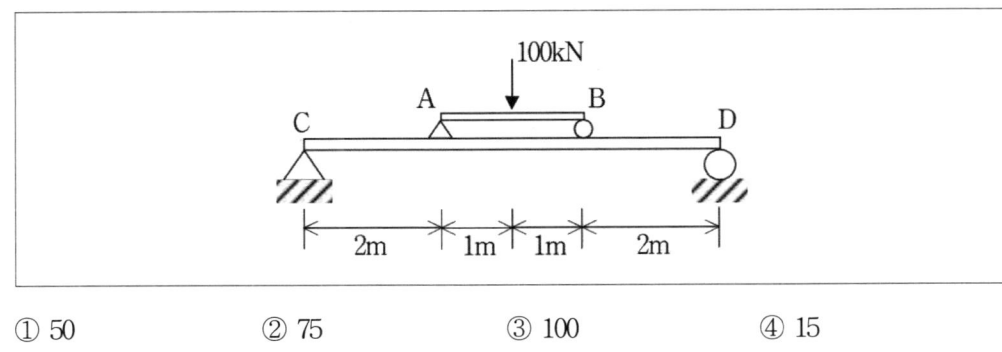

① 50　　　② 75　　　③ 100　　　④ 15

③ 하중(P) 또는 거리(x)를 구하기

01 그림과 같이 하중을 받는 내민보의 지점 B에서 수직반력의 크기가 0일 때, 하중 P2의 크기[kN]는? (단, 구조물의 자중은 무시한다) 20 지

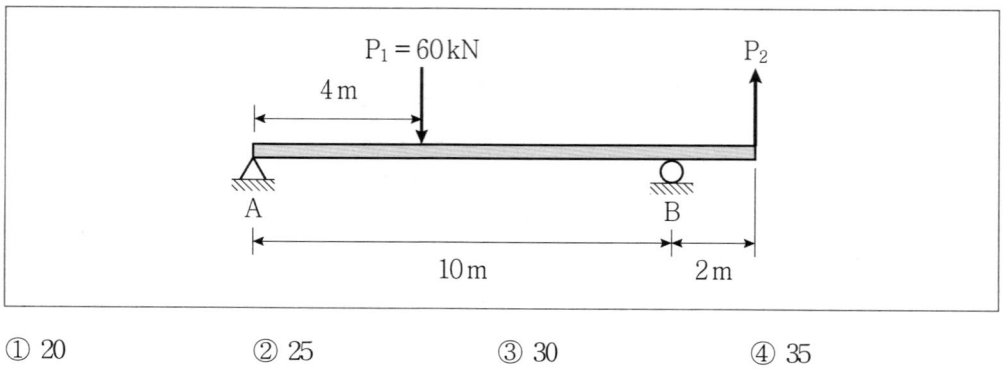

① 20 ② 25 ③ 30 ④ 35

02 그림과 같은 단순보에 집중하중 80 kN과 등분포하중 20 kN/m가 작용하고 있다. 두 지점 A와 B의 연직반력이 같을 때, 집중하중의 위치 x [m]는? (단, 보의 자중은 무시한다) 17-2 지

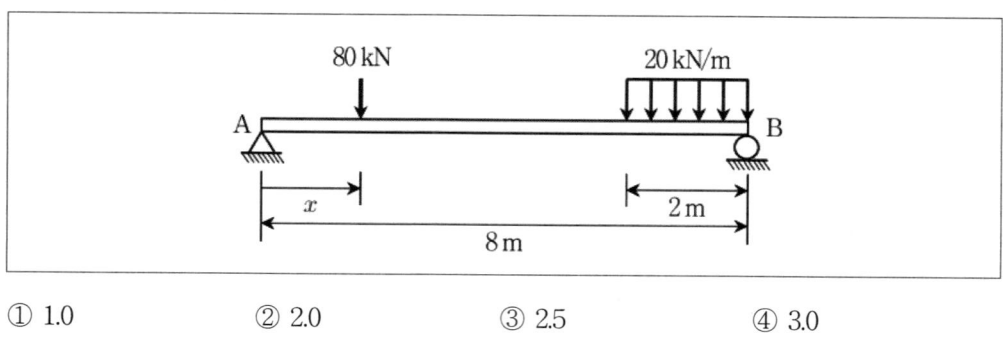

① 1.0 ② 2.0 ③ 2.5 ④ 3.0

03 그림과 같이 2 kN과 4 kN의 하중이 4 m 간격을 유지하며 이동하고 있다. 지점 A와 B의 반력이 같게 될 때, 2 kN이 작용하는 위치로부터 A 지점까지의 거리 x [m]는? 11 국

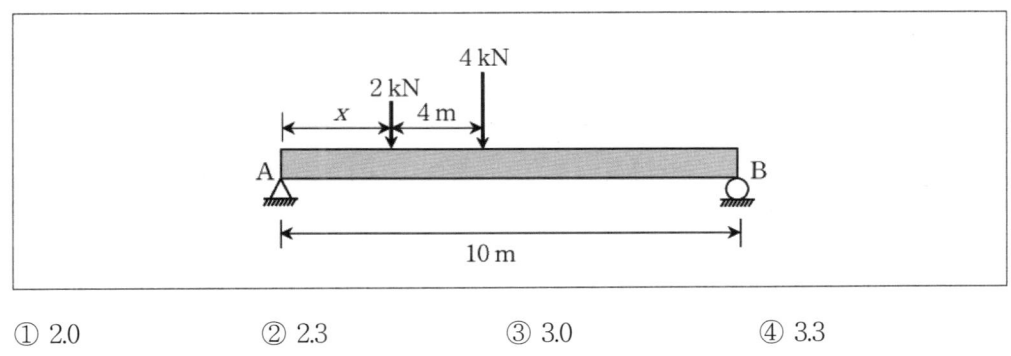

① 2.0 ② 2.3 ③ 3.0 ④ 3.3

04 그림과 같이 하중이 작용하는 단순보의 지점 A, B의 반력이 같기 위한 x [m]는? (단, 구조물의 자중은 무시한다) 23 국

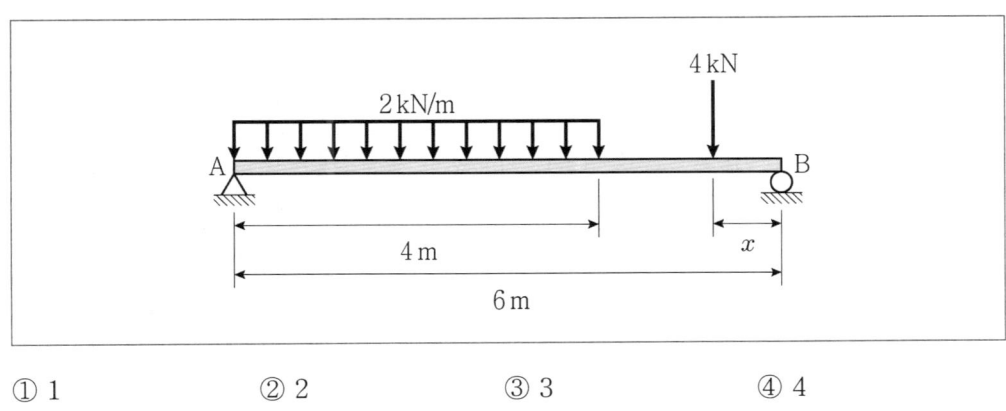

① 1 ② 2 ③ 3 ④ 4

05 그림과 같은 내민보에서 지점 B의 상향 수직반력이 3P일 때, 길이 비 $\dfrac{b}{a}$ 는? (단, 자중은 무시한다) 25 국

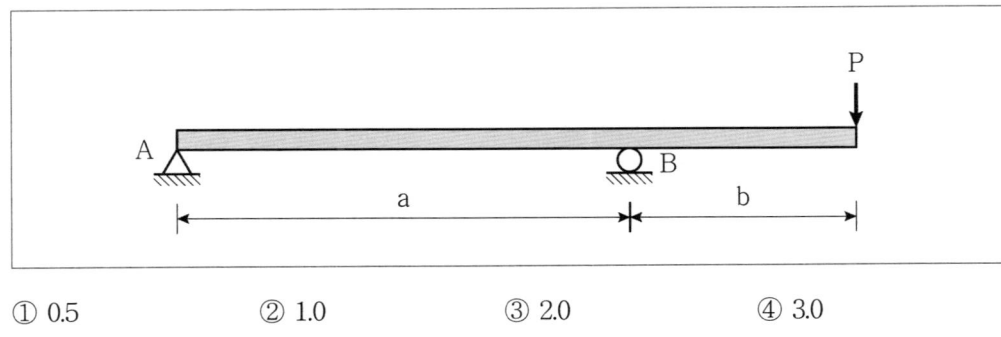

① 0.5 ② 1.0 ③ 2.0 ④ 3.0

06 그림과 같은 단순보에서 최대 휨모멘트가 발생하는 곳의 위치 x [m]는? (단, 자중은 무시한다) 16 국

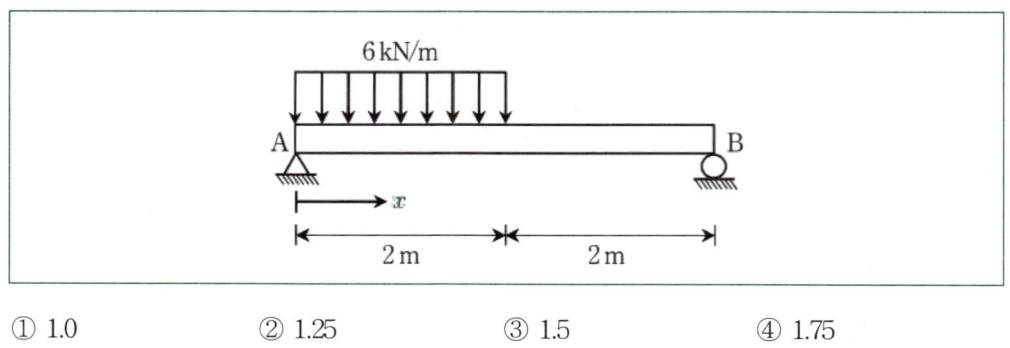

① 1.0　　　② 1.25　　　③ 1.5　　　④ 1.75

07 어떤 보의 전단력도가 다음과 같은 경우, B점에서의 모멘트 크기[kN·m]는? 12 국

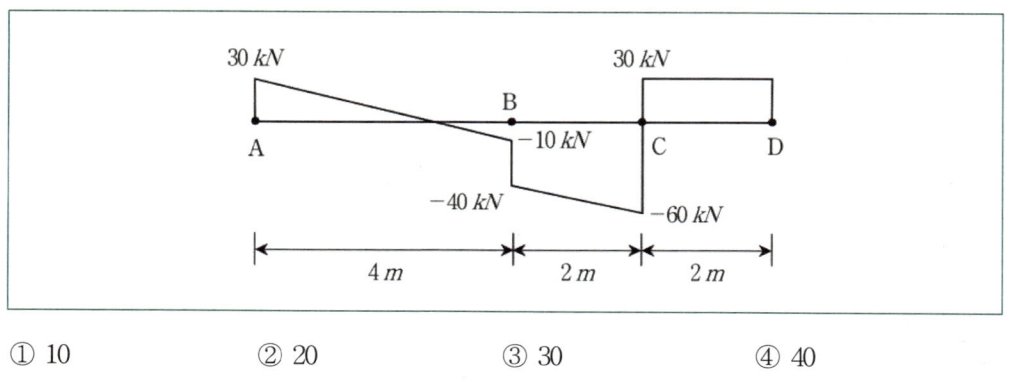

① 10　　　② 20　　　③ 30　　　④ 40

08 다음 그림과 같은 구조물에서 최대 정모멘트가 발생되는 위치는? 09 국

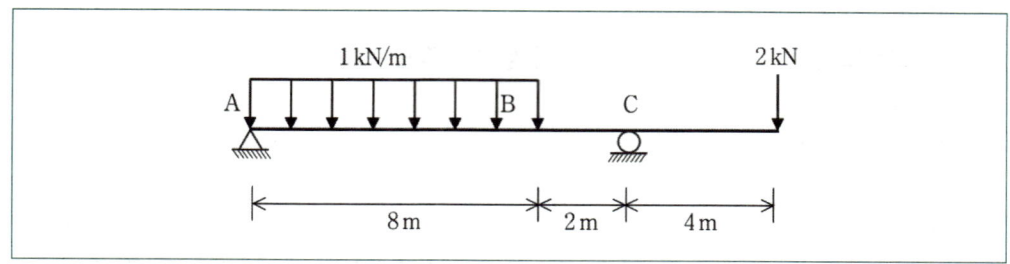

① 점 A에서 3.5 m　　　② 점 A에서 4 m
③ 점 C　　　　　　　　④ 점 C에서 5

09 그림과 같은 하중을 받는 단순보에서 최대 휨모멘트가 발생하는 위치가 A점으로부터 떨어진 수평거리[m]는? (단, 보의 자중은 무시한다) 18 국

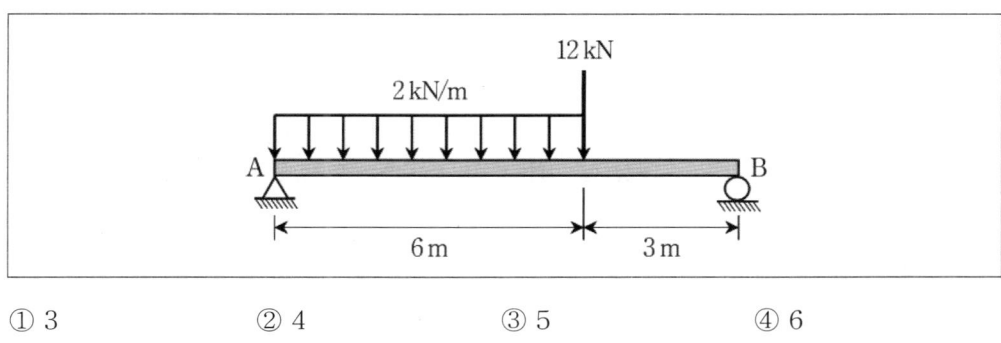

① 3   ② 4   ③ 5   ④ 6

10 그림과 같은 단순보에 등분포하중과 집중하중이 작용할 때, 지점 A로부터 최대 휨모멘트가 발생되는 위치 x[m]는? (단, 보의 자중은 무시한다) 22 국

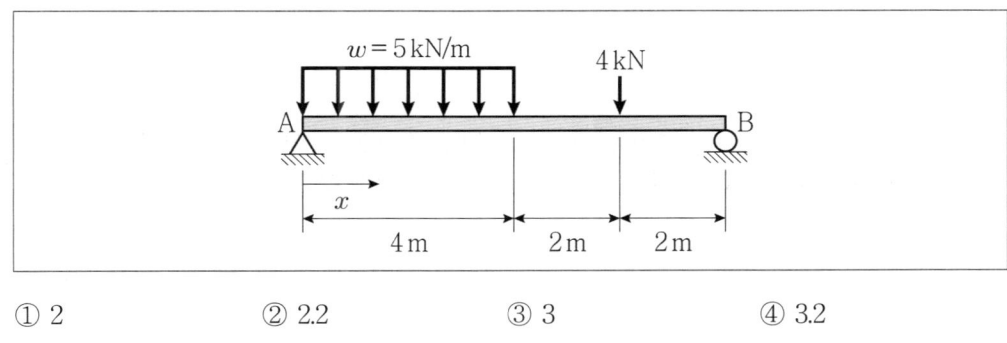

① 2   ② 2.2   ③ 3   ④ 3.2

11 다음 그림은 임의의 하중을 받는 단순보의 전단력선도이다. 옳지 않은 것은? (단, 보의 자중은 고려하지 않는다) 07 국

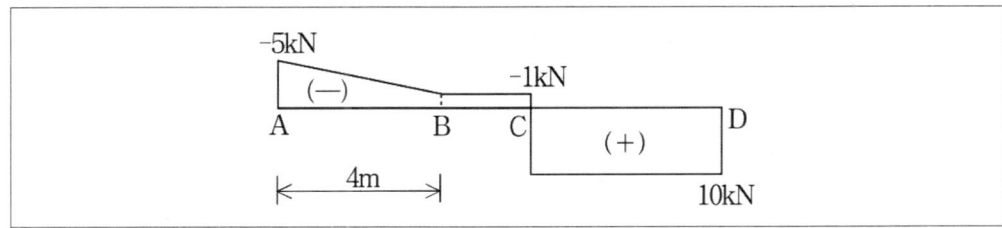

① AB 구간에는 1 kN/m의 등분포하중이 작용한다.
② CD 구간에는 하중이 작용하지 않는다.
③ 전단력선도에서 (+)부 면적과 (−)부 면적은 같다.
④ B점에 집중하중이 작용한다.

12 다음 그림은 내민보의 전단력도이다. A점의 휨모멘트의 크기[kN·m]는? (단, 구조물의 자중은 무시한다) 21 국

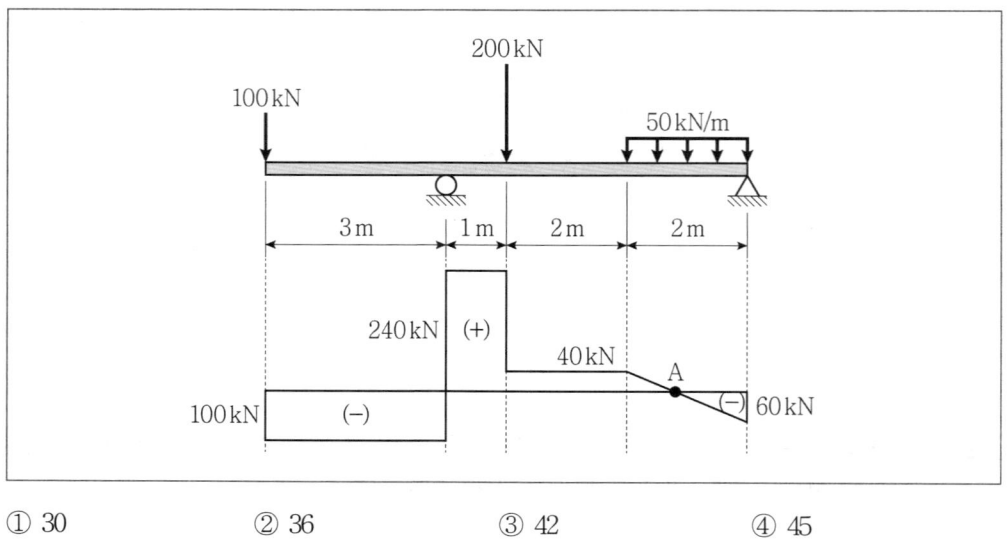

① 30　　　　② 36　　　　③ 42　　　　④ 45

13 그림은 어떤 보 구조물의 형상과 정성적인 휨모멘트 선도를 겹쳐서 나타낸 것이다. 이에 근거한 설명으로 옳지 않은 것은? (단, 곡선부분은 모두 2차 곡선이다) 24 국

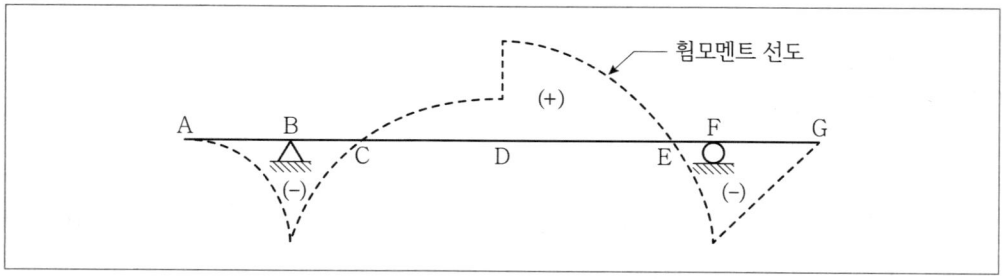

① 처짐곡선은 구간 A~C에서는 위로 볼록한 형태로, 구간 C~E에서는 아래로 볼록한 형태로 변형된다.
② 구간 A~G에는 등분포하중이 작용하고 있다.
③ D점에는 시계방향의 집중 모멘트하중이 작용하고 있다.
④ G점에는 집중하중이 작용하고 있다.

14 다음 그림은 집중하중과 등분포하중이 작용하는 단순보의 전단력도 (S.F.D.)이다. 이 경우의 최대 휨모멘트의 크기[kN · m]는? 12 지

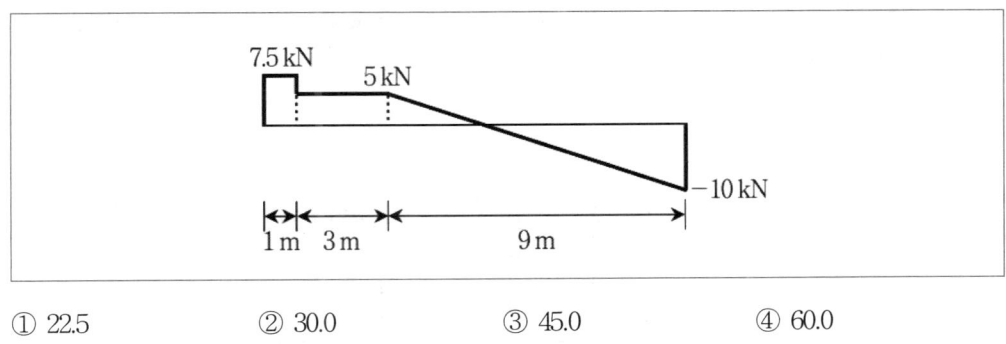

① 22.5　　② 30.0　　③ 45.0　　④ 60.0

15 그림과 같이 단순보 AB에 하중이 작용하여 전단력도가 아래와 같이 도식되었다면, 등분포하중의 크기[kN/m]는? (단, 자중은 무시한다) 25 국

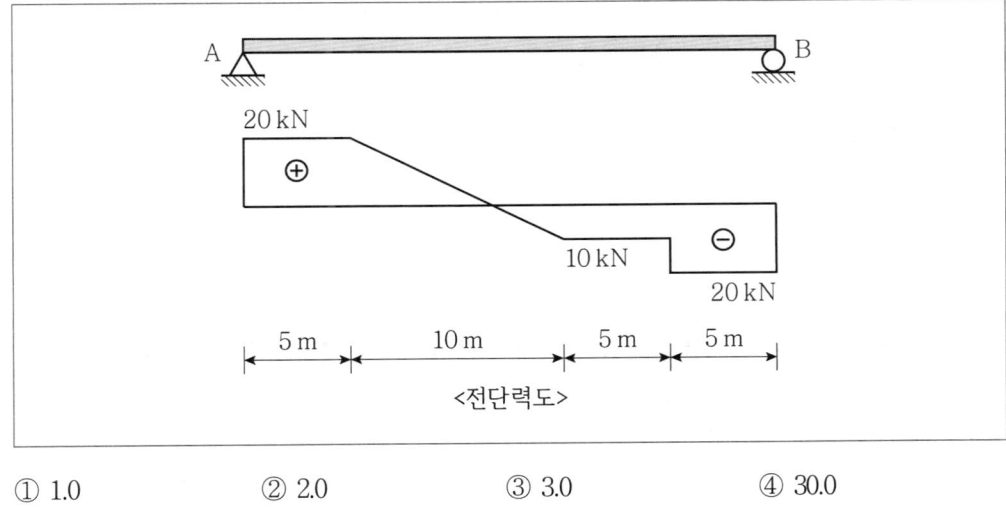

① 1.0　　② 2.0　　③ 3.0　　④ 30.0

제2절 정정 라멘과 아치

01 그림과 같은 구조물에서 지점 A의 수평반력 Ha[kN], 수직반력 Va[kN] 및 휨모멘트 Ma [kN·m]는? 09 지

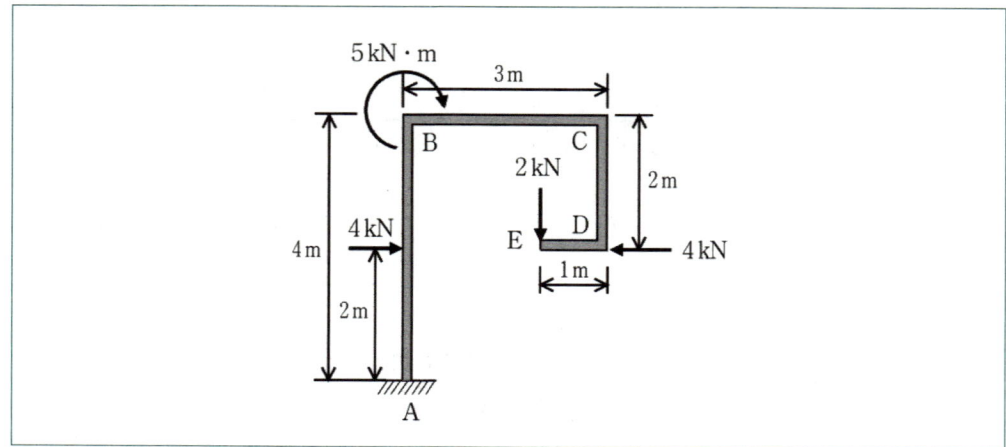

	Ha	Va	Ma
①	2	2	5
②	2	2	9
③	0	2	5
④	0	2	9

02 그림과 같은 xy 평면상의 구조물에서 지점 A의 반력모멘트 [kN·m]의 크기는? (단, 구조물의 자중은 무시한다) 17 국

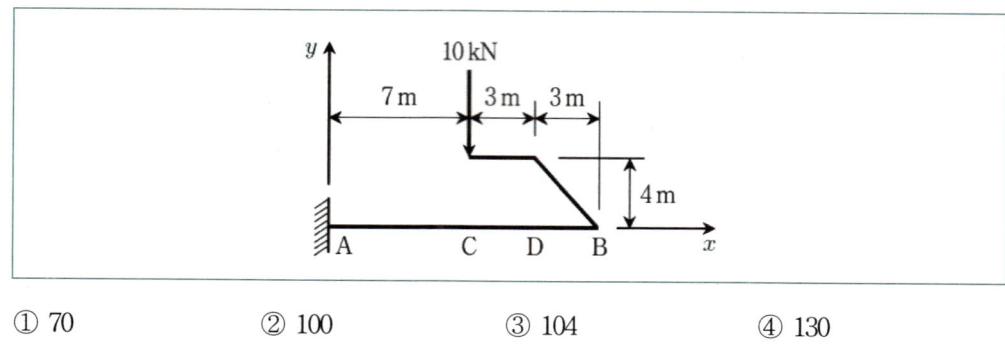

① 70 ② 100 ③ 104 ④ 130

03 그림과 같은 라멘 구조물에서 AB 부재의 수직단면 n-n에 대한 전단력의 크기[kN]는? (단, 모든 부재의 자중은 무시한다) 18 국

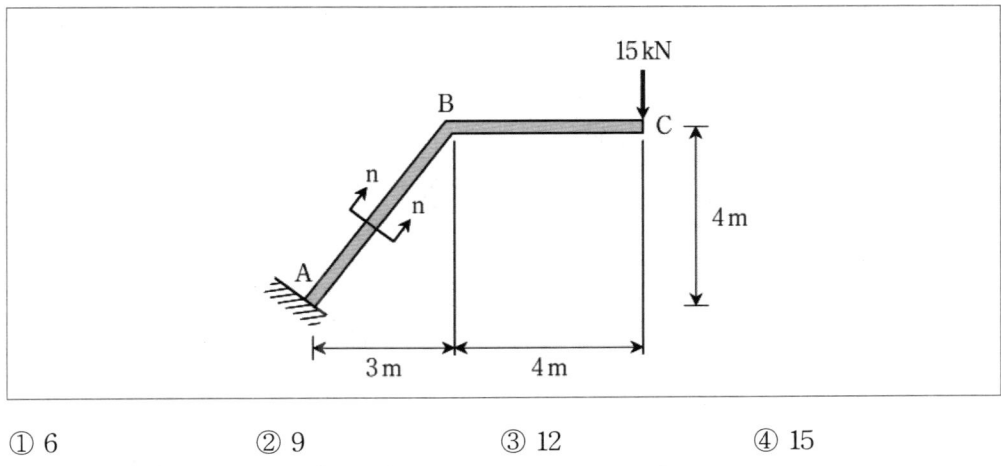

① 6　　　② 9　　　③ 12　　　④ 15

04 그림과 같이 하중을 받는 라멘구조에서 C점의 휨모멘트가 0이 되기 위한 집중하중 P[kN]는? (단, 휨강성 EI는 일정하고, 자중은 무시한다) 25 국

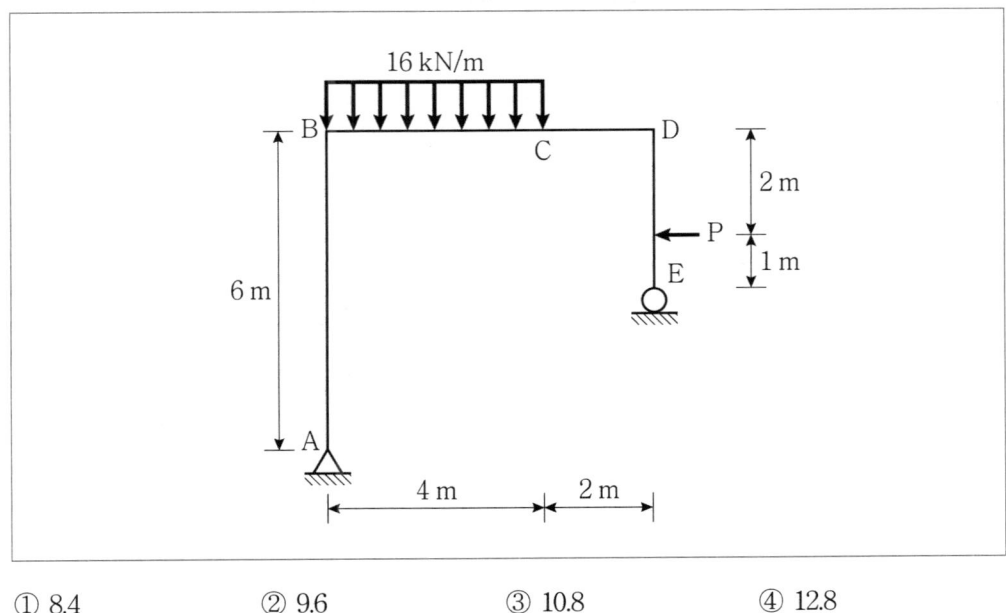

① 8.4　　　② 9.6　　　③ 10.8　　　④ 12.8

05 그림과 같은 라멘 구조물에서 지점 A의 반력의 크기[kN]는? (단, 모든 부재의 축강성과 휨강성은 일정하고, 자중은 무시한다) 17 지

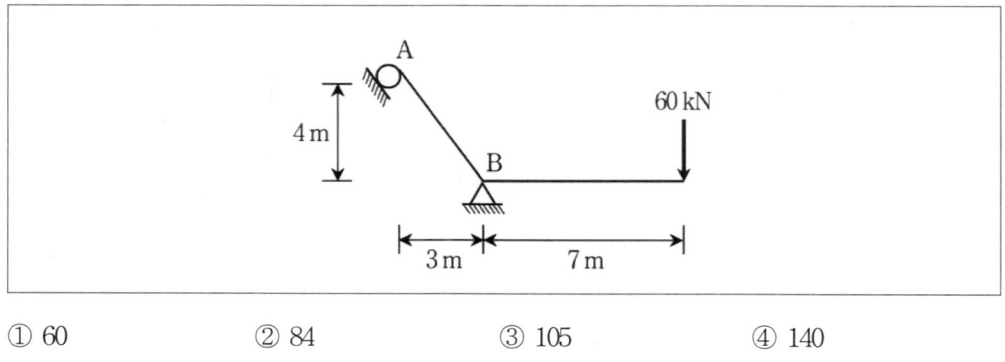

① 60   ② 84   ③ 105   ④ 140

06 그림과 같은 정정 라멘 구조물에서 BC 부재에 발생하는 최대 휨모멘트[kN·m]는? (단, 라멘 구조물의 자중은 무시한다) 11 지

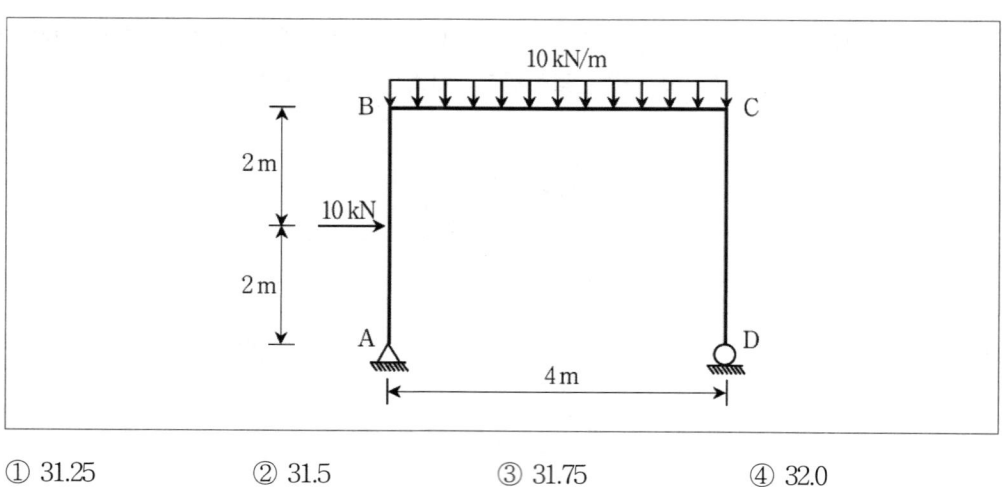

① 31.25   ② 31.5   ③ 31.75   ④ 32.0

07 그림과 같은 구조물에서 지점 B의 수평반력[kN]의 크기와 방향은? (단, 구조물의 자중은 무시한다) 24 지

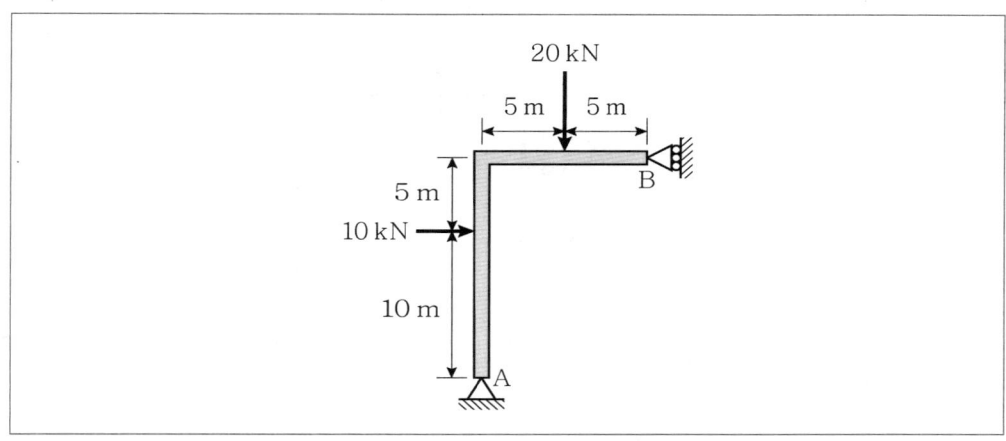

① $\dfrac{40}{3}$ (←)　　② $\dfrac{10}{3}$ (←)　　③ $\dfrac{40}{3}$ (→)　　④ $\dfrac{10}{3}$ (→)

08 다음과 같이 C점에 내부 힌지를 갖는 라멘에서 A점의 수평반력[kN]의 크기는? (단, 자중은 무시한다) 15 지

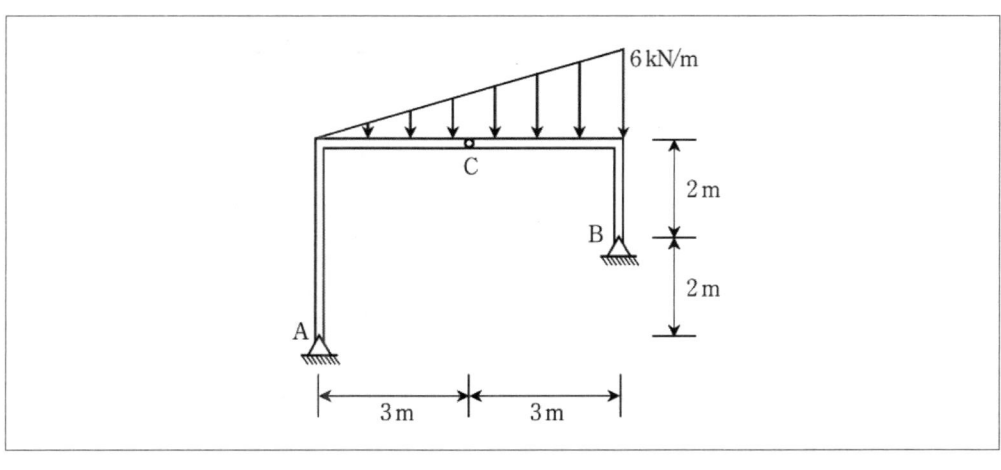

① 5.5　　② 4.5　　③ 3.5　　④ 2.5

09 그림과 같은 라멘 구조물에 수평 하중 P=12 kN이 작용할 때 지점 B의 수평 반력 크기 [kN]와 방향은? (단, 자중은 무시하며, E점은 내부 힌지이다) 16 지

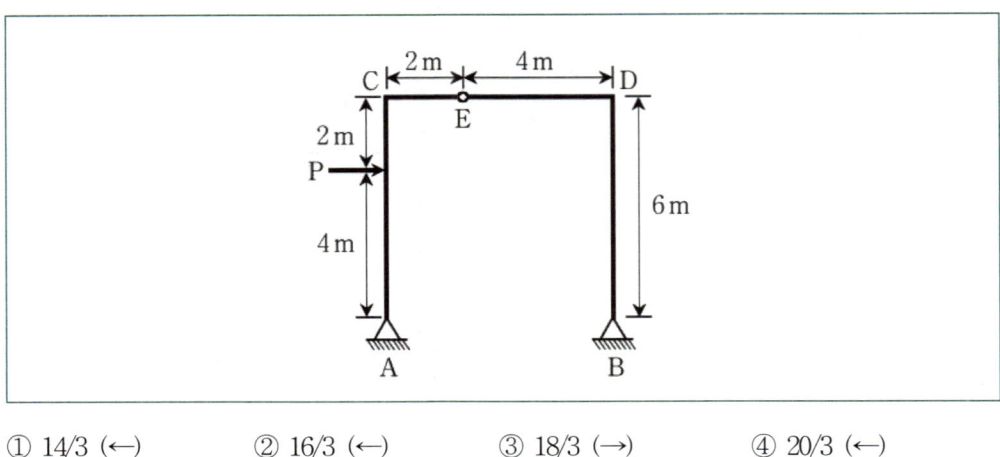

① 14/3 (←)　　② 16/3 (←)　　③ 18/3 (→)　　④ 20/3 (←)

10 그림과 같이 C점에 내부힌지를 가지는 구조물의 지점 B에서 수직반력의 크기[kN]는? (단, 구조물의 자중은 무시한다) 20 지

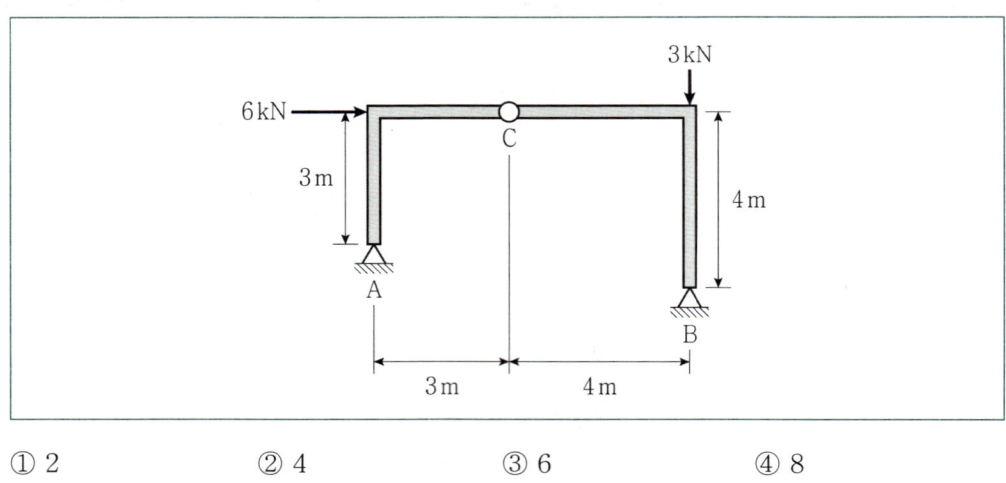

① 2　　② 4　　③ 6　　④ 8

11 그림과 같은 3힌지 라멘구조에서 A지점의 수평반력[kN]의 크기는? (단, 자중은 무시한다) 16 국

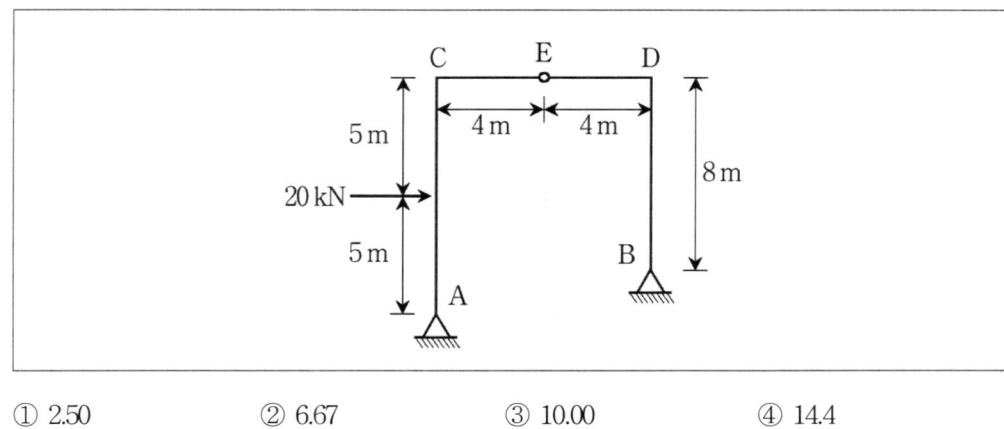

① 2.50 ② 6.67 ③ 10.00 ④ 14.4

12 다음 구조물의 BE 구간에서 휨모멘트선도의 기울기가 0이 되는 위치에서 휨모멘트의 크기[kN·m]는? (단, E점은 내부힌지이다) 14 지

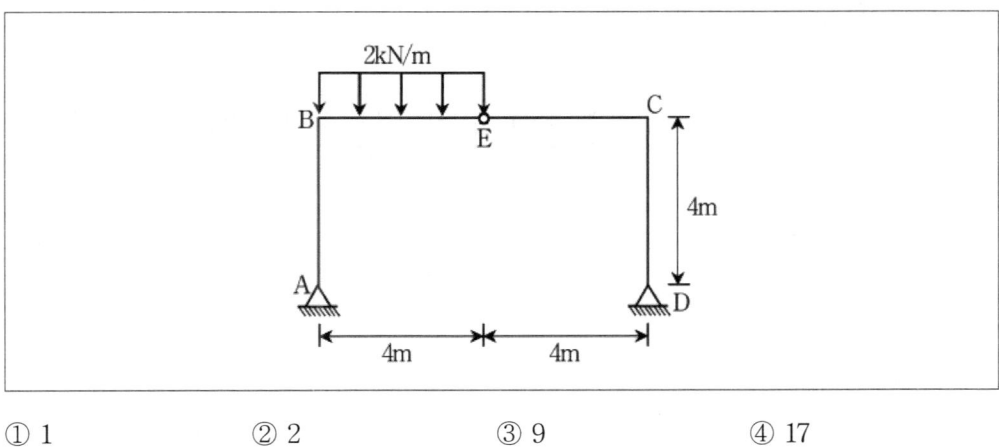

① 1 ② 2 ③ 9 ④ 17

13 그림과 같은 3힌지 아치에서 지점 B의 수평반력은? (단, 아치의 자중은 무시한다) 15 국

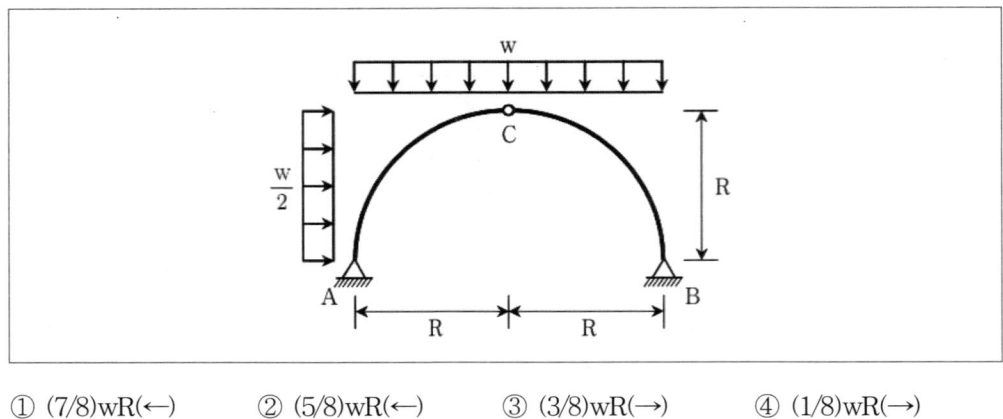

① (7/8)wR(←)   ② (5/8)wR(←)   ③ (3/8)wR(→)   ④ (1/8)wR(→)

14 그림과 같이 3활절 아치에 등분포하중이 작용할 때, D점에 발생하는 휨모멘트의 크기 [kN·m]는? (단, 휨강성 EI와 축강성 EA는 일정하고, D점의 위치는 계산 편의를 위한 수치이며, 자중은 무시한다) 25 국

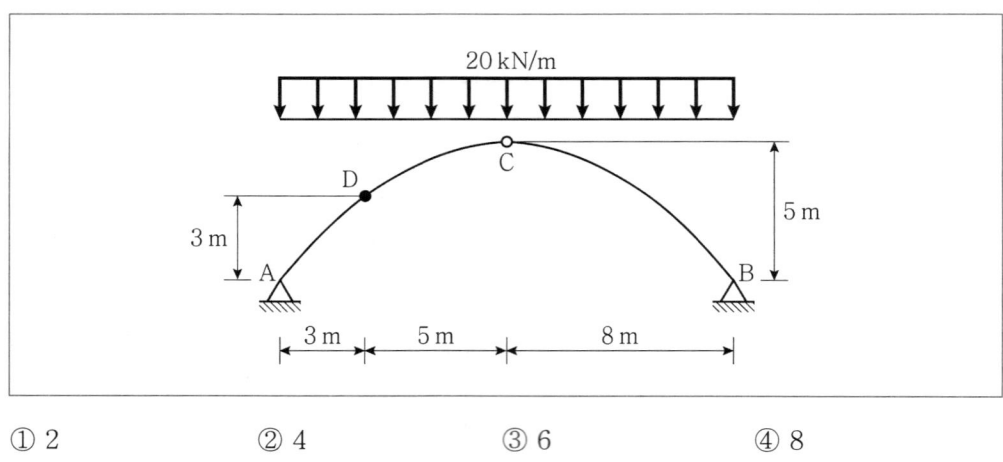

① 2   ② 4   ③ 6   ④ 8

정답 및 해설

제1절

❶ 지점 반력 구하기

01 ①   02 ③   03 ③   04 ②   05 ④   06 ②   07 ②   08 ③   09 ②

01 ① 지점 B의 반력을 구하므로 A지점에서 모멘트 평형식을 취한다.
$\Sigma M_A = 0$, $(3 \times 10 \times \frac{1}{2}) \times 2 - 30 + (10 \times 6) \times 6 - V_B \times 9 = 0$, $\therefore V_B = \frac{360}{9} = 40$

02 ③ 단순보+켄틸레버 형 게르버보: (1) 단순보 부분(DB) 먼저 계산후 D점의 반력(40)을 하중으로 가하여 캔틸레버 부분(AD) 계산
$\Sigma M_a = 0$, $M_A + 40 \times 3 + 40 \times 6 = 0$, $\therefore M_A = -360$

03 ③ 지점 B의 반력을 구하므로 A지점에서 모멘트 평형식을 취한다.
$\Sigma M_A = 0$, $(P \times L \times \frac{1}{2}) \times \frac{2}{3}L + (P \times 2L \times \frac{1}{2}) \times \frac{5}{3}L - R_B \times 3L = 0$, $\therefore R_B = \frac{2}{3}PL$

04 ② 지점 A의 수직 반력을 구하므로 B지점에서 모멘트 평형식을 취한다.
$\Sigma M_B = 0$, $-(12 \times 3) - (5 \times 3) - (12 \times 2) + V_A \times 6 = 0$, $\therefore V_A = 12.5$

05 ④ 보 DC에서 D지점 반력을 구해서, 이 반력을 방향이 반대인 E점에 하중으로 가하고, 이 하중을 토대로 A지점에서 모멘트 평형식을 취하여 B 지점의 수직 반력을 구한다.
보 DC에서, $\Sigma M_C = 0$, $V_D \times 3 - (120 \times 2) = 0$, $\therefore V_D = 80$
보 AB에서, $\Sigma M_A = 0$, $80 \times 3 - R_B \times 4 = 0$, $\therefore R_B = 60$

06 ② 지점 B의 수직 반력을 구하므로 A지점에서 모멘트 평형식을 취한다.
$\Sigma M_A = 0$, $(-32 \times 1) + (5 \times 7) - (V_B \times 10) = 0$, $\therefore V_B = 0.3$

07 ② 지점 A의 수직 반력을 구하므로 B지점에서 모멘트 평형식을 취한다.
$\Sigma M_B = 0$, $(V_A \times 4) + (9 \times 2) = 0$, $\therefore V_A = -4.5(\downarrow)$

08 ③ 지점 C의 모멘트 반력을 구하기 위해 C지점에서 모멘트 평형식을 취한다.
$\Sigma M_C = 0$, $-(P \times 2L) + PL + M_C = 0$, $\therefore M_C = PL$

09 ② 게르버보이므로, 우측 단순보 BC에서 B지점 반력을 구해서, 이 반력을 B점에 방향이 반대인 하중으로 가하여 좌측 캔틸레버보 AB의 반력을 다음과 같이 구한다.
보 BC에서, $\Sigma M_C = 0$, $V_B \times 2 - (3 \times 2/3) = 0$, $\therefore V_B = 1$
보 AB에서, $\Sigma M_a = 0$, $M_A + 4 \times 2 + 1 \times 4 = 0$, $\therefore M_A = -12$

❷ 부재력(V, M) 구하기

| 01 ② | 02 ④ | 03 ④ | 04 ③ | 05 ③ | 06 ③ | 07 ① | 08 ② | 09 ④ | 10 ② | 11 ② | 12 ③ |

01 ② (1) 단순보이므로 D지점에서 모멘트 평형을 취해 반력을 구해서, 이 반력을 이용하여 전단력도를 그리면 C점의 전단력을 구하고, 이어서 전단력도를 적분하여 휨모멘트를 구한다.
(2) C-D 구간 자유물체도를 그려 힘 평형식을 이용해 C점의 전단력과 휨모멘트를 구한다.
반력 $\Sigma M_D = 0$, $V_A \times 10 - 10 \times 7 = 0$, $\therefore V_A = 7$, $\Sigma F_y = 0$, $\therefore V_D = 3$
보 CD에서, $\Sigma Fy = 0$, $V_C + 3 = 0$, $\therefore V_C = -3$, $M_C = 0$, $M_C - (3 \times 4) = 0$, $\therefore M_C = 12$

02 ④ 전단력도 그림에서 최대휨모멘트는 전단력이 "0"을 통과하는 점 이므로, 그 위치를 전단력도에서 비례식으로 구하면 A점에서 3m 지점이 된다. 그 점까지 전단력도의 면적이 그 점의 휨모멘트 이므로, 밑변의 길이가 3이고, 높이가 3인 삼각형의 면적이 최대모멘트가 된다.
최대모멘트 $M_{\max} = 3 \times 3/2 = 4.5$

03 ④ 단순보의 중간에 휨모멘트 하중만 작용할 때는 양 지점의 반력의 크기는 모멘트하중의 작용위치에 관계없이 ±M/L로 동일하다.

04 ③ $\Sigma M_c = 0$, $-P \times 2L + PL - M_C = 0$, $\therefore M_C = -PL$

05 ③ 반력 $\Sigma M_C = 0$, $-3 + V_A \times 4 + 8 \times 1 = 0$, $\therefore V_A = -1.25$ (AC구간 전단력 1.25)

06 ③ 반력 구한 후, A-D 구간 자유물체도를 그려 힘 평형식을 이용해 D점의 전단력을 구한다.
반력 $\Sigma M_B = 0$, $V_A \times L - wL \times \dfrac{L}{2} - P \times \dfrac{L}{2} = 0$, $\therefore V_A = \dfrac{wL + P}{2}$
A-D 자유물체도에서, $\Sigma F_y = 0$, $\dfrac{wL + P}{2} - w \times \dfrac{L}{4} - V_D = 0$, $\therefore V_D = \dfrac{wL + 2P}{4}$

07 ① 반력 구한 후, A-D 구간 자유물체도를 그려 힘 평형식을 이용해 D점의 휨모멘트를 구한다.
반력 $\Sigma M_B = 0$, $V_A \times 4 - 4 + 9 \times 1 = 0$, $\therefore V_A = -1.25$
A-D 자유물체도에서, $\Sigma M_d = 0$, $-1.25 \times 2 - 4 - M_D = 0$, $\therefore M_D = -6.5$

08 ② 반력 구한 후, A-C 구간 자유물체도를 그려 힘 평형식을 이용해 C점의 휨모멘트를 구한다.
반력 $\Sigma M_B = 0$, $V_A \times 9 - 18 \times 4.5 + 9 \times 3 = 0$, $\therefore V_A = 12$
A-C 자유물체도에서, $\Sigma M_c = 0$, $12 \times 3 - 6 \times 1.5 - 1 \times 1 - M_C = 0$, $\therefore M_C = 26$

09 ④ 2kN수평력이 모멘트하중으로 작용하는 점에서 최대 휨모멘트가 생긴다.
반력 $\Sigma M_B = 0$, $V_A \times 6 - 2 \times 4 + 4 = 0$, $\therefore V_A = 2/3$, $V_B = 4/3$
최대모멘트는, $M_{\max} = V_B \times 2 = 8/3$

10 ② 반력 구한 후, A-B 구간 자유물체도를 그려 힘 평형식을 이용해 B점의 휨모멘트를 구한다.
반력 $\Sigma M_C = 0$, $(V_A \times 10) - (2 \times 3) + (1 \times 2) + (2 \times 2) = 0$, $\therefore V_A = 0$
A-B 자유물체도에서, $\Sigma M_b = 0$, $1 \times 2 - M_B = 0$, $\therefore M_B = 2$

11 ② 수직 반력이 같으므로, Va=Vb=5 이고, B지점에서 휨모멘트 평형을 취하여 Mb를 구한다.
반력 $\Sigma M_b = 0$, $(5 \times 10) - (10 \times 7) + M = 0$, $\therefore M = 20$

12 ③ 단순보 A-B의 반력이 보 C-D에 하중으로 작용하고, 이 하중으로 반력을 구하면 Vc=Vd=50 이다. 전단력이 "0"을 지나는 A점이 최대M이므로, 보 C-A구간의 자유물체도에서 A점에서 휨모멘트 평형을 취하여 Ma를 구한다.
반력 $\Sigma M_a = 0$, $(50 \times 2) - M_A = 0$, $\therefore M_A = 100$

❸ 하중(P) 및 거리(X)를 구하기

01 ②	02 ③	03 ②	04 ①	05 ③	06 ③	07 ④	08 ②	09 ④	10 ④	11 ④	12 ②
13 ②	14 ②	15 ③									

01 ② 지점 B의 반력이 "0"이므로, A지점에서 모멘트 평형식을 취하면 바로 구한다.
$\Sigma M_A = 0$, $60 \times 4 - P_2 \times 12 = 0$, $\therefore P_2 = \dfrac{240}{12} = 20$

02 ③ 연직반력이 같으므로 $V_A = V_B = (80+40)/2 = 60$이다.
$\Sigma M_A = 0$, $80 \times x + 40 \times 7 - 60 \times 8 = 0$, $\therefore x = \dfrac{200}{80} = 2.5$

03 ② 수직반력이 같으므로 $V_A = V_B = (2+4)/2 = 3$이다.
$\Sigma M_A = 0$, $2 \times x + 4 \times (x+4) - 3 \times 10 = 0$, $\therefore x = \dfrac{14}{6} = 2.3$

04 ① 수직반력이 같으므로 $V_A = V_B = (8+4)/2 = 6$이다.
$\Sigma M_B = 0$, $(6 \times 6) - (8 \times 4) - (4 \times x) = 0$, $\therefore x = \dfrac{4}{4} = 1$

05 ③ B점의 상향 수직반력이 3P이므로 $V_A = -2P$(하향) 이다.
$\Sigma M_B = 0$, $-(2P \times a) + (P \times b) = 0$, $\therefore \dfrac{b}{a} = 2$

06 ③ 하중을 집중하중으로 치환하면 12kN이 되고 A점에서 1m인 점에 작용하므로 A지점과 B지점의 반력은 거리의 비에 따라 각각 9kN, 3kN이 된다.
A지점으로부터 전단력의 일반식은 반력과 하중을 이용하여 다음 식과 같고, Vx=0을 풀면 x를 구한다.
$V_x = 9 - 6x = 0$, $\therefore x = \dfrac{9}{6} = 1.5$

07 ④ 전단력도가 주어져 있으므로, B점의 모멘트의 크기는 A~B까지의 전단력도의 적분(면적)이 된다.
$M_B = (3 \times 30 \div 2) - (1 \times 10 \div 2) = 40$

08 ② 최대 휨모멘트가 발생되는 지점은 전단력이 "0"이 되는 점이고, 이 점은 A지점의 반력에서 wx를 빼서 0이 되는 점으로 다음 식과 같이 구한다.
반력: $\Sigma M_C = 0$, $(V_A \times 10) - (8 \times 6) + (2 \times 4) = 0$, $\therefore V_A = 4$
위치: $V_x = 4 - 1x = 0$, $\therefore x = 4$

09 ④ 최대 휨모멘트가 발생되는 지점은 전단력이 "0"이 되는 점이고, 이 점은 A지점의 반력에서 wx를 빼서 0이 되는 점으로 다음 식과 같이 구한다.
반력: $\Sigma M_B = 0$, $(V_A \times 9) - (12 \times 6) - (12 \times 3) = 0$, $\therefore V_A = 12$
위치: $V_x = 12 - 2x = 0$, $\therefore x = 6$

10 ④ 최대 휨모멘트가 발생되는 지점은 전단력이 "0"이 되는 점이고, 이 점은 A지점의 반력에서 wx를 빼서 0이 되는 점으로 다음 식과 같이 구한다.
반력: $\Sigma M_B = 0$, $(V_A \times 8) - (20 \times 6) - (4 \times 2) = 0$, $\therefore V_A = 16$
위치: $V_x = 16 - 5x = 0$, $\therefore x = 3.2$

11 ④ 전단력도를 해석해 보면 B점에는 집중하중이 작용하지 않는다.

12 ② 전단력도가 주어져 있으므로, A점의 모멘트크기는 A점 좌측 또는 우측 전단력도의 적분(면적)이 된다.
$M_A = ((2 \times 0.6) \times 60 \div 2) = 36$

13 ② 휨모멘트도를 해석해 보면 F~G점에는 등분포 하중이 작용하지 않는다.

14 ② 전단력도가 주어져 있으며, 최대휨모멘트는 전단력이 "0"인 점의 모멘트이므로, 그 점 좌 좌측 또는 우측 전단력도의 적분(면적)이 된다.
우측 삼각형의 면적: $M_{\max} = ((6 \times 10) \div 2) = 30$

15 ③ 전단력도의 중간 경사 구간이 등분포 하중이 작용하는 구간이므로, 이 구간의 기울기를 구하면,
가로축이 10m 이동할 동안 세로축이 +20에서 -10으로 30 만큼 내려왔으므로, 등분포하중은 3 이다.

제2절

| 01 ④ | 02 ① | 03 ③ | 04 ④ | 05 ② | 06 ③ | 07 ① | 08 ② | 09 ② | 10 ③ | 11 ④ | 12 ① |
| 13 ② | 14 ③ |

01 ④ 지점 A의 수직반력 V_A, 수평반력 H_A, 모멘트반력 M_A를 설정하고, A지점에서 힘의 평형식을 취하여 다음과 같이 구한다.
$\Sigma F_y = 0$, $V_A - 2 = 0$, $\therefore V_A = 2$, $\Sigma F_x = 0$, $H_A + 4 - 4 = 0$, $\therefore H_A = 0$
$\Sigma M_a = 0$, $M_A + 4 \times 2 + 5 + 2 \times 2 - 4 \times 2 = 0$, $\therefore M_A = -9$

02 ① 지점 A의 모멘트반력 M_A를 설정하고, A지점에서 모멘트의 평형식을 취하여 다음과 같이 구한다.
$\Sigma M_a = 0$, $M_A + 10 \times 7 = 0$, $\therefore M_A = -70$

03 ③ 자유단 C에 작용하는 하향 15kN의 힘은 AB구간에 변의 비 3 : 4 : 5에 따라 축력과 전단력으로 나누어 고려한다. 도형의 삼각관계를 고려하여 나누면 AB부재의 전단력은 다음과 같다.
$V_n = 15 \times \dfrac{4}{5} = 12$

04 ④ 지점 A에서 휨모멘트 평형을 취하여 지점 E의 수직반력 V_E를 구하고, CDE자유물체도에서 C점에서 모멘트 평형식을 취하여 다음과 같이 구한다.
$\Sigma F_y = 0$, $V_A - (16 \times 4) + V_B = 0$, $\therefore V_A + V_B = 64$, $\Sigma F_x = 0$, $H_A - P = 0$, $\therefore H_A = P$
$\Sigma M_{c(우)} = 0$, $(P \times 2) - (V_E \times 2) = 0$, $\therefore V_E = P$
$\Sigma M_A = 0$, $64 \times 2 - P \times 4 - P \times 6 = 0$, $\therefore P = 12.8$

05 ② 지점 B지점에서 모멘트의 평형식을 취하여 다음과 같이 구한다.
$\Sigma M_B = 0$, $V_A \times 5 + 60 \times 7 = 0$, $\therefore V_A = -84$

06 ③ 지점 A의 수직반력 V_A, 수평반력 H_A, 지점 D의 수직반력 V_D를 설정하고, 힘의 평형식을 취하여 다음과 같이 구한다.
$\Sigma F_x = 0$, $H_A + 10 = 0$, $\therefore H_A = -10(\leftarrow)$
$\Sigma F_y = 0$, $V_A - (10 \times 4) + V_D = 0$, $\therefore V_A + V_D = 40$
$\Sigma M_D = 0$, $(V_A \times 4) + (10 \times 2) - (40 \times 2) = 0$, $\therefore V_A = 15$, $V_D = 25$
BC부재에서 전단력인 "0"인 B점에서 우측 1.5m 점의 모멘트가 최대이므로,
$M_{\max} = -(V_D \times 2.5) + \dfrac{10 \times 2.5^2}{2} = 31.25$

07 ① 지점 A에서 모멘트의 평형식을 취하여 다음과 같이 구한다.
$\Sigma M_A = 0$, $10 \times 10 + 20 \times 5 + H_B \times 15 = 0$, $\therefore H_B = -40/3(\leftarrow)$

08 ② 지점 B에서 모멘트 평형을 취하고, 내부힌지점인 C절점의 좌측에 대해 모멘트 평형을 취하여 구한다.
$\Sigma M_B = 0, (V_A \times 6) - (H_A \times 2) - (18 \times 2) = 0, \therefore 6V_A - 2H_A = 36 \cdots (1)$
$\Sigma M_{C(L)} = 0, (V_A \times 3) - (H_A \times 4) - (4.5 \times 1) = 0, \therefore 3V_A - 4H_A = 4.5 \cdots (2)$
(1)식-((2)식*2 으로 연립방정식을 풀면 $6H_A = 27, \therefore H_A = 4.5(\rightarrow)$

09 ② 지점A에서 모멘트 평형을 취하고, 내부힌지점인 E절점의 우측에 대해 모멘트 평형을 취하여 구한다.
$\Sigma M_A = 0, (12 \times 4) - (V_B \times 6) = 0, \therefore V_B = 8$
$\Sigma M_{E(R)} = 0, -(H_A \times 6) - (8 \times 4) = 0, \therefore H_A = -\frac{32}{6} = -\frac{16}{3}(\leftarrow)$

10 ③ 지점A에서 모멘트 평형을 취하고, 내부힌지점인 E절점의 우측에 대해 모멘트 평형을 취하여 구한다.
$\Sigma M_A = 0, (6 \times 3) + (3 \times 7) - (V_B \times 7) - (H_B \times 1) = 0, \therefore 7V_B + H_B = 39 \cdots (1)$
$\Sigma M_{C(R)} = 0, -(V_B \times 4) - (H_B \times 4) + (3 \times 4) = 0, \therefore 4V_B + 4H_B = 12 \cdots (2)$
(1)식-((2)식/4 로 연립방정식을 풀면 $6V_B = 36, \therefore V_B = 6$

11 ④ 지점 B에서 모멘트 평형을 취하고, 내부힌지점인 E절점의 좌측에 대해 모멘트 평형을 취하여 구한다.
$\Sigma M_B = 0, (V_A \times 8) - (H_A \times 2) + (20 \times 3) = 0, \therefore 8V_A - 2H_A = -60 \cdots (1)$
$\Sigma M_{E(L)} = 0, (V_A \times 4) - (H_A \times 10) - (20 \times 5) = 0, \therefore 4V_A - 10H_A = 100 \cdots (2)$
(1)식/2-((2)식 으로 연립방정식을 풀면 $9H_A = -130, \therefore H_A = -14.44(\leftarrow)$

12 ① 지점B에서 모멘트 평형을 취하고, 내부힌지점인 E절점의 우측에 대해 모멘트 평형을 취하여 반력을 구하고, BE 구간 전단력 관계식에서 전단력이 "0"이 되는 점을 찾아 자유물체도에서 모멘트를 구한다.
$\Sigma M_B = 0, (V_A \times 8) - (8 \times 6) = 0, \therefore V_A = 6$
$\Sigma M_{E(L)} = 0, (6 \times 4) - (H_A \times 4) - (8 \times 2) = 0, \therefore H_A = 2(\rightarrow), H_D = 2(\leftarrow),$
BE 구간에서 최대 모멘트(기울기 "0"인 점)의 위치는 전단력이 "0"이 지점이므로, 다음과 같이 구한다.
$V_A - wx = 0, 6 - 2x = 0 \therefore x = 3, M_{\max} = 6 \times 3 - 2 \times 4 - (6 \times 1.5) = 1$

13 ② 지점A에서 모멘트 평형을 취하고, 내부힌지점인 C절점의 우측에 대해 모멘트 평형을 취하여 구한다.
$\Sigma M_A = 0, (\frac{w}{2}R \times \frac{R}{2}) + (2wR \times R) - (V_B \times 2R) = 0, \therefore V_B = \frac{9}{8}wR$
$\Sigma M_{C(R)} = 0, (wR \times \frac{R}{2}) - (\frac{9}{8}wR \times R) - (H_B \times R) = 0, \therefore H_B = -\frac{5}{8}wR(\leftarrow)$

14 ③ 지점B에서 모멘트 평형을 취하고, 내부힌지점인 C절점의 좌측에 대해 모멘트 평형을 취하여 A 지점 반력을 구한 다음 AD 부재의 자유물체로도부터 모멘트를 구한다.
$\Sigma M_B = (V_A \times 16) - (320 \times 8) = 0, \therefore V_A = 160$
$\Sigma M_{C(L)} = 0, (160 \times 8) - (H_A \times 5) - (160 \times 4) = 0, \therefore H_A = 128 (\rightarrow)$
$\Sigma M_d = -M_D + (160 \times 3) - (128 \times 3) - (60 \times 1.5) = 0, \therefore M_D = 6$

김현
응용역학

🚧 학습의 주안점

제4장 트러스 해석 단원은 출제빈도가 높은 편은 아니지만 매년 꾸준하게 한 두 문제씩 출제되는 단원입니다. 트러스의 종류와 특징 및 절점법을 이용한 트러스의 부재력 구하기와 절단법을 이용한 트러스의 부재력 구하기 그리고 트러스의 영(0)부재 구하기 등이 자주 출제되고 있습니다. 트러스의 영부재 구하는 방법은 매우 간단한 원리로 이해할 수 있고, 이를 통해 쉽게 영부재를 찾을 수 있습니다. 트러스의 특정 부재력 구하는 문제는 일견 좀 복잡하고 난이도가 높은 것처럼 보이지만, 절단법의 개념을 정확하게 알고 접근하면 의외로 쉽게 풀 수 있는 경우가 많습니다. 절점법은 모든 부재력을 구하는 문제에 활용되고, 특정 부재력 계산의 경우에는 절단법이 보다 유용하게 사용되니 잘 이해하여 문제를 풀어나가는 어려움이 없도록 연습해 둡시다.

제1절 트러스의 개요

제2절 절점법 (Method of Joint)

제3절 절단법(단면법) (Method of Section)

제4절 트러스의 영부재

CHAPTER 04

트러스 해석

CHAPTER 04 트러스 해석

제1절 트러스의 개요

❶ 트러스 정의
(1) 트러스는 2개 이상의 직선재가 마찰없는 힌지(hinge)로 연결되어 삼각형 형태로 구성된 구조체

❷ 트러스 해석상의 가정
(1) 모든 부재는 직선재이며 축방향력만 존재한다. (인장 +, 압축 −)
(2) 모든 절점은 마찰없는 힌지(pin)로 구성되어 있다.
(3) 하중(힘)은 절점에서만 작용한다.
(4) 외력의 작용선은 동일평면상에 있다.

❸ 트러스의 종류

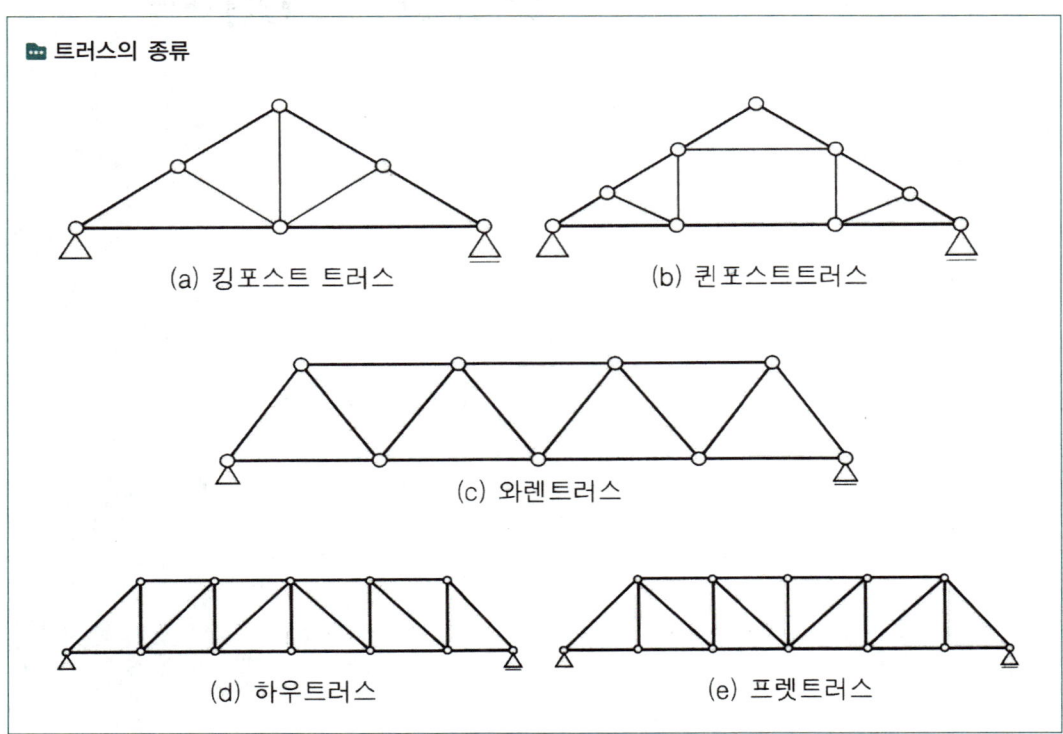

트러스의 종류
(a) 킹포스트 트러스
(b) 퀸포스트트러스
(c) 와렌트러스
(d) 하우트러스
(e) 프렛트러스

제2절 절점법(Method of Joint)

1 절점법의 개념

(1) 평형상태에 있는 트러스의 임의의 절점에서의 힘의 평형조건을 이용한 해석법이다.

(2) 트러스의 절점은 모두 힌지이므로, 절점에서는 수직방향과 수평방향의 힘만 지지한다. 그러므로 절점에서 사용할 수 있는 힘의 평형조건식은 ΣFx=0과 ΣFy=0인 2개 뿐이다.

(3) 따라서 미지의 힘(부재력 등)이 2개 이하인 절점에서 시작하여 순차적으로 미지수를 줄여가면서 부재력을 구해나간다.

2 절점법을 이용한 부재력 계산

(1) 해석 순서

① 반력을 구한다.
② 2개 이하의 미지 부재력을 갖는 절점을 선택하여 해석한다.
   ㉠ 부재력을 인장(또는 압축)으로 가정
   ㉡ 선택된 절점에서 힘의 평형조건식 (ΣFx=0, ΣFy=0, 2개) 이용
   ㉢ 수평방향 및 수직방향으로 분해하여 힘의 평형 조건 사용
   ㉣ 미지 부재력이 2개 이하인 절점으로 순차적으로 부재력 계산

(2) 절점법 계산

다음과 같은 트러스에서 부재력을 절점법을 이용하여 구해보자.

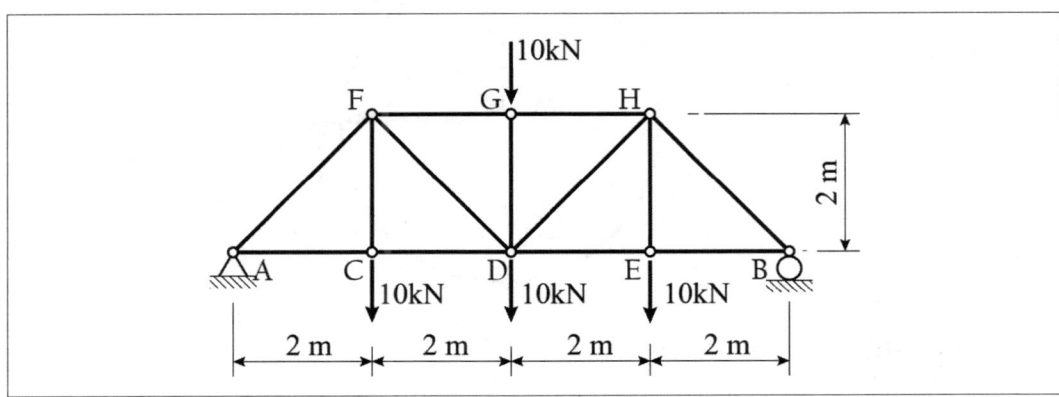

① 반력 계산
   ㉠ 트러스에서 힘의 평형을 적용하여 반력을 구한다.
   ㉡ 대칭트러스이고, 힘의 크기도 대칭이므로 아래와 같이 A지점과 B지점에서 각각 전체 하중의 절반씩을 지지한다. (반력 $V_A = V_B$ = 하중의 절반씩)

$$\Sigma F_y = 0, \quad V_A + V_B = 40, \quad \therefore \quad V_A = V_B = 20\,[kN]$$

② **부재력 계산 I**: 위 트러스에서 미지 부재력이 2개 이하인 절점 A에서 힘의 평형을 이용하여 부재력을 구한다.

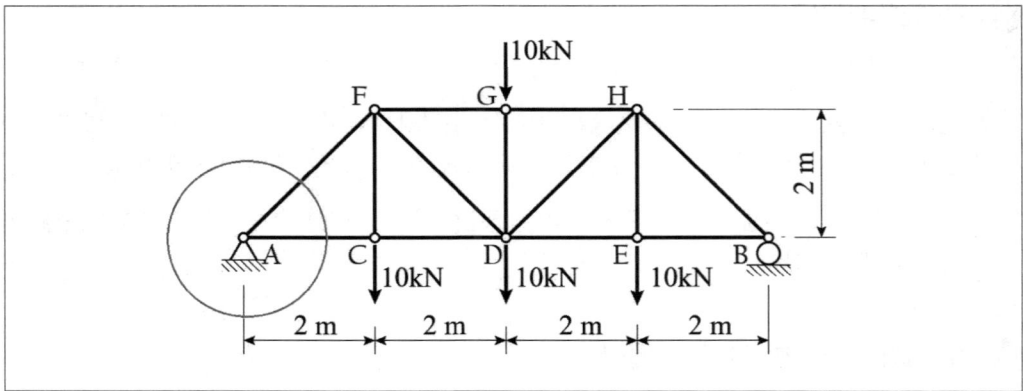

㉠ 절점 A 선택

ⓐ 절점 A를 선택하여 자유물체도를 그리고, 미지부재력을 인장(+)으로 가정하여 표시한다.
- AF 부재의 부재력을 F_1으로, AC 부재의 부재력을 F_2로 표시하고, 경사 부재인 AF 부재의 부재력을 F_1을 수직방향의 힘(F_{1y})과 수평방향의 힘(F_{1x})으로 분해하여 표시한다.
- AC 부재 길이와 CF부재 길이가 2m로 동일하므로, AC부재와 AF부재의 사이각은 45°이다.

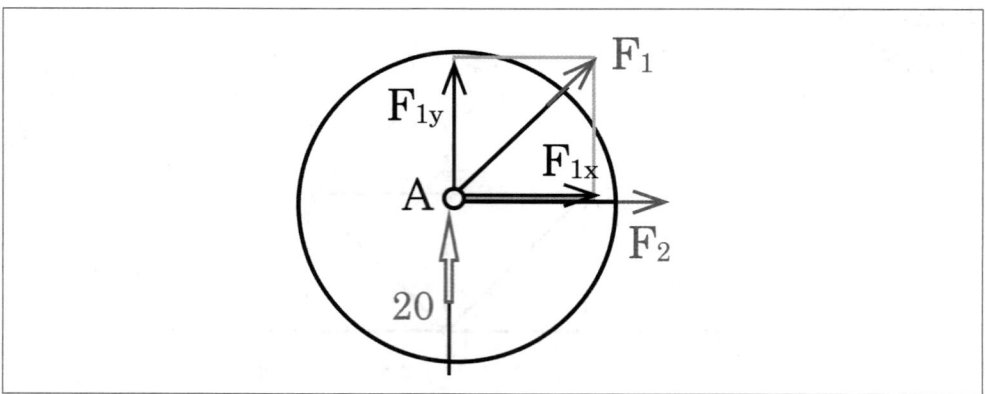

㉡ 수직방향 힘의 평형식 적용

$$\Sigma F_y = 0, \ 20 + F_{1y} = 0, \ \therefore F_{1y} = -20$$

$$F_1 \sin 45° = F_{1y}, \ \therefore F_1 = \frac{F_{1y}}{\sin 45°} = \frac{-20}{1/\sqrt{2}} = -20\sqrt{2} \ (\text{압축})$$

㉢ 수평방향 힘의 평형식 적용

$$\Sigma F_x = 0, \ -20\sqrt{2} \cos 45° + F_2 = 0, \ \therefore F_2 = 20\sqrt{2} \cos 45° = 20 \ (\text{인장})$$

③ 부재력 계산 Ⅱ : AC부재력과 AF부재력을 구한 후에, 다시 미지 부재력이 2개 이하인 절점 C를 택하여 힘의 평형을 이용하여 부재력을 구한다.

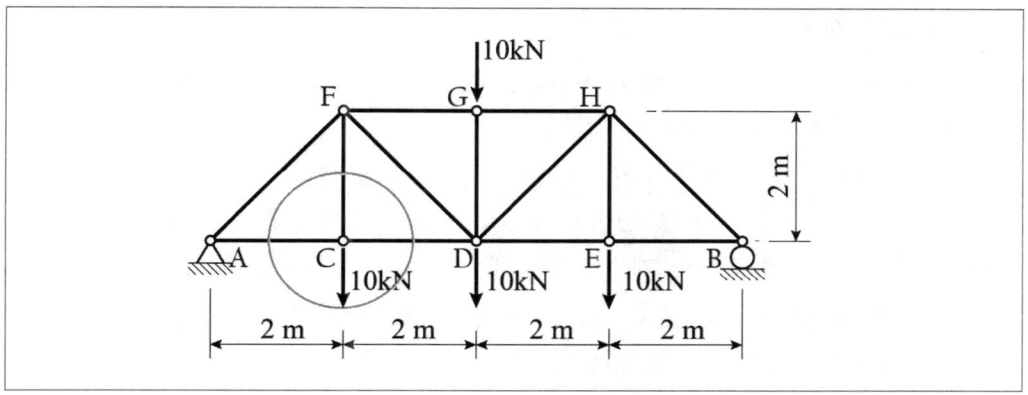

㉠ 절점 C 선택
  ⓐ 절점 C를 선택하여 자유물체도를 그리고, 미지부재력을 인장(+)으로 가정하여 표시한다.
    – CF 부재의 부재력을 F_3으로, CD 부재의 부재력을 F_4로 표시하여, 수직방향과 수평방향의 힘의 평형을 통해 미지 부재력을 구한다.

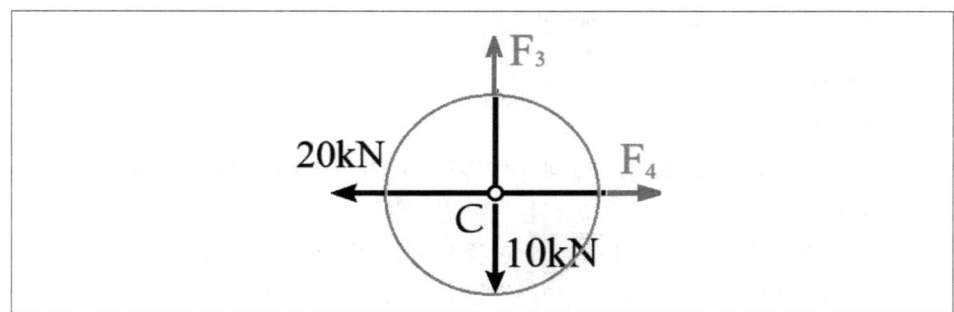

㉡ 수직방향 힘의 평형식 적용

$$\Sigma F_y = 0, \ -10 + F_3 = 0, \ \therefore \ F_3 = 10 \ (인장)$$

㉢ 수평방향 힘의 평형식 적용

$$\Sigma F_x = 0, \ -20 + F_4 = 0, \ \therefore \ F_4 = 20 \ (인장)$$

④ 부재력 계산 Ⅲ : 위와 같은 방법으로 계속해서 미지 부재력이 2개 이하인 절점을 택하여 수직, 수평 방향의 힘 평형식을 적용하여 미지 부재력을 순차적으로 구해나간다.
  ㉠ AC부재력, AF부재력 및 CF부재력, CD 부재력을 구한 후에, 다시 미지 부재력이 2개 이하로 되는 F절점에서 힘 평형식을 적용해 FG부재력과 FD부재력을 구한다.
  ㉡ 계속해서 미지 부재력이 2개 이하로 되는 G절점을 선택하여 힘 평형식을 적용해 GD부재력과 GH부재력을 구한다.
  ㉢ GD부재력까지 구하면, 나머지는 대칭트러스이므로, 좌측 대칭위치의 부재력과 동일하게 된다.

제3절 절단법(단면법) (Method of Section)

1 절단법의 개념

(1) 구하고자 하는 부재를 포함하여 가상 절단면으로 잘라진 트러스의 부분 자유물체도의 독립적인 평형조건을 이용한 해석법이다.

(2) 트러스의 절단된 부분은 힘의 평형(부분 평형 개념)을 이루는 구조 시스템이므로 절단된 일부(좌측 또는 우측) 부분의 자유물체도를 그리면 이 부분 시스템은 힘의 평형을 만족하게 되고, 절단된 자유물체도에서 힘의 평형조건식 3개($\Sigma Fx=0$, $\Sigma Fy=0$, $\Sigma M=0$)를 적용할 수 있다.

(3) 따라서, 절단법에서는 미지수(부재력)가 3개 이하가 되도록 절단면을 선택하여 힘의 평형조건식을 적용하면 부재력을 구할 수 있다.

2 절단법을 이용한 부재력 계산

절단법은 보통 트러스에서 트러스 내부의 특정 부재의 부재력을 구할 때 사용한다. 구하고자 하는 부재를 포함하여 3개 이내의 부재를 포함하도록 단면을 잘라서 자른 좌측 또는 우측단면에서의 힘의 평형을 적용하여 부재력을 구한다.

(1) **해석 순서**

① 반력을 구한다.
② 구하려는 부재 포함 미지 부재력이 3개 이하가 되도록 절단하여 해석한다.
  ㉠ 절단 자유물체도의 좌측 또는 우측을 택하고 부재력을 인장(또는 압축)으로 가정
  ㉡ 절단된 구조시스템에서 힘의 평형조건식($\Sigma Fx=0$, $\Sigma Fy=0$, $\Sigma M=0$, 3개) 이용
  ㉢ 경사부재: 수평방향 및 수직방향으로 분해하여 힘의 평형 조건 사용
  ㉣ 구하고자 하는 부재 외의 2개 부재가 만나는 점에서 $M=0$을 취하면 부재력 쉽게 계산

(2) **절단법 해석**

다음과 같은 트러스에서 CD 부재력을 절단법을 이용하여 구해보자.

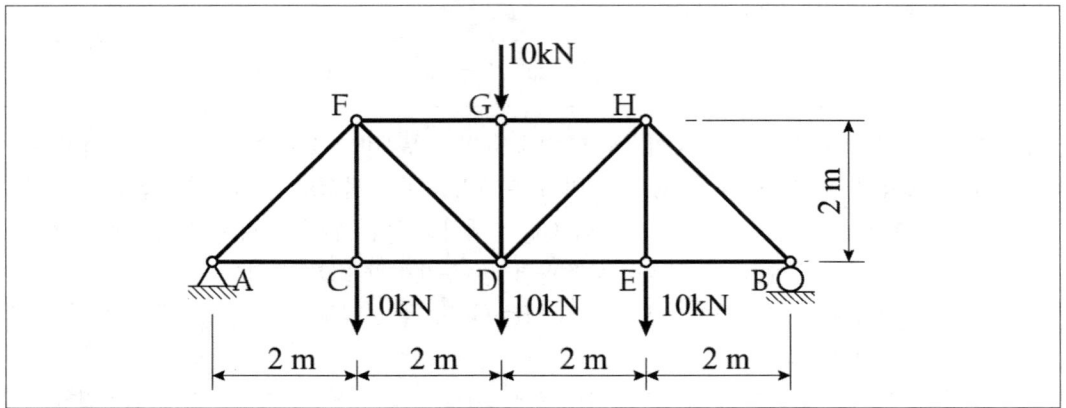

① 반력 계산
　㉠ 트러스에서 힘의 평형을 적용하여 반력을 구한다.
　㉡ 대칭트러스이고, 힘의 크기도 대칭이므로 아래와 같이 A지점과 B지점에서 각각 전체 하중의 절반씩을 지지한다. (반력 $V_A = V_B$=하중의 절반씩)

$$\Sigma F_y = 0, \quad V_A + V_B = 40, \quad \therefore \ V_A = V_B = 20\,[kN]$$

② 부재력 계산Ⅰ: 위 트러스에서 구하고자 하는 CD부재를 포함하여 3개 이하의 부재가 잘리도록 절단하여, 절단된 좌측(계산이 간편한 쪽)을 선택하여 계산한다.

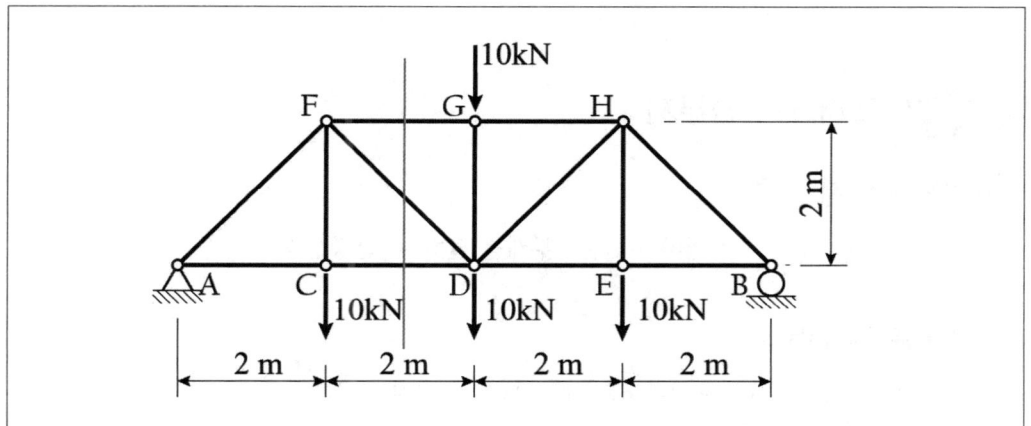

　㉠ 잘린 좌측 시스템의 자유물체도를 그리고, 구하고자 하는 CD부재의 부재력(F_4)을 인장으로 가정하여 표시한다.
　㉡ 잘린 3개의 부재들(FG, FD, CD부재) 중 구하고자 하는 CD 부재를 제외한 나머지 2개 부재 FG와 FD의 연장선이 만나는 F점에서 모멘트 평형을 취하면 CD부재력이 다음과 같이 구해진다.

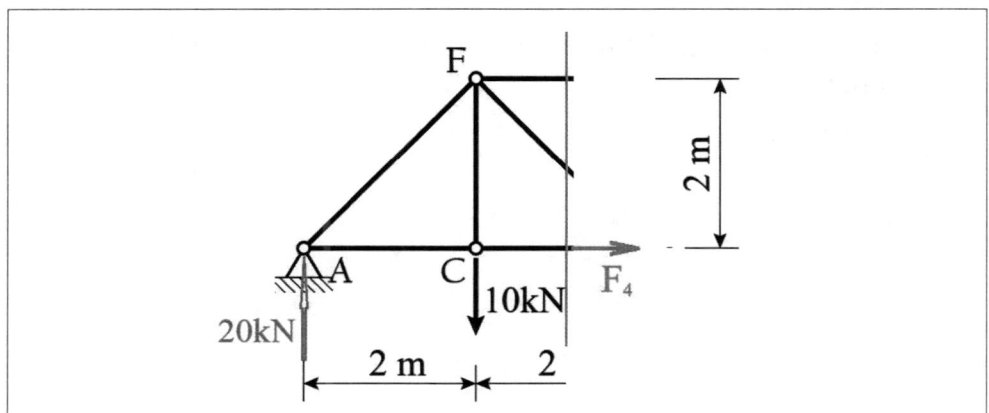

$$\Sigma M_F = 0, \quad 20 \times 2 - F_4 \times 2 = 0, \quad \therefore \ F_4 = 20 \ (\text{인장})$$

ⓒ 계속해서 나머지 2개 부재들(FG 부재, FD부재)의 부재력을 구하고자 한다면, 이 시스템에서 힘의 평형을 이용하여 다음과 같이 구할 수 있다.
- ⓐ FG 부재력: 잘린 3개의 부재들(FG, FD, CD부재) 중 구하고자 하는 FG부재를 제외한 나머지 2개 부재 FD와 CD의 연장선이 만나는 D점에서 모멘트 평형을 취하면 FG부재력을 구할 수 있다.
- ⓑ FD 부재력: 경사 부재인 FD부재의 부재력을 F_5로 정하여 수직방향의 힘(F_{5y})과 수평방향의 힘(F_{5x})으로 분해하여 표시하고, 자유물체도에서 수직 방향의 힘의 평형식 또는 수평 방향의 힘의 평형식을 적용하면 FD부재의 부재력(F_5)을 쉽게 구할 수 있다.

제4절 트러스의 영부재

❶ 영부재 설치 목적

(1) 트러스 해석상 부재력이 영(0)이 되는 부재를 말하며, 안정성과 사용성을 위해 설치함.

❷ 영(0)부재 판별

(1) 부재와 반력 및 하중이 총 3개 이하 만나는 절점에서,
① 부재를 선택했을 때, 두 부재만 있고 하중이 없으면 두 부재는 0 부재이다.
("사례 트러스 1"의 절점 E)
② 세부재를 선택했을 때 (하중이 없고) 두부재가 일직선상에 있으면, 나머지 한부재는 0부재이다.
("사례 트러스 1"의 절점 B 및 절점 G)
③ 0부재를 지워 나가면서, 3부재 이하 만나는 절점으로 판별해 나간다.
("사례 트러스 2")
④ 트러스 전체에서 작용 하중을 지점으로 연결하는 간단한 삼각형 부재를 제외한 부재들은 모두 0부재이다.
("사례 트러스 2")

③ 트러스의 영(0)부재 판별 (사례 그림)

(1) 사례 트러스 1

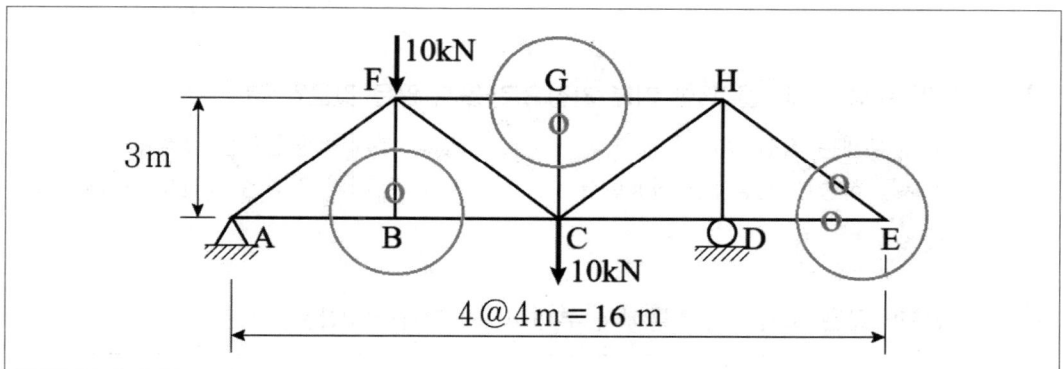

(2) 사례 트러스 2

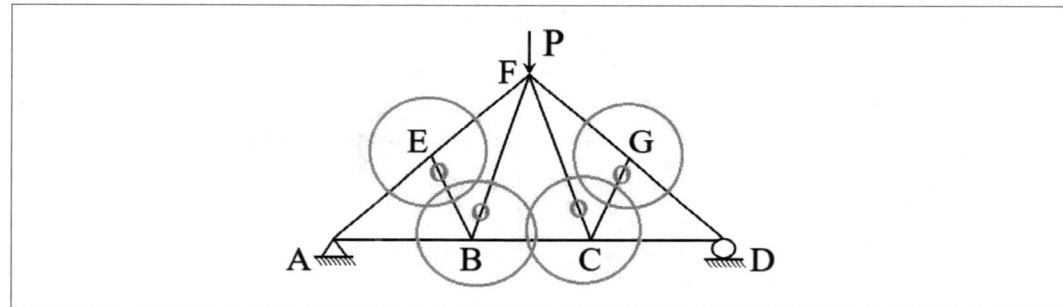

CHAPTER 04 단원 기본 문제

01 평면 트러스 해석을 위한 기본 가정으로 옳지 않은 것은? 21 국
① 각 부재는 직선이다.
② 각 부재의 중심축은 절점에서 만난다.
③ 모든 하중은 절점에만 작용한다.
④ 각 부재의 절점은 회전에 구속되어 있다.

02 다음과 같은 트러스 구조물에서 부재 AD의 부재력[kN]은? 14 지

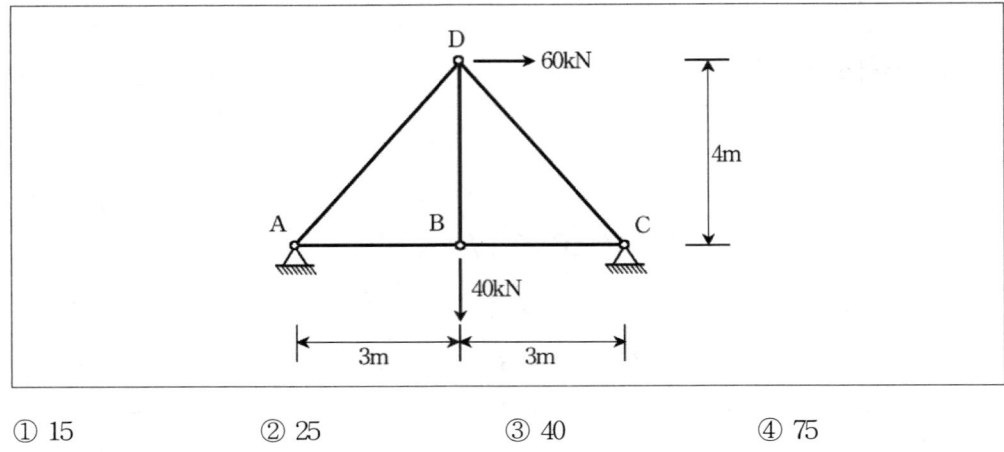

① 15　　② 25　　③ 40　　④ 75

03 그림과 같은 트러스 구조물에서 부재 AD의 부재력[kN]은? (단, 모든 자중은 무시한다) 17 지

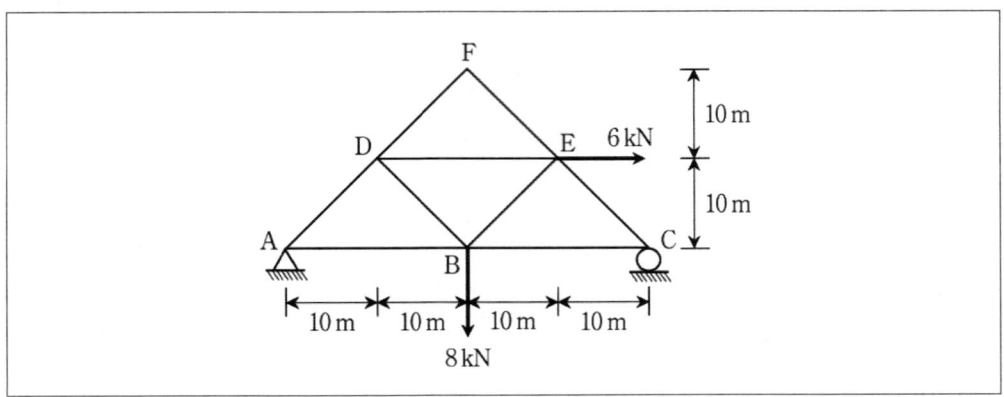

① $\dfrac{5\sqrt{2}}{2}$ (압축)　② $\dfrac{5\sqrt{2}}{2}$ (인장)　③ $\dfrac{\sqrt{2}}{2}$ (압축)　④ $\dfrac{\sqrt{2}}{2}$ (인장)

04 그림과 같이 트러스에 하중이 작용할 때, 부재 EH의 부재력[kN]은? (단, 구조물의 자중은 무시한다) 23 국

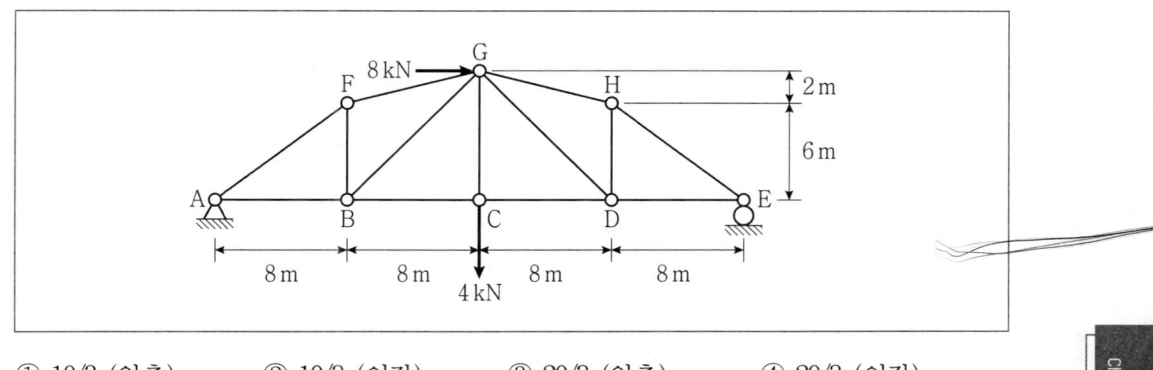

① 10/3 (압축) ② 10/3 (인장) ③ 20/3 (압축) ④ 20/3 (인장)

05 다음 그림과 같은 트러스에서 BD부재의 부재력[kN]은? 13 지

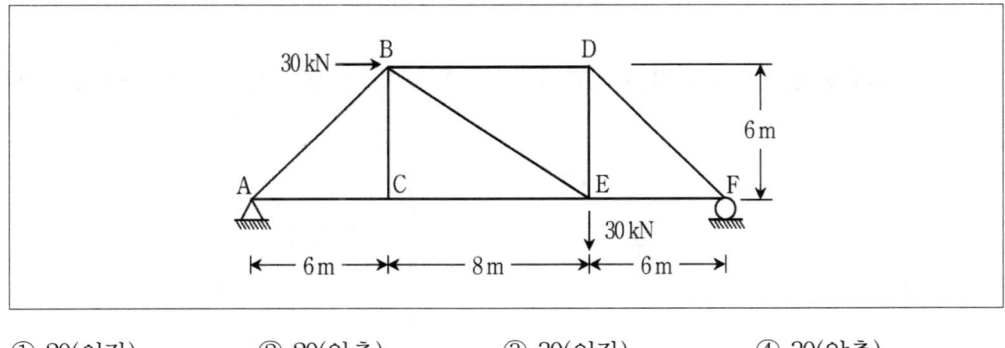

① 20(인장) ② 20(압축) ③ 30(인장) ④ 30(압축)

06 그림과 같은 트러스 구조물에서 부재 BC의 부재력 크기[kN]는? (단, 모든 자중은 무시한다) 19 지

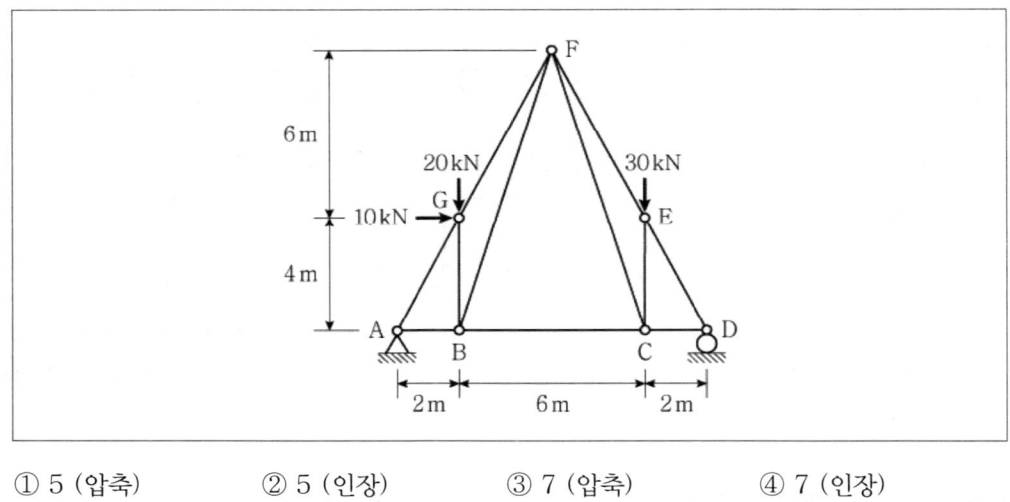

① 5 (압축)   ② 5 (인장)   ③ 7 (압축)   ④ 7 (인장)

07 그림과 같은 트러스의 수직부재 CD의 부재력은? (단, 부재의 자중은 무시한다) 24 지

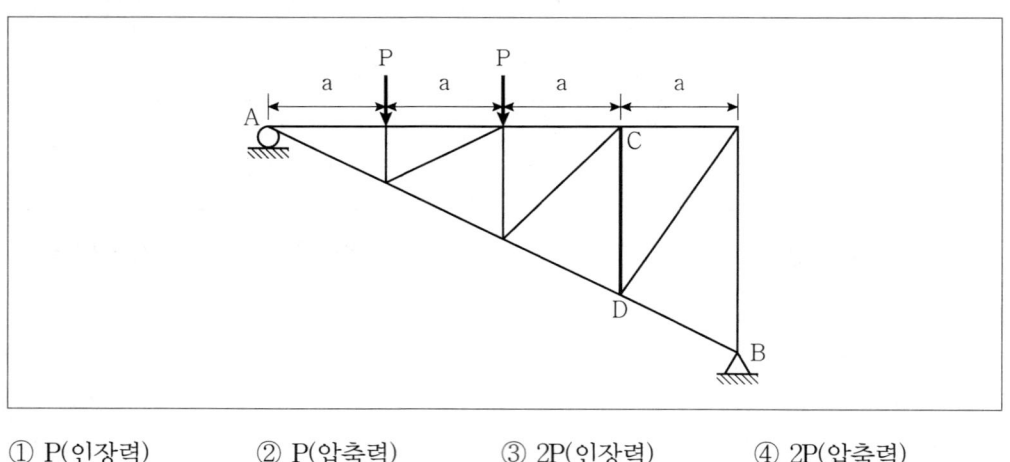

① P(인장력)   ② P(압축력)   ③ 2P(인장력)   ④ 2P(압축력)

08 다음 그림과 같은 트러스에서 부재 BC의 부재력[kN]은? 12 지

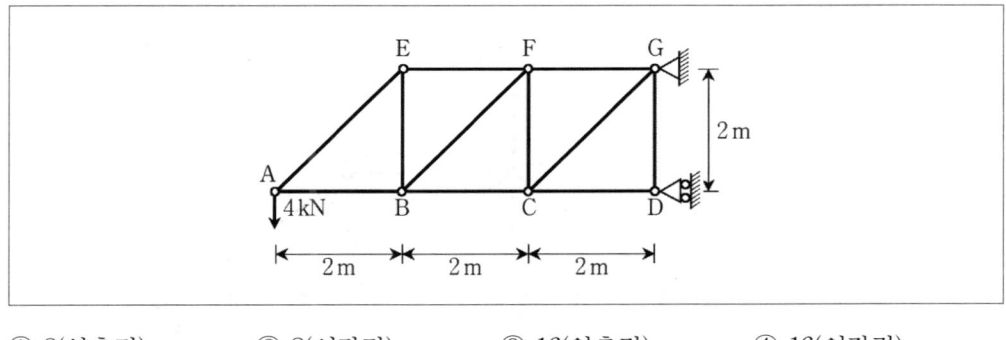

① 8(압축력) ② 8(인장력) ③ 16(압축력) ④ 16(인장력)

09 그림과 같은 트러스에서 부재 BC의 부재력의 크기는? (단, 모든 부재의 자중은 무시하고, 모든 내부 절점은 힌지로 이루어져 있다) 19 국

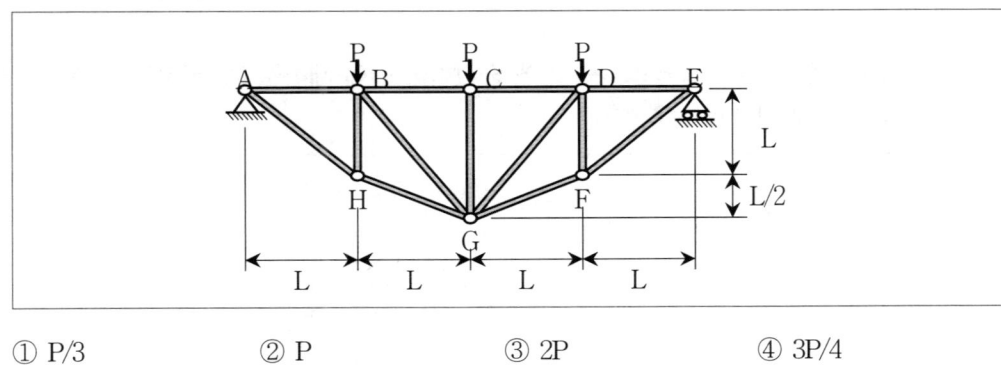

① P/3 ② P ③ 2P ④ 3P/4

10 그림과 같이 트러스에 집중하중이 작용할 때, EF 부재의 부재력[kN]은? (단, 자중은 무시한다) 25 국

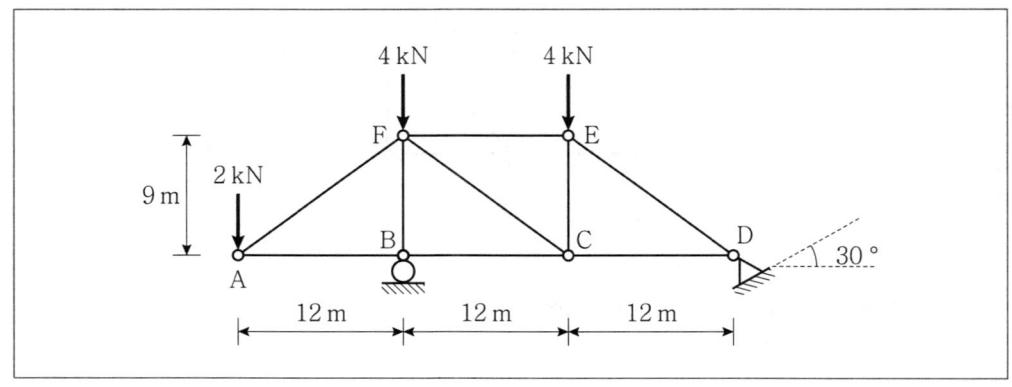

① $\dfrac{4}{5}$ (압축)　　② $\dfrac{4}{5}$ (인장)　　③ $\dfrac{4}{3}$ (압축)　　④ $\dfrac{4}{3}$ (인장)

11 다음 그림과 같은 트러스 구조물에 중앙하중(P)이 재하될 때, 영부재(부재력이 발생하지 않는 부재)의 개수는? 13 지

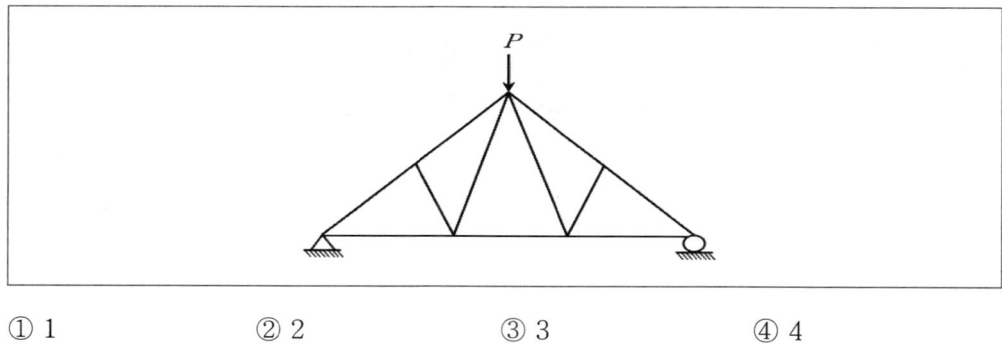

① 1　　② 2　　③ 3　　④ 4

12 다음 그림과 같이 하중 P가 작용하는 트러스에서 AB부재의 부재력이 0이 아닌 것은? ⁰⁹ ⁿ

① 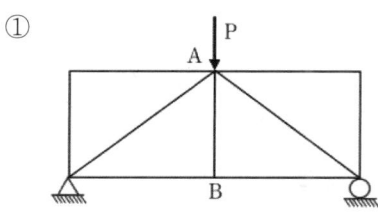   ②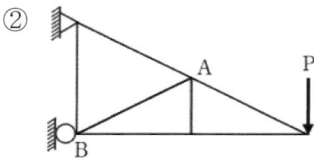

③ 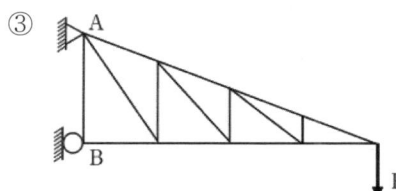   ④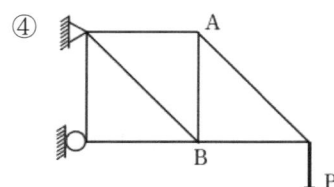

13 그림과 같은 트러스에서 무응력 부재의 총 개수는? (단, 구조물의 자중은 무시하며, 모든 부재의 축강성 EA는 일정하다) ²¹ ⁿ

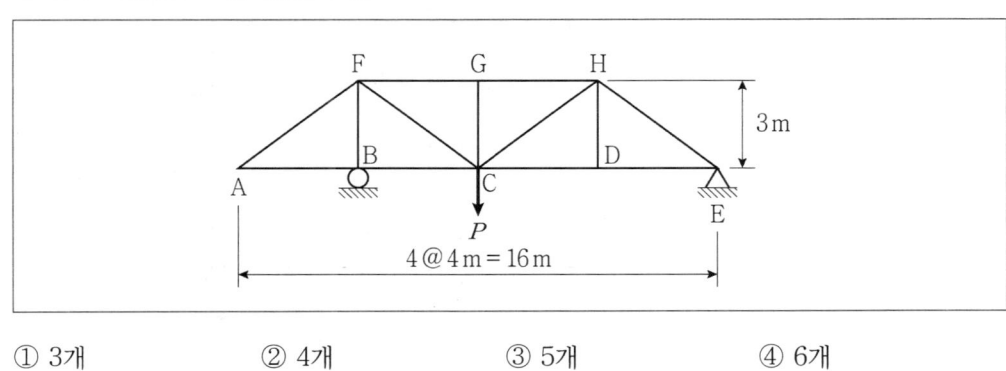

① 3개   ② 4개   ③ 5개   ④ 6개

14 그림과 같은 트러스에서 부재력이 0인 부재의 개수는? (단, 구조물의 자중은 무시한다) ²² ⁿ

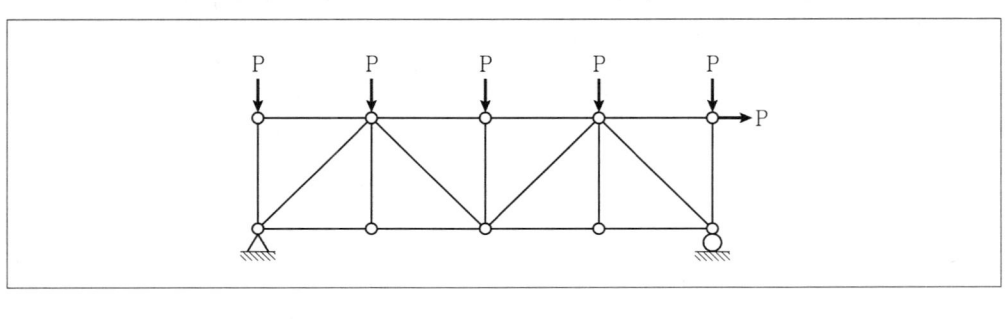

① 2개   ② 3개   ③ 4개   ④ 5개

15 그림과 같은 트러스에서 부재력이 0인 부재의 개수는? (단, 구조물의 자중은 무시한다) 23 지

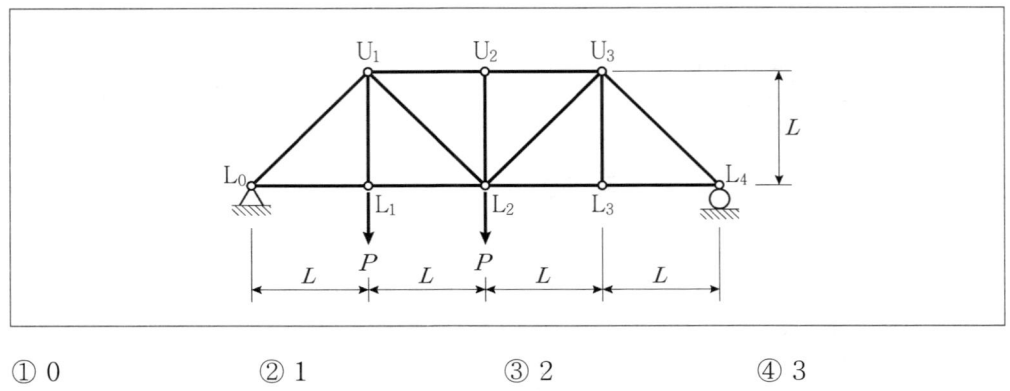

① 0   ② 1   ③ 2   ④ 3

16 그림과 같은 트러스 구조물에서 부재 BC의 부재력 크기[kN]는? (단, 자중은 무시한다) 25 지

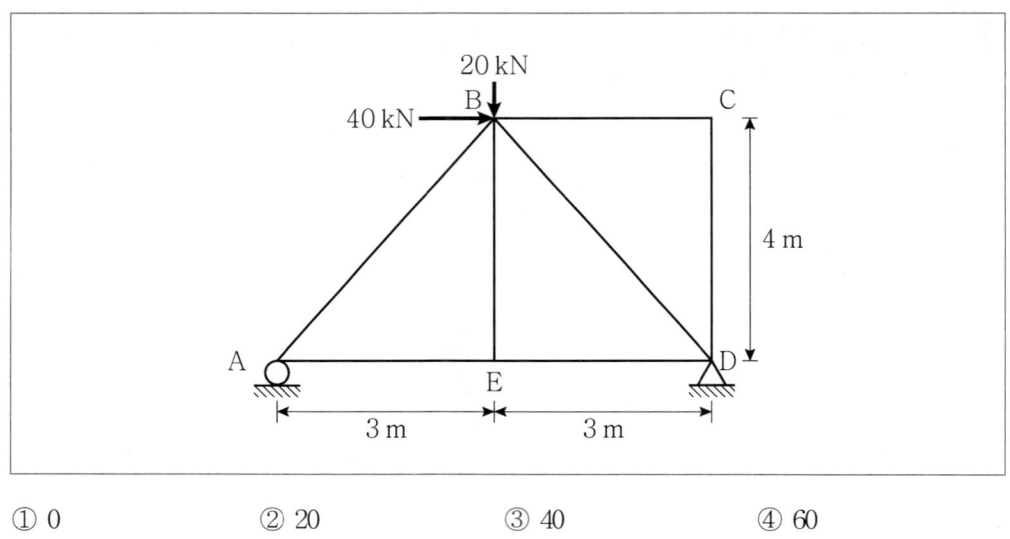

① 0   ② 20   ③ 40   ④ 60

정답 및 해설

01 ④ 02 ② 03 ① 04 ③ 05 ④ 06 ③ 07 ④ 08 ① 09 ① 10 ③ 11 ④ 12 ④
13 ③ 14 ① 15 ③ 16 ①

01 ④ 트러스 해석상의 기본가정에서 모든 절점은 마찰없는 힌지로 구성되어 있다. 따라서, 절점은 회전에 대해서는 구속되어 있지 않다.

02 ② 트러스의 반력을 구하여 A지점에서 절점법으로 힘의 평형을 적용하여 AD 부재력을 다음과 같이 구한다.
반력 : $\Sigma M_C = 0$, $(V_A \times 6) + (60 \times 4) - (40 \times 3) = 0$, $\therefore V_A = 20$
절점 A : $\Sigma F_y = V_A + F_{ADy} = 20 + F_{AD} \sin\theta = 0$, $\therefore F_{AD} = -25$(압축)

03 ① 트러스의 반력을 구하여 A지점에서 절점법으로 힘의 평형을 적용하여 AD 부재력을 다음과 같이 구한다.
반력 : $\Sigma M_C = 0$, $(V_A \times 40) + (6 \times 10) - (8 \times 20) = 0$, $V_A = 2.5$
절점 A : $\Sigma F_y = V_A + F_{ADy} = 2.5 + F_{AD} \sin\theta = 0$, $\therefore F_{AD} = -2.5\sqrt{2}$(압축)

04 ③ 트러스의 반력을 구하여 E지점에서 절점법으로 힘의 평형을 적용하여 EH 부재력을 다음과 같이 구한다.
반력 : $\Sigma M_A = 0$, $(8 \times 8) + (4 \times 16) - (V_E \times 32) = 0$, $\therefore V_E = 4$
절점 E : $\Sigma F_y = V_E + F_{EHy} = 4 + F_{EH} \sin\theta = 0$, $\therefore F_{AD} = -20/3$(압축)

05 ④ 트러스의 반력을 구하여 BD 부재를 포함하여 3개 이내 부재가 잘리도록 수직 방향으로 절단한다.
잘려진 좌측의 구조체에서 BE CE부재가 만나는 E점에서 모멘트 평형을 취한다.
반력 : $\Sigma M_F = 0$, $(V_A \times 20) + (30 \times 6) - (30 \times 6) = 0$, $\therefore V_A = 0$
좌측 절단 부분 : $\Sigma M_E = 0 \times 14 + 30 \times 6 + F_{BD} \times 6 = 0$, $\therefore F_{BD} = -30$(압축)

06 ③ 트러스의 반력을 구하여 BC 부재를 포함하여 3개 이내 부재가 잘리도록 수직 방향으로 절단한다.
잘려진 우측의 구조체에서 CF와 EF부재가 만나는 F점에서 모멘트 평형을 취한다.
반력 : $\Sigma M_A = 0$, $(10 \times 4) + (20 \times 2) + (30 \times 8) - (V_D \times 10) = 0$, $\therefore V_D = 32$
우측 절단 부분 : $\Sigma M_F = (30 \times 3) - (F_{BC} \times 10) - (32 \times 5) = 0$, $\therefore F_{BD} = -7$(압축)

07 ④ CD 부재를 포함하여 3개 이내 부재가 잘리도록 경사 방향으로 절단한다.
잘려진 좌측의 구조체에서 CD부재를 제외한 나머지 CA와 DA가 만나는 A점에서 모멘트 평형을 취한다.
좌측 절단 부분 : $\Sigma M_A = P \times a + P \times 2a + F_{CD} \times 3a = 0$, $\therefore F_{CD} = -P$(압축)

08 ① BC 부재를 포함하여 3개 이내 부재가 잘리도록 수직 방향으로 절단한다.
잘려진 좌측의 구조체에서 BC부재를 제외한 나머지 EF와 BF 부재가 만나는 F점에서 모멘트 평형을 취한다.
좌측 절단 부분 : $\Sigma M_F = -4 \times 4 - F_{BC} \times 2 = 0$, $\therefore F_{BC} = -8$(압축)

09 ① 트러스의 반력을 구하여 BC 부재를 포함하여 3개 이내 부재가 잘리도록 수직 방향으로 절단한다.
잘려진 좌측의 구조체에서 BG와 HG부재가 만나는 G점에서 모멘트 평형을 취한다.
반력 : $\Sigma M_F = 0$, $(V_A \times 4L) - (P \times 3L) - (P \times 2L) - (P \times L) = 0$, $\therefore V_A = 1.5P$
좌측 절단 부분 : $\Sigma M_G = (1.5P \times L) - (P \times L) + (F_{BC} \times 1.5L) = 0$, $\therefore F_{BD} = -P/3$

10 ③ 트러스의 반력을 구하여 EF 부재를 포함하여 3개 이내 부재가 잘리도록 수직 방향으로 절단한다.
잘려진 좌측의 구조체에서 BC와 FC부재가 만나는 C점에서 모멘트 평형을 취한다.
반력 : $\Sigma M_D = 0$, $-(2 \times 36) - (4 \times 24) + (V_A \times 24) - (4 \times 12) = 0$, $\therefore V_A = 9$
좌측 절단 부분 : $\Sigma M_C = -(2 \times 24) - (4 \times 12) + (9 \times 12) + (F_{EF} \times 9) = 0$, $\therefore F_{EF} = -4/3$

11 ④ 세 개의 부재가 만나는 절점에서 두 개 부재가 직선이면 나머지 한 부재는 "0"부재이고, 이어서 "0"부재를 지우고 다시 세 개 부재가 만나는 절점을 고려하여 산정하면 총 4개이다.

12 ④ 두 개 부재가 만나는 절점에 하중이 없으면 둘 다 "0"부재이고, 세 개의 부재가 만나는 절점에서 두 개 부재가 직선이면 나머지 한 부재는 "0"부재이다. 따라서 ④번의 AB부재는 "0"부재가 아니다.

13 ③ 두 개 부재가 만나는 절점에 하중이 없으면 둘 다 "0"부재이고, 세 개의 부재가 만나는 절점에서 두 개 부재가 직선이면 나머지 한 부재는 "0"부재이다. 이 규칙에 따라 영부재를 찾으면 A 절점에서 만나는 두 부재는 모두 영부재이고, G 절점에서 GC부재가 영부재이며, D절점에서 DH부재가 영부재이고, 또한 B 지점에서는 지점 B의 수직 반력 V_B와 BF부재가 나란하고(AB부재는 영부재이므로) 그곳에 직각으로 연결된 BC부재도 영부재이다. 따라서 "0"부재는 5개이다.

14 ① 세 개의 부재가 만나는 절점에서 두 개 부재가 직선이면 나머지 한 부재는 "0"부재이다. 따라서 "0"부재는 하현재에서 세부재가 만나는 두 절점에서 수직부재가 영부재이며 2개이다.

15 ③ 세 개의 부재가 만나는 절점에서 두 개 부재가 직선이면 나머지 한 부재는 "0"부재이다. 따라서 "0"부재는 U_2 절점에 만나는 수직재와 L_3 절점에 만나는 수직재가 영부재로, 2개이다.

16 ① 두 개 부재가 만나는 절점에 하중이 없으면 둘 다 "0"부재이다. 이 규칙에 따라 C절점에 연결된 두 부재는 모두 부재력이 없는 "0"부재이다. 따라서, BC부재는 영부재이다.

김현
응용역학

🚧 학습의 주안점

제5장 단면의 성질 단원은 매년 꾸준하게 한 두 문제씩 출제되는 단원입니다. 이 단원에서는 단면1차모멘트를 이용한 도심구하기나 임의의 축에서의 단면2차모멘트나 단면계수 구하기, 단면2차반지름 등의 내용들은 직접 문제로 출제되는 경우도 있지만, 다른 단원인 처짐이나 기둥의 좌굴에서 휨강성, 축강성, 세장비 등을 구성하는 주요 항목이므로 잘 기억하도록 합시다. 특히, 여러 단원의 문제에서 많이 활용되는 기본도형의 도심축에 대한 단면2차모멘트는 꼭 기억하도록 합시다.

제1절 개요

제2절 단면의 모멘트

제3절 단면계수 S

제4절 단면2차반경(회전반경) r

제5절 기본 도형의 단면특성값

제6절 비정형 도형, 속빈 도형의 단면특성

CHAPTER 05

단면의 성질

CHAPTER 05 단면의 성질

제1절 개요

1 부재의 단면

(1) 단면은 부재의 자른 면(주로, 축에 수직한 방향으로 자른 면)을 말하며, 단면은 형태 저항적인 특성을 갖고 있어 방향에 따라 그 특성이 달라진다. 단면의 특성 단원에서 이러한 특성을 파악하여 구조 요소(부재)의 지지 특성에 부합되도록 단면을 선정한다.

2 단면의 중심과 도심

(1) 단면에서 중심이란 무게중심을 말하며, 도심이란 기하학적 중심을 말한다.
(2) 보통(두께 균일)은 중심과 도심이 일치하나, 밀도가 일정하지 않은 경우는 달라진다.

제2절 단면의 모멘트

1 단면1차모멘트 G

(1) **정의**: 어떤 단면에서 (미소면적)과 (구하고자 하는 축에서 미소면적까지의 거리)를 곱하여 전체 단면에 대해 적분한 것을 말한다.
(면적×거리)

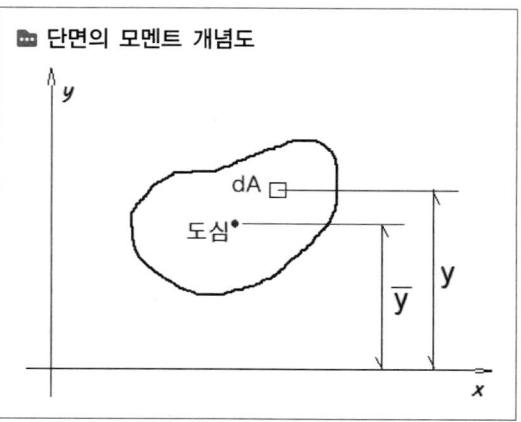

■ 단면의 모멘트 개념도

$$G_x = \int y\, dA = A\bar{y}$$

here, $\bar{y}$: 구하려는 축에서 도심까지의 거리

① 단면의 도심축에 대하여 $G_X = 0$ 이다.
② 주로 도심까지의 거리($\bar{y}$)를 구하는데 이용

$\Rightarrow \bar{y} = \dfrac{G_x}{A}$

연습문제

그림과 같은 단면에서 x축으로부터 도심 G까지의 거리 y_0는?

① 3.6h
② 3.8h
③ 4.0h
④ 4.2h

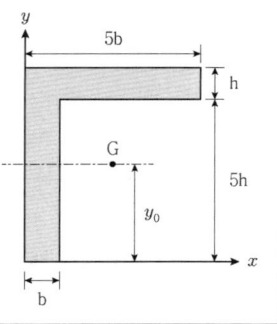

② 단면2차모멘트 I

(1) **정의**: 어떤 단면에서 (미소면적)과 (구하고자 하는 축에서 미소면적까지의 거리의 제곱)을 곱하여 전체 단면에 대해 적분한 것을 말한다. (면적×거리의 제곱: 항상 양의 값)

$$I_x = \int y^2 dA$$

(2) **단면2차모멘트의 특성**
  ① 단면2차모멘트의 최소값 = 도심에 대한 값 ⇨ (I_X)
  ② 단면2차모멘트는 항상 양의 값을 갖는다. (∵ 거리의 제곱 형태)

(3) **축의 변화에 따른 단면2차모멘트** ⇨ 평행축정리 이용
  ① 평행축정리: 임의의 축(x)에서의 단면2차모멘트(I_x)는 도심축의 단면2차모멘트 I_X 에 $A\overline{y}^2$ 을 더한 값이다.

$$I_x = I_X + A\overline{y}^2 \quad (\text{here, } I_X : \text{도심축에 대한 단면2차모멘트})$$

(4) **단면2차모멘트의 활용**
  ① 보의 휨 강성을 나타내며 휨강성은 처짐 등을 구하는데 사용된다.
  ※ 휨 강성=EI (휨변형에 저항하는 성질)

(5) **직사각형단면의 단면2차모멘트 I 값**
  ① 직사각형의 도심축(X)에 대한 단면2차모멘트

$$I_X = \frac{bh^3}{12}$$

  ② 밑변(x)에 대한 단면2차모멘트

$$I_x = I_X + A\overline{y}^2 = \frac{bh^3}{12} + (bh)(\frac{h}{2})^2 = \frac{bh^3}{3}$$

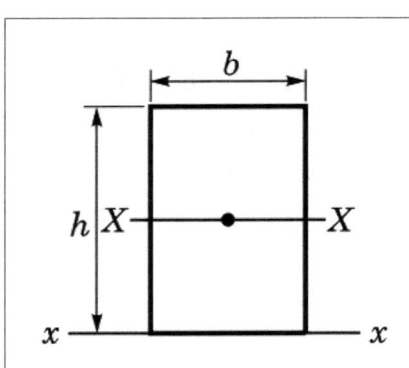

❸ 단면상승모멘트 I_{xy}

(1) **정의**: 임의 단면에 대해 미소면적(dA)과 x축 및 y축에서 미소면적까지의 거리(x 및 y)를 서로 곱하여 전 단면에 대해 적분한 값(I_{xy})이다.

$$I_{xy} = \int xy\, dA \quad (\text{※ 대칭축에 대한 } I_{xy} = 0)$$

❹ 단면2차극모멘트 I_p

(1) **정의**: 임의 단면에 대해 미소면적(dA)과 극점(z축) p에서 미소면적까지의 거리(ρ)의 제곱을 곱하여 전 단면에 대해 적분한 값(I_p)이다.

$$I_p = \int_A \rho^2\, dA = I_x + I_y$$
here, ρ : 극점(z축, 원점)에서 미소면적까지의 거리

(2) **단면2차극모멘트의 특성**

① 단면2차극모멘트(I_p)는 좌표축의 회전에 관계없이 항상 일정하다.

$$I_p = \int \rho^2\, dA \quad (\text{※ } I_p = I_x + I_y)$$

제3절 단면계수 S

❶ 단면계수 S

(1) 단면계수(S)는 단면2차모멘트를 상 하 연단거리로 나눈 값이다.

$$S_x = \frac{I_x}{y}$$

[주] 연단거리(edge distance) : 고려하는 위치(중심, 도심, 축선 등)에서 부재 끝면까지의 거리를 말한다.

(2) **단면계수의 활용**

① 보의 설계시 휨응력에 따른 단면 결정에 사용

(3) 주요 단면의 단면계수

① 직사각형 단면 $S_X = \dfrac{I_X}{y_1} = \dfrac{bh^3/12}{h/2} = \dfrac{bh^2}{6}$

② 원형 단면 $S_X = \dfrac{I_X}{y_1} = \dfrac{\pi d^4/64}{d/2} = \dfrac{\pi d^3}{32}$

제4절 단면2차반경(회전반경) r

1 단면2차반경 r

(1) 단면2차반경(r)은 단면2차모멘트를 단면적으로 나눈값의 제곱근이다. (=회전반경)

$$r_x = \sqrt{\dfrac{I_x}{A}}$$

(2) 단면2차반경(r)은 기둥의 세장비를 나타내는 데 사용되고, 이 값은 기둥의 좌굴과 관계된다.

(3) 원형 단면(지름 D, 반지름 R)의 단면2차반경

$$r_x = \sqrt{\dfrac{I_x}{A}} = \sqrt{\dfrac{\pi D^4/64}{\pi D^2/4}} = \dfrac{D}{4} = \left(\dfrac{R}{2}\right)$$

제5절 기본 도형의 단면특성값

구분	삼각형	직사각형	원형
I_X (도심축에 대한 I)	$\dfrac{bh^3}{36}$	$\dfrac{bh^3}{12}$	$\dfrac{\pi r^4}{4}, \dfrac{\pi d^4}{64}$
I_x (밑변에 대한 I)	$\dfrac{bh^3}{12}$	$\dfrac{bh^3}{3}$	$\dfrac{5\pi r^4}{4}, \dfrac{5\pi d^4}{64}$
S_x (단면계수)	$\dfrac{bh^2}{12}$	$\dfrac{bh^2}{6}$	$\dfrac{\pi r^3}{4}, \dfrac{\pi d^3}{32}$
$\overline{y}$ (밑변~도심 거리)	$\dfrac{1}{3}h$	$\dfrac{1}{2}h$	$r = \dfrac{1}{2}d$

제6절 비정형 도형, 속빈 도형의 단면특성

(1) 기본도형에서 중첩의 원리를 이용한다.

(2) 기본도형(사각형, 삼각형, 원 등)이용하여 더하거나 뺀다.

(3) 아래와 같은 도형의 단면 특성 값은 밖의 사각형 부분에서 안쪽의 원 부분을 빼서 중첩의 원리로 구한다.

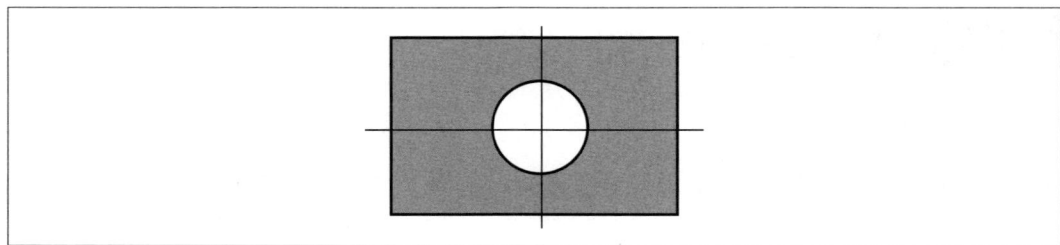

CHAPTER 05 단원 기본 문제

01 단면의 성질에 관한 설명으로 옳지 않은 것은? 07 국

① 단면2차모멘트는 항상 양(+)의 값이다.
② 동일 단면적의 도심축에 대한 단면2차모멘트는 정삼각형이 정사각형보다 크다.
③ 대칭축은 항상 주축이다. 그러나 주축이 항상 대칭축인 것은 아니다.
④ 단면1차모멘트는 그 단면의 도심축에 대한 값이 최대이다.

02 다음과 같이 밑변 R과 높이 H인 직각삼각형 단면이 있다. 이 단면을 y축 중심으로 360도 회전시켰을 때 만들어지는 회전체의 부피는? 15 지

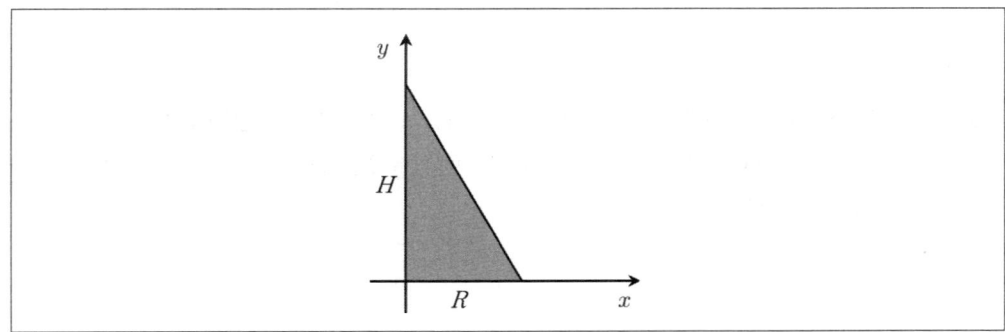

① $\dfrac{\pi R^2 H}{6}$ ② $\dfrac{\pi R^2 H}{4}$ ③ $\dfrac{\pi R^2 H}{3}$ ④ $\dfrac{\pi R^2 H}{2}$

03 그림과 같이 빗금친 단면의 도심이 x축과 평행한 직선 A-A를 통과한다고 하면, x축으로부터의 거리 c의 값은? 17 국

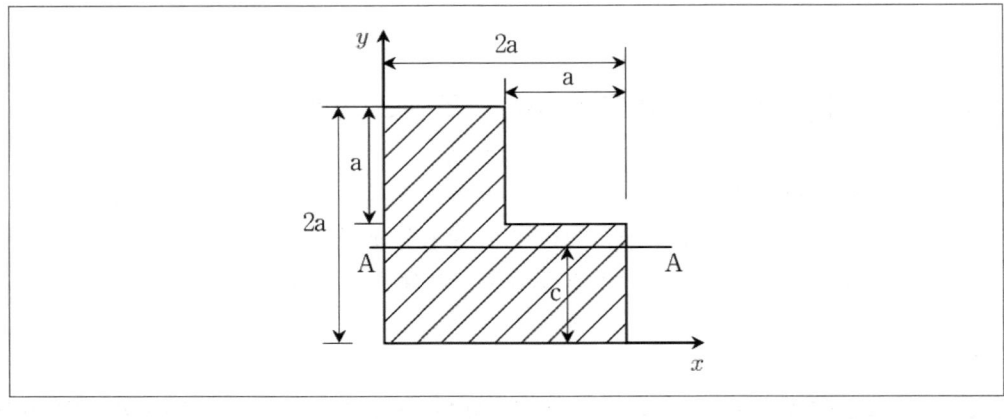

① $\dfrac{3}{4}a$ ② $\dfrac{4}{5}a$ ③ $\dfrac{5}{6}a$ ④ $\dfrac{6}{7}a$

04 그림과 같이 두 개의 재료로 이루어진 합성 단면이 있다. 단면 하단으로부터 중립축까지의 거리 C [mm]는? (단, 각각 재료의 탄성계수는 $E_1 = 0.8 \times 10^5$ MPa, $E_2 = 3.2 \times 10^5$ MPa이다) 19 지

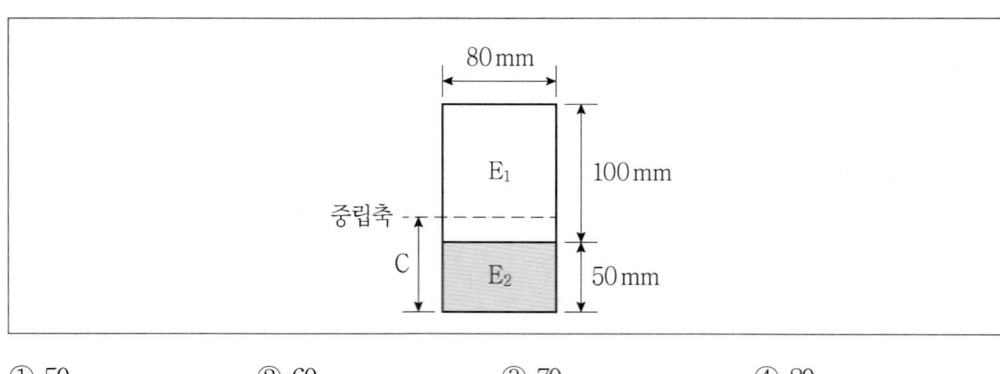

① 50 ② 60 ③ 70 ④ 80

05 그림과 같이 변의 길이가 r인 정사각형에서 반지름이 r인 (1/4)원을 뺀 나머지 부분의 x축에서 도심까지의 거리 y는? [18 국]

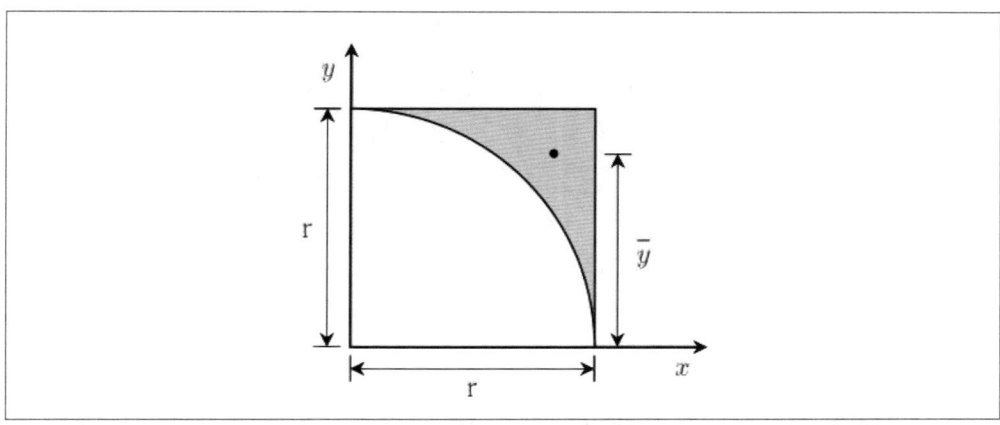

① $\dfrac{2r}{3(4-\pi)}$ ② $\dfrac{3r}{4(4-\pi)}$ ③ $\dfrac{(3\pi-4)r}{3\pi}$ ④ $\dfrac{(\pi-1)r}{\pi}$

06 그림과 같은 음영 부분 A단면에서 $x-x$축으로부터 도심까지의 거리 y는? [19 지]

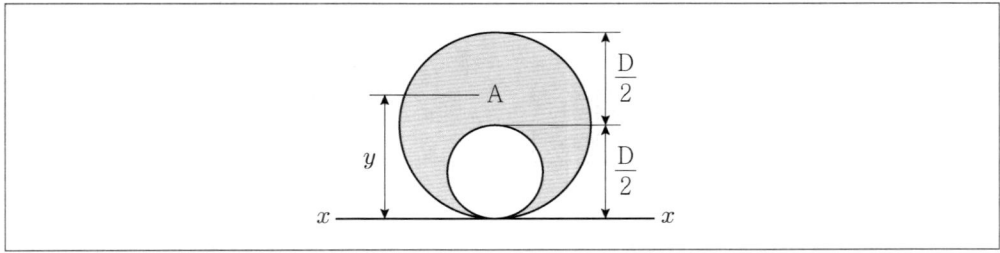

① $\dfrac{5D}{12}$ ② $\dfrac{6D}{12}$ ③ $\dfrac{7D}{12}$ ④ $\dfrac{8D}{12}$

07 다음과 같은 단면에서 x축에 대한 도심의 y좌표값은? [12 국]

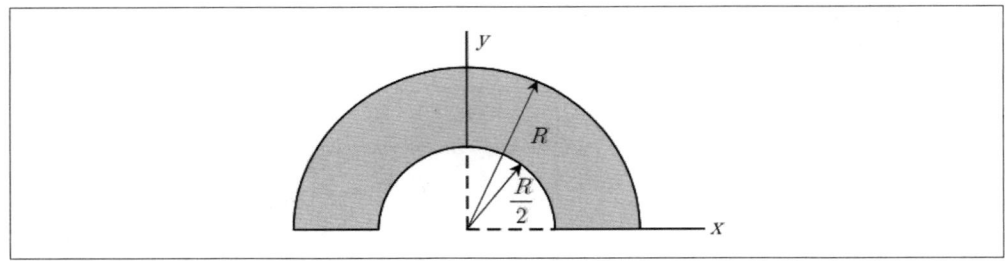

① $\dfrac{9R}{14\pi}$ ② $\dfrac{14R}{9\pi}$ ③ $\dfrac{15R}{8\pi}$ ④ $\dfrac{8R}{15\pi}$

08 그림과 같이 동일한 사각형이 각각 다른 위치에 있을 때, 사각형 A, B, C의 x축에 관한 단면2차모멘트의 비($I_A : I_B : I_C$)는? [18 국]

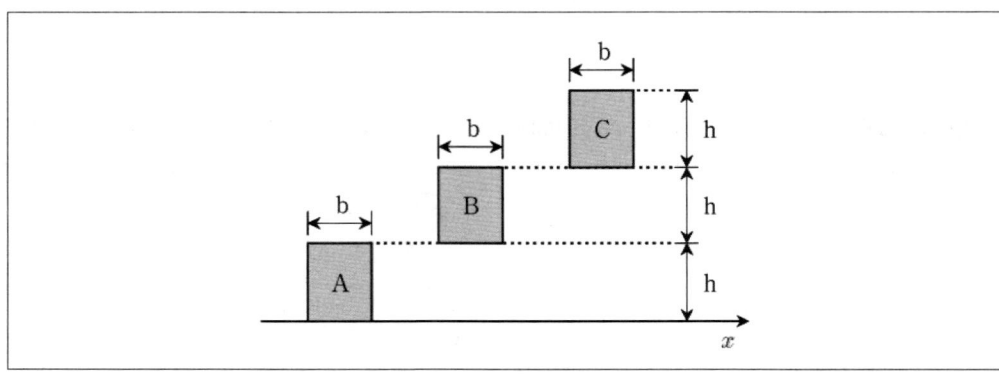

① 1 : 4 : 19 ② 1 : 4 : 20 ③ 1 : 7 : 19 ④ 1 : 7 : 20

09 그림과 같이 임의의 형상을 갖고 단면적이 A인 단면이 있다. 도심축($x_0 - x_0$)으로부터 d만큼 떨어진 축($x_1 - x_1$)에 대한 단면2차모멘트가 I_{x1}일 때, 2d만큼 떨어진 축($x_2 - x_2$)에 대한 단면2차모멘트 값은? 19 국

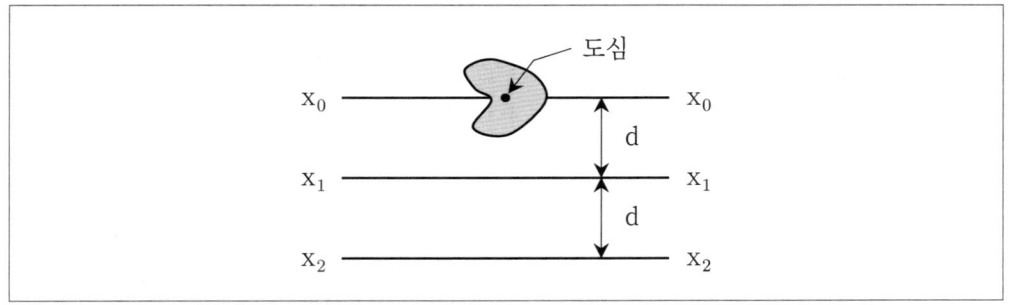

① $I_{x1} + Ad^2$ ② $I_{x1} + 2Ad^2$ ③ $I_{x1} + 3Ad^2$ ④ $I_{x1} + 4Ad^2$

10 다음과 같은 도형의 x축에 대한 단면2차모멘트는? 13 지

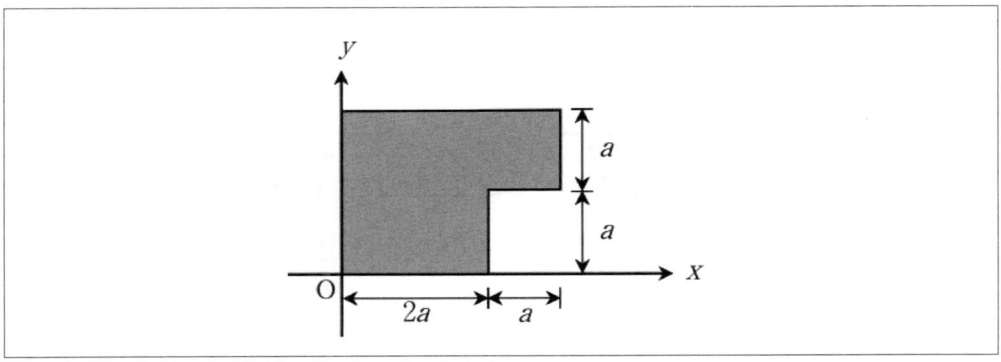

① $\dfrac{23\,a^4}{3}$ ② $\dfrac{25\,a^4}{3}$ ③ $\dfrac{23\,a^4}{12}$ ④ $\dfrac{25\,a^4}{12}$

11 그림과 같이 빗금 친 단면의 x축에 대한 단면2차모멘트[mm^4]는? (단, x축과 y축의 단위는 mm이다) 22 국

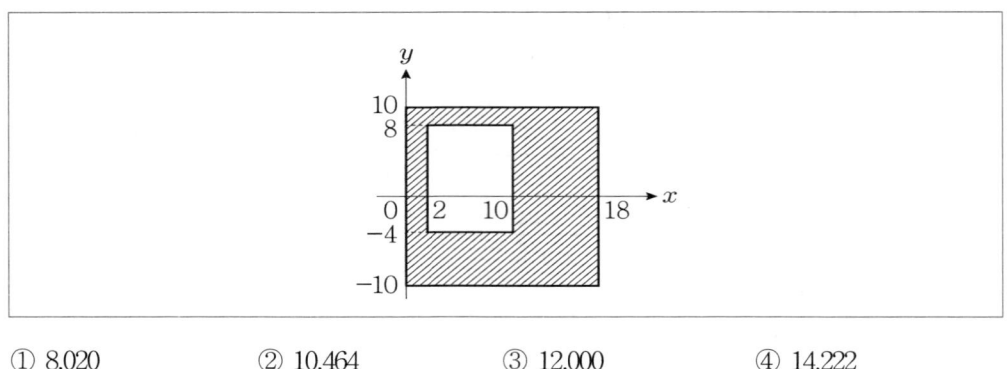

① 8,020 ② 10,464 ③ 12,000 ④ 14,222

12 다음과 같은 원형, 정사각형, 정삼각형이 있다. 각 단면의 면적이 같을 경우 도심에서의 단면2차모멘트(Ix)가 큰 순서대로 바르게 나열한 것은? 15 지

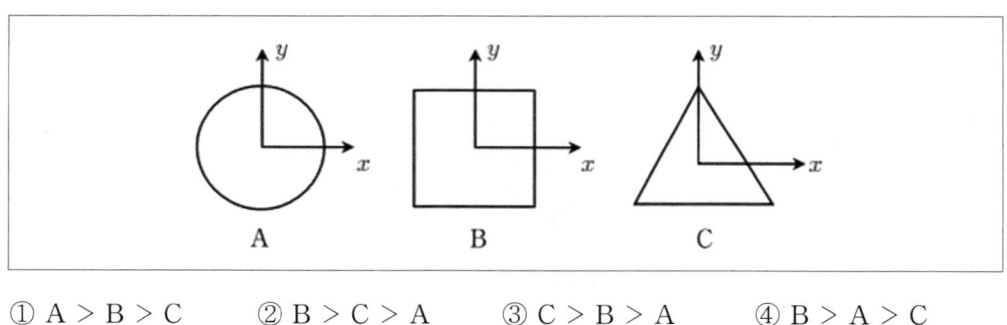

① A > B > C ② B > C > A ③ C > B > A ④ B > A > C

13 다음과 같이 정사각형단면(그림 1)과 원형단면(그림 2)의 면적이 동일한 경우, 정사각형단면의 단면계수(S_1)와 원형단면의 단면계수(S_2)의 비율(S_1/S_2)은? 14 지

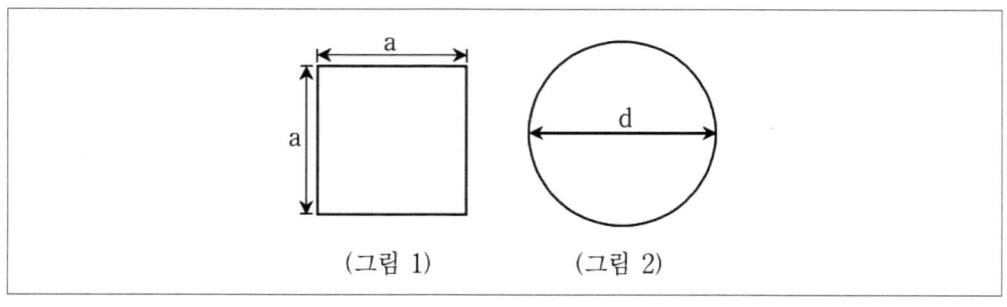

① $\dfrac{2\sqrt{\pi}}{3}$ ② $\dfrac{3}{4\sqrt{\pi}}$ ③ $\dfrac{4\sqrt{\pi}}{3}$ ④ $\dfrac{3}{2\sqrt{\pi}}$

정답 및 해설

01 ④ 02 ③ 03 ③ 04 ① 05 ① 06 ③ 07 ② 08 ③ 09 ③ 10 ① 11 ②
12 ③ 13 ①

01 ④ 도심축에 대한 단면1차모멘트는 "0"이다.

02 ③ 파푸스의 정리에 따라, 단면의 면적과 회전축에서의 도심거리, 회전각을 곱하면 부피가 된다.
$$V = A\bar{y}\theta = (\frac{RH}{2})(\frac{1}{3}R)(2\pi) = \frac{\pi R^2 H}{3}$$

03 ③ 주어진 도형의 x축에 대한 도심의 거리는 단면1차모멘트를 이용한 도심거리 식에서 아래부분 긴 직사각형의 값에서 윗 부분 작은 정사각형의 값을 더해서 중첩의 원리로 구하거나, 전체 면적을 포괄하는 큰 정사각형의 값에서 작은 정사각형의 값을 빼서 중첩의 원리로 구한다. (면적 대신 면적비 1 : 2 이용)
$$c = \Sigma\frac{G_i}{A_i} = \frac{G_1 + G_2}{A_1 + A_2} = \frac{(1 \times 3a/2) + (2 \times a/2)}{1+2} = \frac{5}{6}a$$

04 ① 주어진 단면에서 탄성계수가 서로 다르므로, 도심을 구하기 위한 단면적 산정시에 탄성계수를 곱하여 산정하고, 도형의 x축에 대한 도심 거리는 두 사각형을 중첩하여 다음과 같이 구한다. (면적비 1 : 2 사용)
$$\bar{y} = \frac{\Sigma Gx}{\Sigma(AE)} = \frac{(1 \times 100) + (2 \times 25)}{1+2} = 50$$

05 ① 주어진 도형의 x축에 대한 도심의 거리는 전체를 감싸는 정사각형의 값에서 그 속의 1/4 원의 값을 빼서(면적 대신 면적비 4 : π 사용) 중첩의 원리로 구한다. 반원의 도심=(4r/3π)
$$\bar{y} = \frac{\Sigma G_{xi}}{\Sigma A_i} = \frac{(4 \times r/2) - (\pi \times 4r/3\pi)}{4 - \pi} = \frac{2r}{3(4-\pi)}$$

06 ③ 주어진 도형의 x축에 대한 도심의 거리는 단면1차모멘트를 이용한 도심거리 식에서 큰 원의 값에서 작은 원의 값을 빼서 (면적 대신 면적비 4 : 1 사용) 중첩의 원리로 구한다.
$$\bar{y} = \frac{\Sigma G_{xi}}{\Sigma A_i} = \frac{(4 \times D/2) - (1 \times D/4)}{4-1} = \frac{7D}{12}$$

07 ② 주어진 도형의 x축에 대한 도심의 거리는 단면1차모멘트를 이용한 도심거리 식에서 큰 반원의 값에서 작은 반원의 값을 빼서 (면적 대신 면적비 4 : 1 사용) 중첩의 원리로 구한다. 반원의 도심=(4R/3π)
$$\bar{y} = \frac{\Sigma G_{xi}}{\Sigma A_i} = \frac{(4 \times 4R/3\pi) - (1 \times 4R/6\pi)}{4-1} = \frac{14R}{9\pi}$$

08 ③ 주어진 도형의 x축에 대한 단면1차모멘트는 평행축정리를 이용하여 구한 후 비교하면 다음과 같다.
$$I_A = \frac{bh^3}{3} : I_B = (\frac{bh^3}{12} + bh \times (\frac{3h}{2})^2) : I_C = (\frac{bh^3}{12} + bh \times (\frac{5h}{2})^2) = \frac{1}{3} : \frac{7}{3} : \frac{19}{3}$$

09 ③ 임의축에 대한 $I_x = I_{x0} + Ay^2$ (I_{x0} : 도심축에 대한 단면2차모멘트)
$I_{x1} = I_{x0} + Ad^2$, $I_{x2} = I_{x0} + A(2d)^2 = I_{x0} + 4Ad^2$ ∴ $I_{x2} = I_{x1} + 3Ad^2$

10 ① 주어진 도형의 x축에 대한 단면2차모멘트는 전체를 포괄하는 큰 사각형(3a*2a)의 값에서 작은 공간 부분(a*a)의 값을 빼서 중첩의 원리로 구한다.
$$I_X = \frac{(3a)(2a)^3}{3} - \frac{(a)(a)^3}{3} = \frac{23a^4}{3}$$

11 ② 주어진 도형의 x축에 대한 단면2차모멘트는 전체를 포괄하는 큰 사각형(18*20)의 값에서 작은 공간 부분(8*12)의 값을 빼서 중첩의 원리로 구한다.

$$I_x = \frac{(18)(20)^3}{12} - [\frac{(8)(12)^3}{12} + (8*12)(2^2)] = 12,000 - 1,536 = 10,464$$

12 ③ 각 도형의 도심축에 대한 단면2차모멘트 식으로 상정하여 단면적을 묶어낸 뒤 상호 비교하면.

$$I_A = \frac{\pi d^4}{64} : I_B = \frac{a^4}{12} : I_C = \frac{b*(\sqrt{3}b/2)^3}{36} = (A^2) \times \frac{1}{4\pi} : (A^2) \times \frac{1}{12} : (A^2) \times \frac{\sqrt{3}}{18}$$

=0.0796 : 0.0833 : 0.0962
(※ 면적이 같은 정다각형에서 I값은 내각이 작을수록 크다, △〉□〉○)

13 ① 단면계수 식을 이용하여 비교하며, 면적이 동일하다는 조건에 의해 $A = a^2 = \pi R^2$, ∴ $R = \frac{a}{\sqrt{\pi}}$

$$S_1 = \frac{a^3}{6} : S_2 = \frac{\pi}{4}(\frac{a}{\sqrt{\pi}})^3, \therefore \frac{S_1}{S_2} = \frac{(1/6)}{(1/4\sqrt{\pi})} = \frac{4\sqrt{\pi}}{6}$$

MEMO

김현
응용역학

학습의 주안점

제6장은 응용역학 과목에서 재료역학 분야에 해당하는 내용으로 재료의 마이크로한 거동을 해석하는 부분입니다. 응력과 변형률의 정의 및 응력-변형률의 관계인 후크의 법칙을 이용하여 많은 문제들을 해결할 수 있습니다. 나아가 온도응력과 합성재의 응력 및 미소 요소의 응력상태까지 개념을 확장하여 학습하도록 합니다. 축부재에 축력이 작용할 때의 변형구하기나 양단 고정인 축부재에서 "변형=0"이라는 사실을 이용하여 미지값 구하는 문제, 온도응력과 변형률, 포아송비를 이용한 변수(변형량, 또는 탄성계수 등) 구하기, 보의 응력에서 휨응력과 전단응력 구하기, 합성 부재의 응력 및 모어의 응력원을 이용한 주응력 구하기 등 자주 출제되고 있습니다. 모든 경우를 공식화하여 암기하기보다는 후크의 법칙이라는 기본 개념에서 하나씩 확장하여 여러 가지 주어진 값들을 이용하여 요구하는 값을 찾아나가는 절차에 익숙해지도록 합시다.

제1절 응력과 변형

제2절 응력의 종류

제3절 변형률(strain)

제4절 응력-변형률 관계

제5절 합성재의 응력

제6절 부재의 응력 상태

CHAPTER 06

재료의 역학적 성질

CHAPTER 06 재료의 역학적 성질

제1절 응력과 변형

1 응력(stress)의 정의

(1) 하중(외력)이 작용하면 물체(부재) 내부에 이에 대응하는 힘(부재력, 내력)이 생기는데, 단위면적당 내력의 크기를 응력이라 한다. Force per unit area

$$\sigma = \frac{P}{A} \quad [\text{단위}: \text{Pa},(=\text{N/m}^2)]$$

(2) 재료역학에서 다루는 응력은 수직응력과 전단응력, 휨응력 및 비틀림응력 등이 있다.

2 변형률(strain)

(1) 하중(외력)이 작용하면 물체(부재)는 변형이 생기고 선부재에 대해서는 원래의 길이에 대한 변형된 길이의 비를 변형률이라 한다.

(2) **변형률** ε : 원래길이에 대한 변형된 길이의 비

$$\varepsilon = \frac{\Delta \,(\text{변형된 길이})}{l \,(\text{원래의 길이})}$$

(3) 포아송비

$$\nu = \frac{\varepsilon_2}{\varepsilon_1}$$

here, ε_1 : 힘의 작용방향 변형률
ε_2 : 힘의 작용방향에 수직방향 변형률

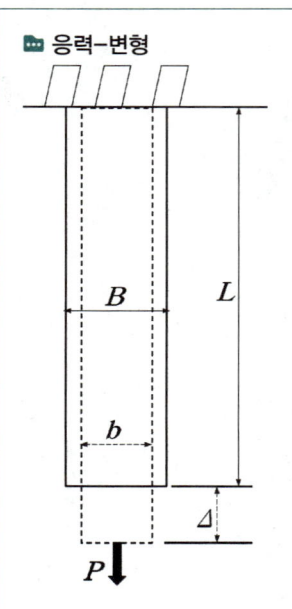

▶ 응력-변형

3 후크의 법칙

(1) 탄성한도 내에서 응력은 변형률에 비례한다.

$$\sigma = E\varepsilon \quad (E : \text{탄성계수, Young계수})$$
$$\Delta = \frac{Pl}{AE}$$

제2절 응력의 종류

1 수직응력

(1) 부재의 축방향으로 힘(축력)이 작용할 때 생기는 응력으로, 단면의 도심에 작용하는 응력이다.

$$\sigma = \frac{P}{A} \ [\text{N/m}^2]$$
here, P : 축력, A : 단면적

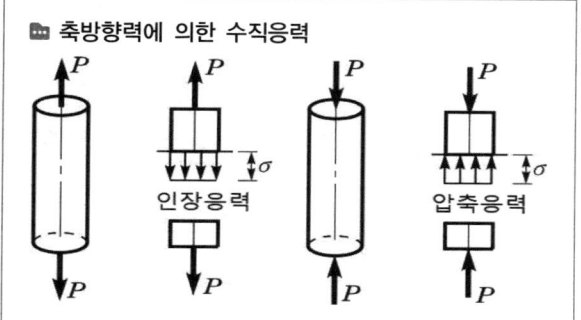

■ 축방향력에 의한 수직응력

인장응력 　　　압축응력

2 전단응력

(1) 부재의 축에 수직한 방향으로 작용하는 힘인 전단력에 대응하여 생기는 응력을 전단응력이라고 하며, 접선응력이라고도 한다.

$$\tau = \frac{V}{A} \ [\text{N/m}^2]$$
here, V : 전단력, A : 부재의 단면적

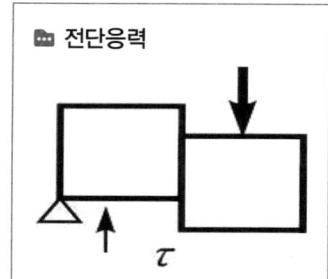

■ 전단응력

(2) **수평전단응력** : 부재의 축에 나란한 방향으로 작용하는 힘인 수평전단력에 대응하여 생기는 응력을 수평전단응력이라고 하며, 다음 식으로 주어진다.

$$\tau = \frac{VQ}{Ib}$$
here, V : 전단력, Q : 단면1차모멘트, I : 단면2차모멘트, b : 부재의 단면 폭

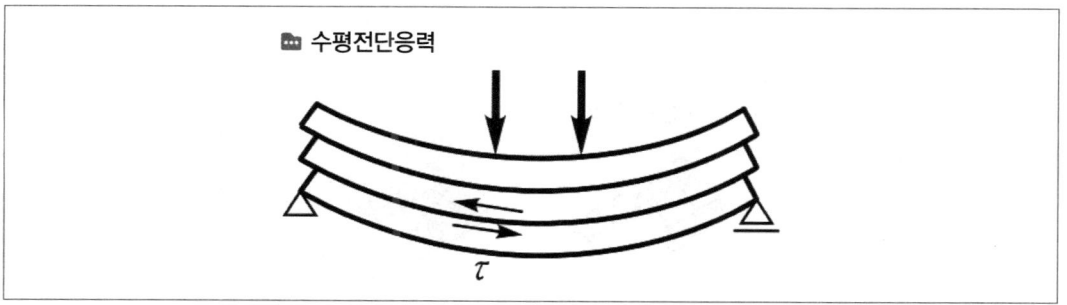

■ 수평전단응력

③ 휨응력

(1) 부재에 하중이 작용하면 부재는 휨모멘트에 의하여 부재의 중립축을 기준으로 인장측은 늘어나고 압축측은 줄어드는 휨이 생기는데, 이 힘에 의하여 발생되는 응력을 휨응력이라 한다.

$$\sigma = \frac{M}{I}y \ [N/m^2]$$

here, M : 휨모멘트, I : 단면2차모멘트, y : 중립축에서 연단거리

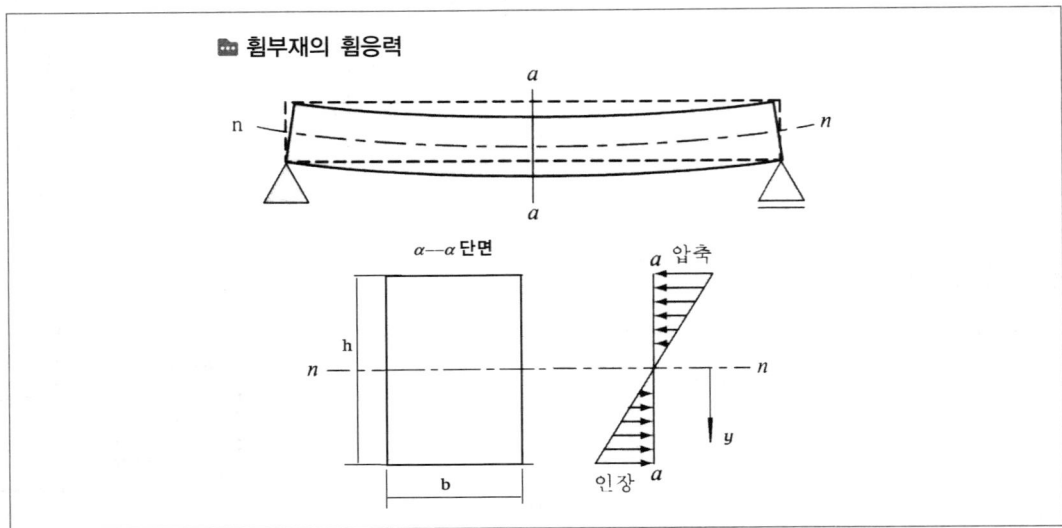

휨부재의 휨응력

④ 비틀림 응력

(1) 비틀림 개요

부재의 축을 중심으로 회전시키는 방향으로 모멘트가 작용하면 이 부재는 비틀림이 생기고, 이에 대응하여 생기는 응력을 비틀림 응력이라 한다. (비틀림응력의 특성은 전단응력과 같다.)

$$\tau = \frac{Tr}{J} \ [N/m^2]$$

here, T : 비틀림모멘트, J : 비틀림상수, r : 반지름

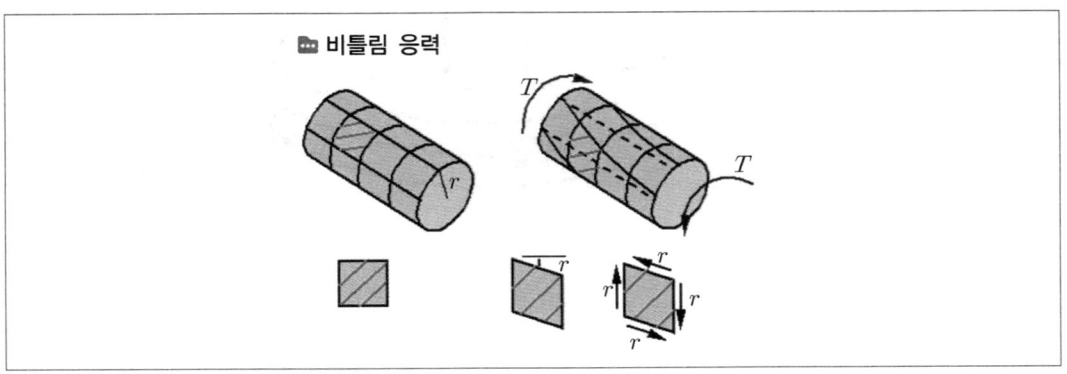

비틀림 응력

(2) **비틀림 상수의 종류**

① 중실 원형 단면의 비틀림 상수: 중실 원형 단면의 경우 비틀림 응력은 중심축에서 '0'이고, 원주 연에서 최대이다.

$$J = I_p \text{ (단면2차극모멘트)} = \frac{\pi r^4}{2} = \frac{\pi D^4}{32}$$

② 중공 원형 단면의 비틀림 상수

$$J = I_p \text{ (단면2차극모멘트)} = \frac{\pi (D^4 - d^4)}{32}$$

here, D: 외경, d: 내경

③ 정사각형 단면의 비틀림 상수

$$J = b^3 t$$

here, b: 변의 길이, t: 두께

④ 직사각형 단면의 비틀림 상수

$$J = \alpha b^3 h$$

here, α: 단면비에 의한 상수, b: 단변의 길이, h: 장변의 길이

⑤ 박육 단면의 비틀림 상수: 두께 t가 아주 작은 단면을 박육단면이라 한다.
  ㉠ 얇은 원형 관의 비틀림 상수: $J = 2\pi r^3$
  ㉡ 얇은 정사각형관의 비틀림 상수: $J = a^3 t$
  ㉢ 얇은 정삼각형 관의 비틀림 상수: $J = \dfrac{b^3 t}{4}$

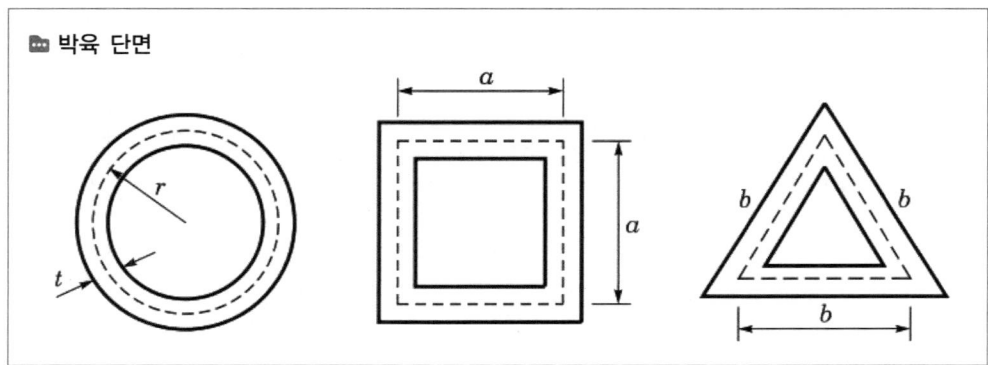

박육 단면

5 온도 응력

(1) 물체는 온도가 올라감에 부피가 증가하게 된다. 이 때 온도 변화(Δt)에 의해 물체 내부에 생기는 응력으로 열응력이라고도 한다.

$$\sigma_t = E\varepsilon = E\alpha \Delta t \ [\text{N/m}^2]$$
here, α : 선팽창계수, $\Delta t = t_2 - t_1$ (온도차)

6 충격 응력

(1) 충격응력이란 갑자기 가하여진 충격하중이 부재(물체)에 일으키는 응력으로, 충격하중은 보통 정하중의 2배로 고려하므로 충격응력은 정하중에 의한 응력의 2배이다. (충격계수 : 2.0)

$$\sigma_i = 2.0\sigma \ [\text{N/m}^2]$$
here, σ_i : 충격응력

제3절 변형률(strain)

1 개요

(1) 부재에 힘이 작용하면 변형이 생기는데, 변형률(ε)은 변형의 정도를 나타내는 양으로 원래길이에 대한 변형된 길이의 비를 말한다. (단위는 무차원)

2 (축)변형률

$$\varepsilon = \frac{\Delta l}{l}$$
here, l : 원래의 길이, Δl : 변형된(늘어난 또는 줄어든)길이

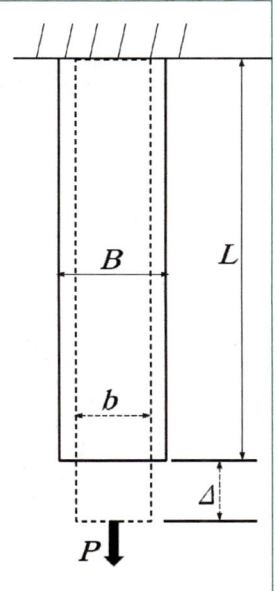

③ 푸아송비

$$\nu = \frac{\varepsilon_2}{\varepsilon_1}$$

here, ① 가력방향(축방향) 변형률: $\varepsilon_1 = \dfrac{\Delta}{L}$

② 가력(축) 수직방향 변형률: $\varepsilon_2 = \dfrac{\Delta b}{B}$, ($\Delta b = B - b$)

④ 전단 변형률

$$\gamma = \frac{\Delta}{L}$$

here, L : 부재의 전단 span 길이, Δ : 전단변형된 길이
(변형각 ϕ가 작을 경우 $\tan\phi \approx \phi$)

⑤ 휨 변형률

$$\varepsilon = \frac{y}{\rho} = \kappa y$$

here, ρ : 곡률반지름, y : 중립축에서 연단거리, κ : 곡률

⑥ 온도 변형률

$$\varepsilon = \alpha\, \Delta t \ \ [\text{N/m}^2]$$

here, α : 선팽창계수(1/℃), $\Delta t = t_2 - t_1$: [온도차(℃)]

⑦ 체적 변형률

(1) 체적 변형률은 선변형률의 3배로 본다.

$$\varepsilon_v = 3\,\varepsilon_x$$

제4절 응력-변형률 관계

① 응력-변형률 선도

(1) 탄성영역과 (항복), 소성영역, 변형도경화영역, (네킹) 파괴영역으로 구분

(2) **소성영역**: 변형률이 하중제거 후에도 회복되지 않고 변형이 잔존(잔류변형)

(3) **변형도경화 영역**: 항복점에 지난후 변형의 진행에 따라서 응력이 완만히 증대하는 영역

(4) **네킹(necking)**: 시험편 단면이 국부적으로 수축하는 현상

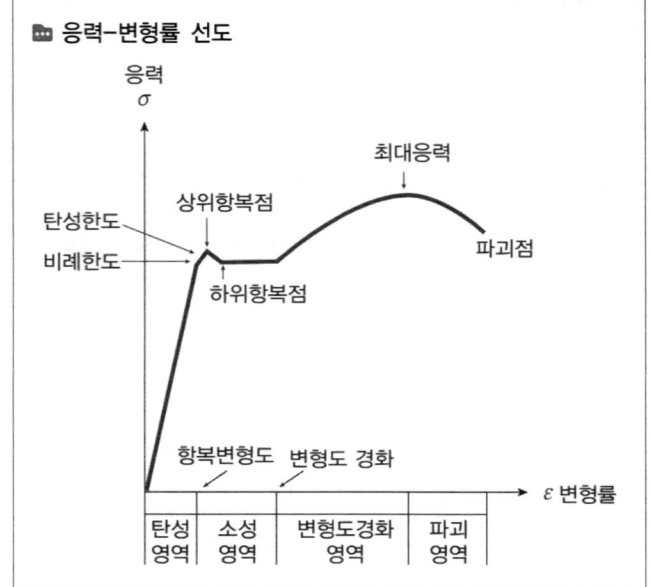

응력-변형률 선도

② 탄성계수(E)(Young 계수)

(1) **탄성계수(Modulus of Elasticity)**: 응력-변형률 곡선에서 초기 직선부(비례한도)의 기울기를 말하며, 후크의 법칙(Hooke's law)에서 응력과 변형률간의 비례상수이다.

(2) **후크의 법칙**
   ① $\sigma = E\varepsilon$
   ② 재료의 탄성 한계 내에서 변형률은 응력에 비례한다는 법칙
   ③ 탄성한도 내에서 전단응력은 전단변형률에 비례한다.
   ④ $\tau = G\gamma$ (G: 전단탄성계수)

③ E와 G 사이의 관계

(1) 전단탄성계수와 탄성계수 사이의 관계는 다음과 같이 ν에 반비례하는 식으로 표현된다.

$$G = \frac{E}{2(1+\nu)}$$

제5절 합성재의 응력

1 합성재의 거동

(1) 철근콘크리트 부재와 같이 두 가지 이상의 재료가 하나의 부재를 구성하여 하중을 받을 때, 두 부재가 일체로 거동한다. (즉, 변형이 같다.)

(2) 이 부재에서 각각의 재료에 생기는 응력을 구하면,

$$P = P_1 + P_2$$
$$= \sigma_1 A_1 + \sigma_2 A_2$$
$$= E_1 \varepsilon A_1 + E_2 \varepsilon A_2$$

$$\varepsilon = \frac{P}{(A_1 E_1 + A_2 E_2)}$$

$$\sigma_1 = E_1 \varepsilon = \frac{P E_1}{(A_1 E_1 + A_2 E_2)}$$

$$\sigma_2 = E_2 \varepsilon = \frac{P E_2}{(A_1 E_1 + A_2 E_2)}$$

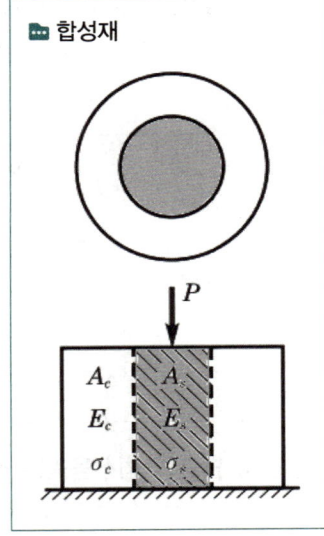

▶ 합성재

2 합성재의 환산 단면적

(1) 철근콘크리트 부재에서 철근과 콘크리트 단면에서 철근의 단면적을 콘크리트로 환산하여 사용하기 위해 탄성계수비를 사용하여 다음 식과 같이 환산한다.

(2) **탄성계수비**: $n = \dfrac{E_s}{E_c}$

$$\sigma_c = \frac{P}{A_c + n A_s}$$

$$\sigma_s = \frac{nP}{A_c + n A_s}$$

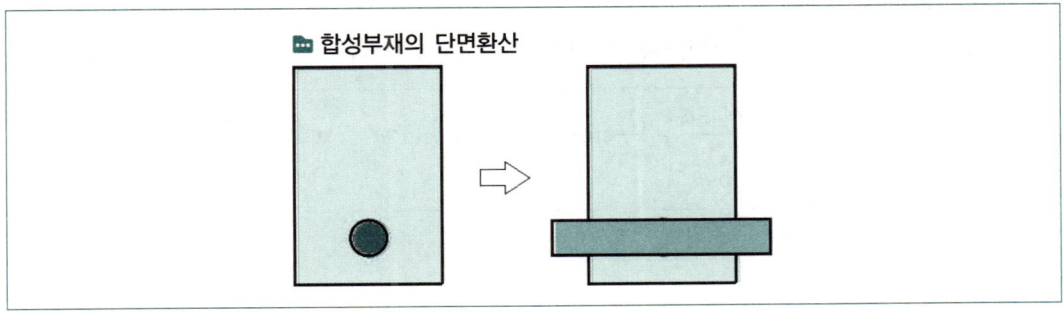

▶ 합성부재의 단면환산

제6절 부재의 응력 상태

1 1축응력(단축 응력) 상태

(1) **1축 응력(uni-axial stress)**

① 재료의 한 축방향으로만 작용하는 응력을 1축(단축) 응력이라 한다.

② 응력

$$\sigma_x = E\varepsilon_x = \frac{P}{A}$$

③ 변형률

$$\varepsilon_x = \frac{\Delta l}{l}$$

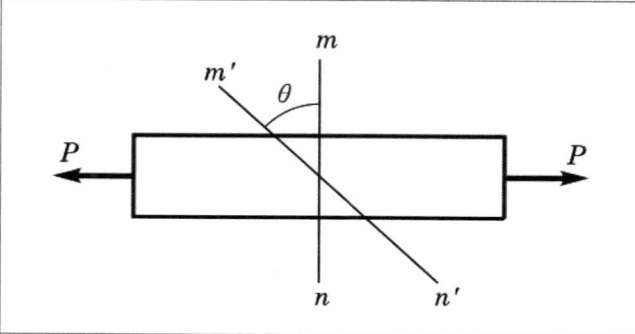

(2) **경사 단면의 법선응력(수직응력)**

① 축방향하중 P가 작용할 때, 중립축에 수직인 단면 $m-n$에서는 위와 같이 σ_x인 수직응력이 작용한다. 이 때 θ만큼 경사진 $m'-n'$단면에 작용하는 수직응력은 다음과 같다.

$$\sigma_n = \frac{N}{A'} = \frac{P\cos\theta}{\left(\dfrac{A}{\cos\theta}\right)} = \sigma_x \cos^2\theta$$

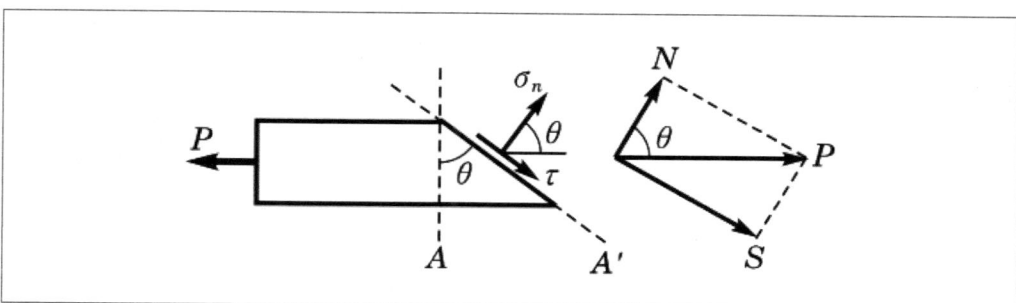

(3) **경사 단면의 전단응력**

① 경사진 $m'-n'$단면에 작용하는 전단응력은 다음과 같다.

$$\tau = \frac{S}{A'} = \frac{P\sin\theta}{\left(\dfrac{A}{\cos\theta}\right)} = \frac{P}{A}\sin\theta\cos\theta = \frac{P}{2A}\sin 2\theta \quad (\text{※ } \sin 2\theta = 2\sin\theta\cos\theta)$$

❷ 2축응력 상태

(1) **2축 응력(biaxial stress)** : σ_x, σ_y

① 두 축(x, y) 방향으로 응력만 존재하고 나머지 한 축(z) 방향의 응력 성분은 0인 응력 상태를 2축 응력이라 한다.

② 2축응력 상태의 변형률

$$\varepsilon_x = \frac{1}{E}(\sigma_x - \nu\sigma_y)$$

$$\varepsilon_y = \frac{1}{E}(\sigma_y - \nu\sigma_x)$$

$$\varepsilon_z = \frac{1}{E}(-\nu\sigma_x - \nu\sigma_y)$$

위의 세 식을 연립하여 σ_x, σ_y를 구할 수 있다.

③ 응력

$$\sigma_x = \frac{E}{1-\nu^2}(\varepsilon_x + \nu\varepsilon_y)$$

$$\sigma_y = \frac{E}{1-\nu^2}(\varepsilon_y + \nu\varepsilon_x)$$

④ 체적변형률

$$\varepsilon_v = \frac{\Delta V}{V} = \varepsilon_x + \varepsilon_y + \varepsilon_z = \frac{1-2\nu}{E}(\sigma_x + \sigma_y)$$

(2축 응력 상태이므로 z축 방향 힘은 '0'이다.)

(2) **경사각 θ 인 단면의 응력**

① 수직응력

$$\sigma_\theta = \frac{1}{2}(\sigma_x + \sigma_y) + \frac{1}{2}(\sigma_x - \sigma_y)\cos 2\theta$$

② 전단응력

$$\tau_\theta = \frac{1}{2}(\sigma_x - \sigma_y)\sin 2\theta$$

③ 모아의 원(Mohr's circle)

(1) 평면응력 상태에 있는 물체 안의 한 점에 일어나는 수직응력과 전단응력 사이의 관계를 나타내는 응력원으로 횡축에는 수직응력을 종축에 전단응력을 표현한다.

(2) 평면응력 상태의 경우는 횡축상의 중심을 갖는 하나의 원이 된다.

(3) 3차원의 경우는 서로 접하는 3개의 원이 된다.

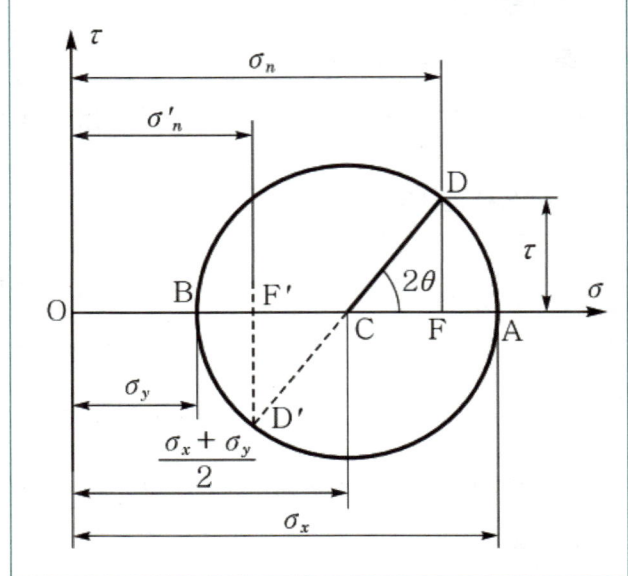

④ 3축응력 상태

(1) 3축 응력(triaxial stress) : $\sigma_x, \sigma_y, \sigma_z$

① 서로 직교하는 3방향으로 작용하는 수직 응력을 3축응력이라 한다.

② 변형률

$$\varepsilon_x = \frac{1}{E}(\sigma_x - \nu\sigma_y - \nu\sigma_z)$$
$$\varepsilon_y = \frac{1}{E}(\sigma_y - \nu\sigma_x - \nu\sigma_z)$$
$$\varepsilon_z = \frac{1}{E}(\sigma_z - \nu\sigma_x - \nu\sigma_y)$$

③ 응력

$$\sigma_x = \frac{E}{1-\nu^2}(\varepsilon_x + \nu\varepsilon_y)$$

④ 체적변형률

$$\varepsilon_v = \frac{\Delta V}{V} = \varepsilon_x + \varepsilon_y + \varepsilon_z = \frac{1-2\nu}{E}(\sigma_x + \sigma_y + \sigma_z)$$

5 평면응력 상태

(1) **평면 응력(plane stress)** $\sigma_x, \sigma_y, \tau_{xy}$

① 두께가 얇은 판 형태의 구조물에서 하중이 판 면내에 작용할 경우, 두께 방향으로의 응력 성분은 영이 되고 면 내의 응력성분만 존재하는 구조물의 상태를 평면응력이라 한다.

② 수직응력

$$\sigma_\theta = \frac{1}{2}(\sigma_x + \sigma_y) + \frac{1}{2}(\sigma_x - \sigma_y)$$

③ 전단응력

$$\tau_\theta = \frac{1}{2}(\sigma_x - \sigma_y)\sin 2\theta - \tau_{xy}\cos 2\theta$$

(τ_{xy}가 "0"이면 2축응력이 됨)

(2) **주응력 및 주평면**

① 주응력 (최대응력, 최소응력)

$$\sigma_{1,2} = \frac{(\sigma_x + \sigma_y)}{2} \pm \sqrt{\left(\frac{\sigma_x - \sigma_y}{2}\right)^2 + \tau_{xy}^2}$$

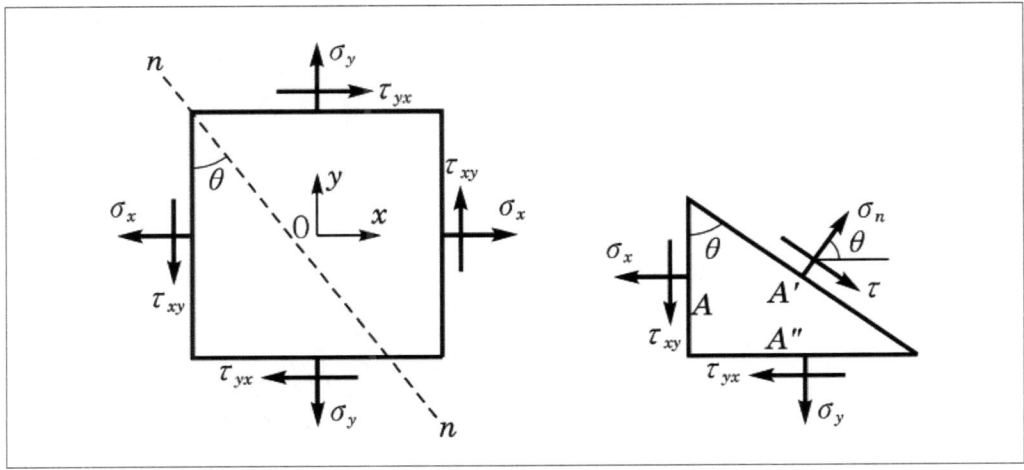

② 최대전단응력

$$\tau_{1,2} = \pm \sqrt{\left(\frac{\sigma_x - \sigma_y}{2}\right)^2 + \tau_{xy}^2}$$

③ 응력원 표시

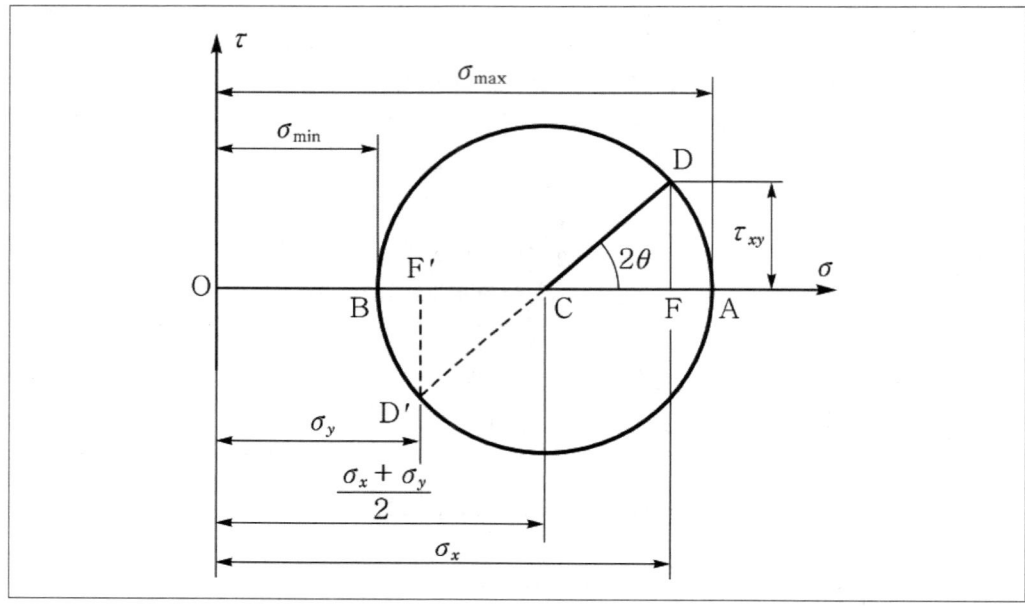

CHAPTER 06 단원 기본 문제

❶ 재료역학 기본 문제

01 단위가 나머지 셋과 다른 것은? 17 국
① 인장 응력   ② 비틀림 응력   ③ 전단 변형률   ④ 철근의 탄성계수

02 재료의 거동에 대한 설명으로 옳지 않은 것은? 19 국
① 탄성거동은 응력−변형률 관계가 보통 직선으로 나타나지만 직선이 아닌 경우도 있다.
② 크리프(creep)는 응력이 작용하고 이후 그 크기가 일정하게 유지되더라도 변형이 시간 경과에 따라 증가하는 현상이다.
③ 재료가 항복한 후 작용하중을 모두 제거한 후에도 남는 변형을 영구변형이라 한다.
④ 포아송비는 축하중이 작용하는 부재의 횡방향 변형률(ϵ_h)에 대한 축방향 변형률(ϵ_v)의 비(ϵ_v/ϵ_h)이다.

03 재료의 응력−변형률 관계에 대한 설명으로 옳지 않은 것은? 24 지
① 모든 탄성재료의 응력−변형률 선도는 직선이다.
② 재료의 탄성계수 단위와 응력의 단위는 동일하다.
③ 연성재료의 경우 항복과 동시에 파괴되지는 않는다.
④ 소성구간에서 하중을 제거하면 영구변형이 발생한다.

04 다음과 같은 응력-변형률 곡선에 관한 설명으로 옳지 않은 것은? 07 국

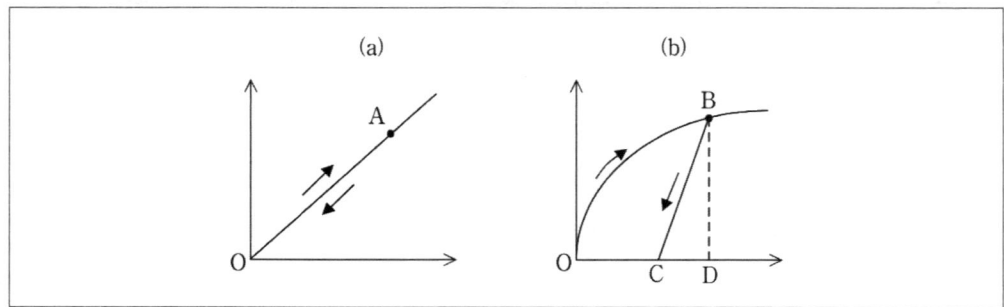

① 그림 (a)에서 하중을 받아 A점에 도달한 후 하중을 제거했을 때 OA곡선을 따라 O점으로 되돌아가는 재료의 성질을 선형 탄성(linear elasticity)이라 한다.
② 그림 (b)에서 하중을 받아 B점에 도달한 후 하중을 제거했을 때 OB곡선을 따라 되돌아가지 않고 BC를 따라 C점으로 돌아가는 재료의 성질을 비선형 탄성(nonlinear elasticity)이라 한다.
③ 그림 (b)에서 B점에 도달한 후 하중을 제거했을 때 발생한 변형률 OC를 잔류변형률(residual strain)이라 하고 변형률 CD를 탄성적으로 회복된 변형률이라 한다.
④ 그림 (b)에서 B점에서 하중을 완전히 제거한 후 다시 하중을 가하면 CB곡선을 따라 응력과 변형률이 발생된다.

05 다음 그림과 같은 구조용 강의 응력-변형률 선도에 대한 설명으로 옳지 않은 것은? 09 국

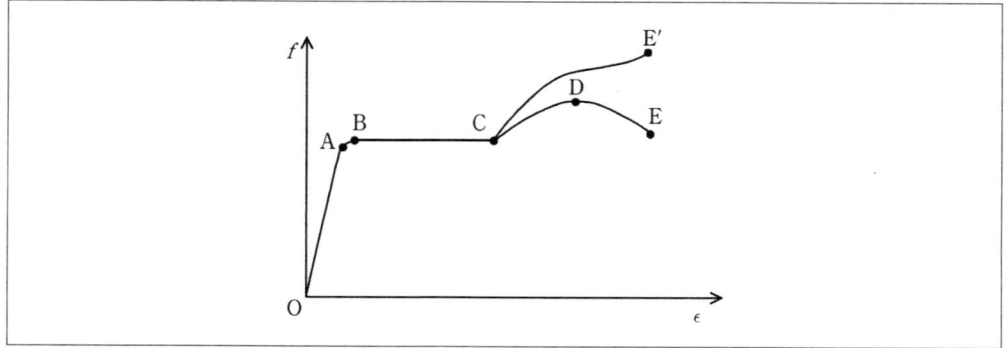

① 직선 OA의 기울기는 탄성계수이며, A점의 응력을 비례한도(Proportional limit)라고 한다.
② 곡선 OABCE'를 진응력-변형률 곡선(True Stress-Strain Curve)이라 하고 곡선 OABCDE를 공학적 응력-변형률 곡선(Engineering Stress-Strain Curve)이라 한다.
③ 구조용 강의 레질리언스(Resilience)는 재료가 소성구간에서 에너지를 흡수할 수 있는 능력을 나타내는 물리량이며 곡선 OABCDE 아래의 면적으로 표현된다.
④ D점은 극한응력으로 구조용 강의 인장강도를 나타낸다.

06 다음 그림과 같이 단면적을 제외한 조건이 모두 동일한 두 개의 봉에 각각 동일한 하중 P가 작용한다. 봉의 거동을 해석하기 위한 두 개 봉의 물리량 중에서 값이 동일한 것은? 09 국

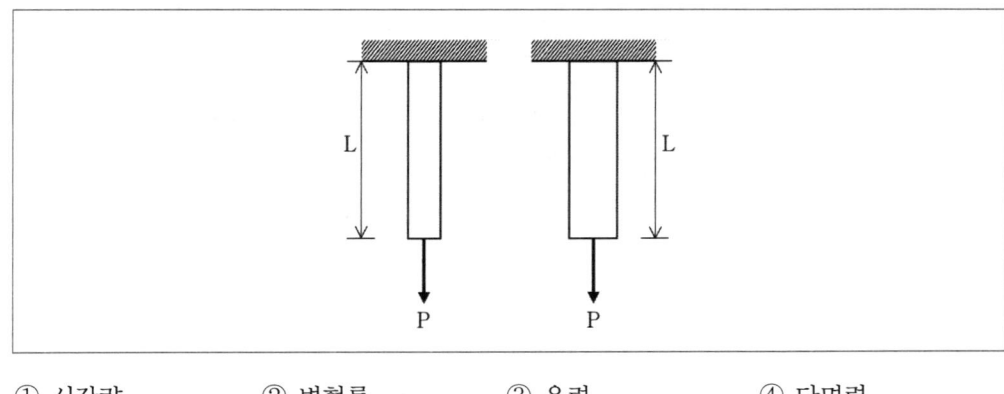

① 신장량　　　② 변형률　　　③ 응력　　　④ 단면력

❷ 축력 부재의 응력 변형

01 다음 그림과 같은 기둥 부재에 하중이 작용하고 있다. 부재 AB의 총 수직방향 길이 변화량(δ)은? (단, 단면적 A와 탄성계수 E는 일정하고, 부재의 자중은 무시한다) 12 지

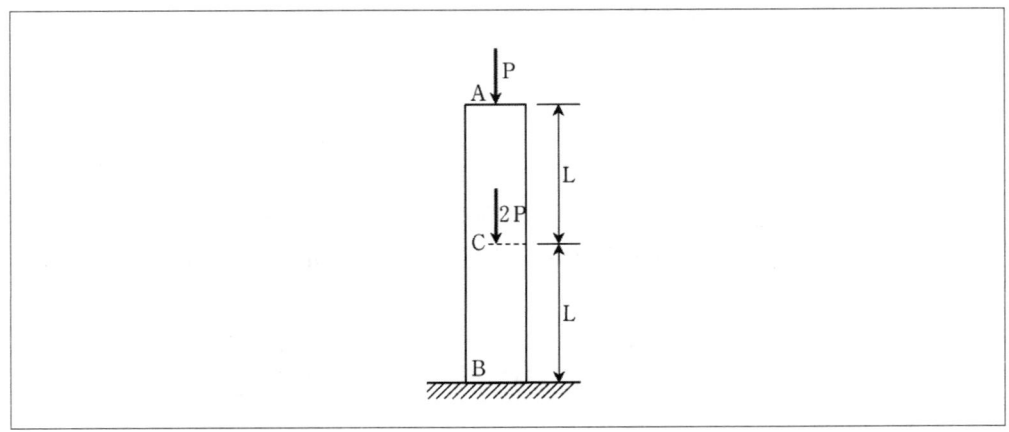

① $\dfrac{PL}{EA}$　　② $\dfrac{2PL}{EA}$　　③ $\dfrac{3PL}{EA}$　　④ $\dfrac{4PL}{EA}$

02 다음과 같이 하중을 받는 강철봉의 전체 길이변화량[mm]은? (단, 강철봉의 탄성계수는 300 GPa이다) 12 국

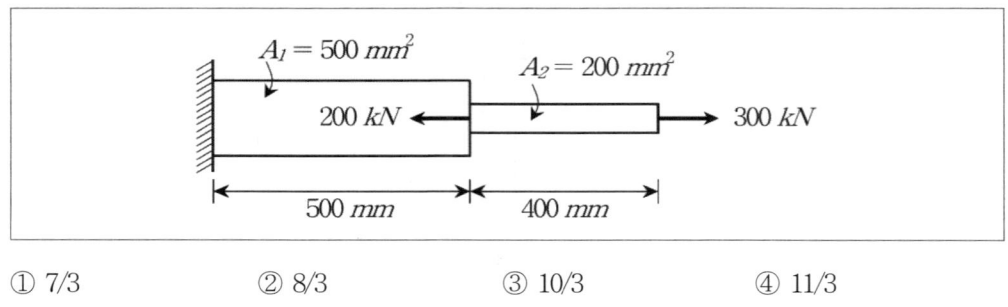

① 7/3 ② 8/3 ③ 10/3 ④ 11/3

03 그림과 같이 축부재의 B, C, D점에 수평하중이 작용할 때, D점 수평변위의 크기[mm]는? (단, 부재의 탄성계수 E=20 MPa이고, 단면적 A=1 m²이며, 부재의 자중은 무시한다) 17-2 지

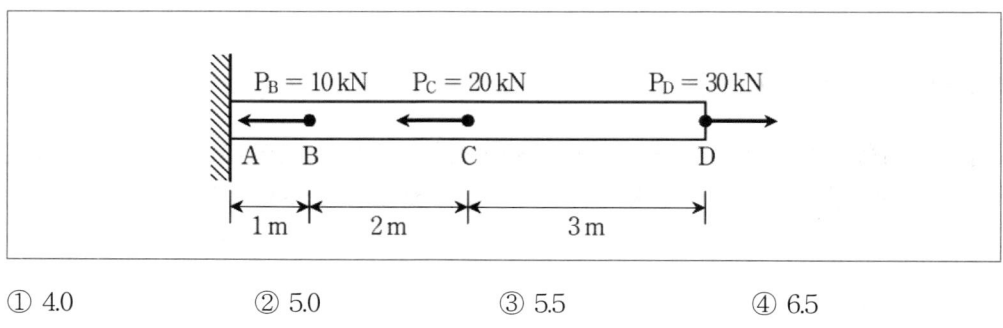

① 4.0 ② 5.0 ③ 5.5 ④ 6.5

04 그림과 같은 봉의 C점에 축하중 P가 작용할 때, C점의 수평변위가 0이 되게 하는 B점에 작용하는 하중 Q의 크기는? (단, 봉의 축강성 EA는 일정하고, 좌굴 및 자중은 무시한다) 18 국

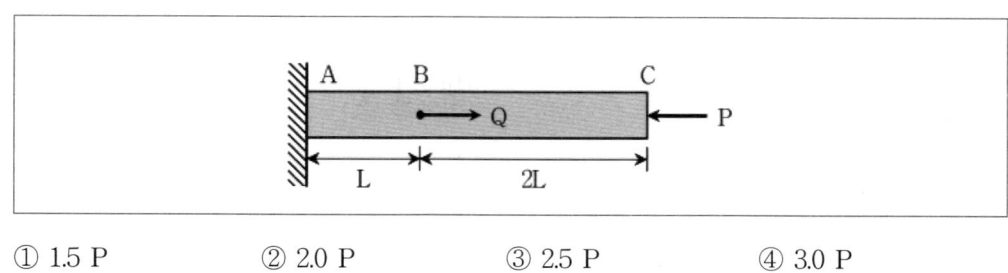

① 1.5 P ② 2.0 P ③ 2.5 P ④ 3.0 P

05 그림과 같이 재료와 길이가 동일하고 단면적이 다른 수직 부재가 축하중 P를 받고 있을 때, A점에서 발생하는 변위는 B점에서 발생하는 변위의 몇 배인가? (단, 구간 AB와 BC의 축강성은 각각 EA와 2EA이고, 부재의 자중은 무시한다) 19 지

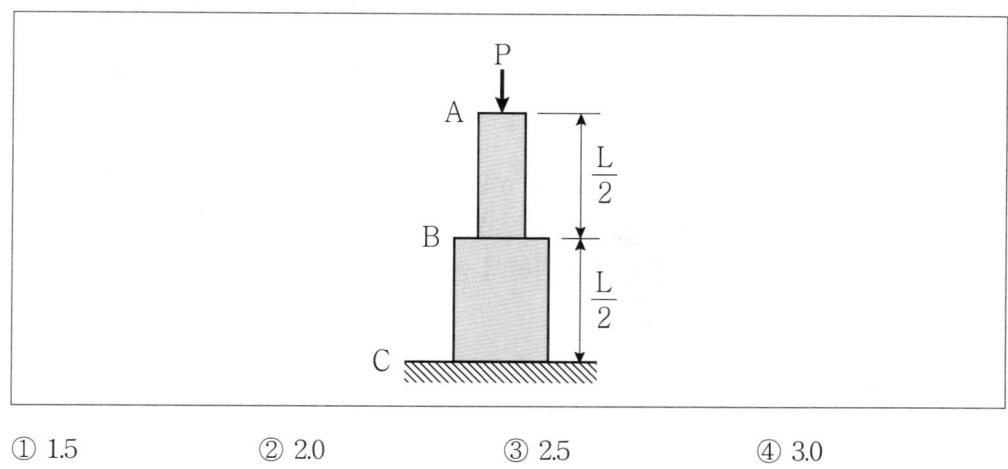

① 1.5   ② 2.0   ③ 2.5   ④ 3.0

06 그림과 같이 축력이 작용하는 봉에서 D점의 축방향 변형량이 $\alpha\left(\dfrac{PL}{EA}\right)$일 때, α의 크기는? (단, 단면적은 구간별로 각각 2A 및 A이고, 탄성계수는 E로 일정하며, 자중은 무시한다) 25 지

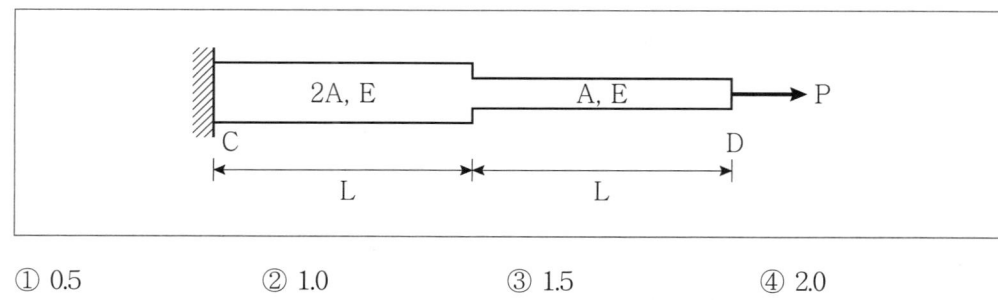

① 0.5   ② 1.0   ③ 1.5   ④ 2.0

③ 온도응력

01 길이가 3 m인 강봉의 온도가 20 °C 상승하였을 때, 길이 변형량[mm]은? (단, 강봉의 열팽창계수 $\alpha = 1.0 \times 10^{-5}/°C$이다) 25 지

① 0.2　　② 0.4　　③ 0.6　　④ 0.8

02 수직으로 매달린 단면적이 0.001 m²인 봉의 온도가 20°C에서 40°C까지 균일하게 상승되었다. 탄성계수(E)는 200 GPa, 선팽창 계수(α)는 $1.0 \times 10^{-5}/°C$일 때, 봉의 길이를 처음 길이와 같게 하려면 봉의 하단에서 상향 수직으로 작용해야 하는 하중의 크기[kN]는? (단, 봉의 자중은 무시한다) 14 지

① 10　　② 20　　③ 30　　④ 40

03 그림과 같이 양단이 고정된 균일한 단면의 강봉이 온도하중($\Delta t = 30°C$)을 받고 있다. 강봉의 탄성계수 E=200 GPa, 열팽창계수 $\alpha = 1.2 \times 10^{-6}/°C$ 일 때, 강봉에 발생하는 응력[MPa]은? (단, 강봉의 자중은 무시한다) 11 지

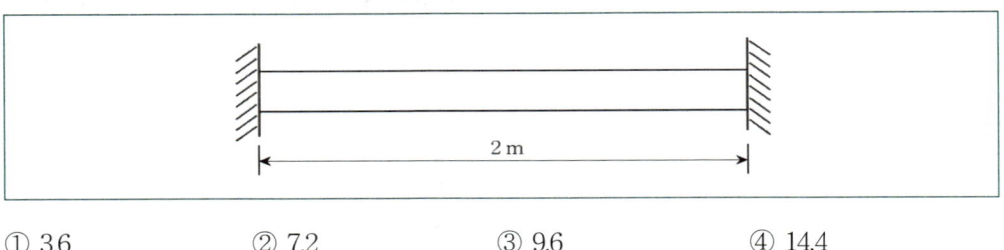

① 3.6　　② 7.2　　③ 9.6　　④ 14.4

04 그림과 같은 초기응력이 없는 양단 고정보에 20 °C의 온도상승이 있을 때, 보에 발생하는 축력[kN]은? (단, 보의 단면적 A = 5,000 mm², 탄성계수 E = 2.0×10^5 MPa, 열팽창계수 $\alpha = 2.0 \times 10^{-5}/°C$이다) 24 지

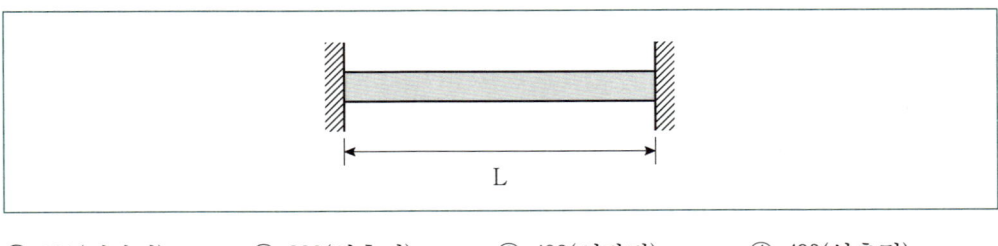

① 200(인장력)　　② 200(압축력)　　③ 400(인장력)　　④ 400(압축력)

05 그림과 같이 양단이 고정된 수평부재에서 부재의 온도가 ΔT만큼 상승하여 40 MPa의 축방향 압축응력이 발생하였다. 상승한 온도 ΔT[°C]는? (단, 부재의 열팽창계수 $\alpha = 1.0 \times 10^{-5}$/°C, 탄성계수 E = 200 GPa이며, 구조물의 좌굴 및 자중은 무시한다) 20 지

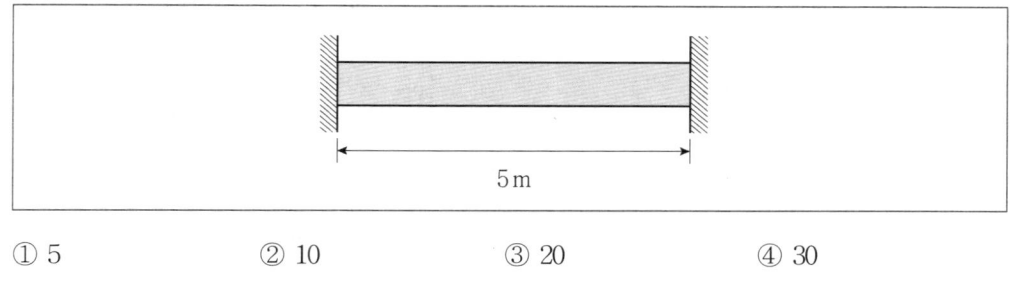

① 5　　　　　② 10　　　　　③ 20　　　　　④ 30

4 보의 응력 (휨응력, 전단응력)

01 직사각형 단면의 보에서 전단력에 의한 전단응력에 대한 설명으로 옳지 않은 것은? 22 국
① 전단응력은 부재의 임의 단면에 평행하게 작용한다.
② 전단응력은 순수굽힘이 작용하는 단면에서 곡선으로 변화한다.
③ 전단응력은 단면의 상·하연에서 0이고, 중립축에서 일반적으로 최대이다.
④ 전단응력은 중립축으로부터의 거리에 따라서 포물선으로 변화한다.

02 오일러–베르누이 가정이 적용되는 균일단면 보의 응력에 관한 설명으로 옳은 것은? 07 국
① 휨을 받는 단면에 발생하는 법선(단면에 수직) 응력은 단면계수에 비례한다.
② 직사각형 단면 내 전단응력은 단면의 상·하 끝단에서 최대이다.
③ 휨을 받는 단면에 발생하는 법선(단면에 수직) 변형률은 중립축으로부터의 거리에 비례한다.
④ 단면이 I형인 경우 복부판(web)과 평행한 수직방향 하중이 작용할 때 단면에 작용하는 전단응력의 방향은 모두 수직방향(수직전단응력)이다.

03 그림과 같이 선형탄성 거동을 하는 직사각형 단면을 가지는 단순보의 중앙에 집중하중이 작용한다면, 보 단면 A, B, C의 위치에서 발생하는 휨응력과 전단응력에 대한 설명으로 옳지 않은 것은? (단, 구조물의 자중은 무시한다) 23 지

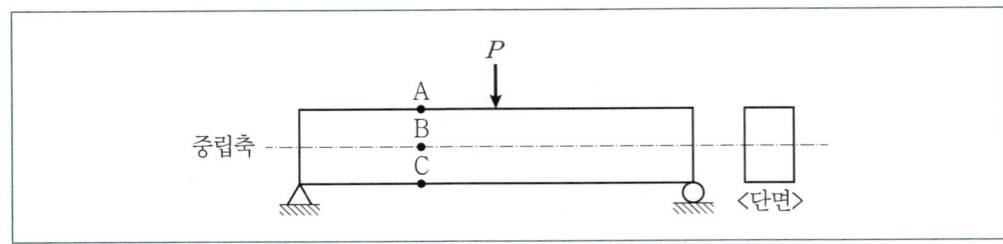

① A점의 전단응력은 0이다.
② A점과 C점의 휨응력의 절댓값은 같다.
③ 집중하중의 크기가 2배가 되는 경우, C점의 휨응력의 크기는 2배가 된다.
④ B점에서 전단응력과 휨응력이 모두 최대가 된다.

04 단면이 폭 300 mm, 높이 500 mm인 단순보의 중앙 지간에 집중하중 10 kN이 작용하고 있다. 이 구조물에서 생기는 최대 휨응력(σ_{max} [MPa])은? 07 국

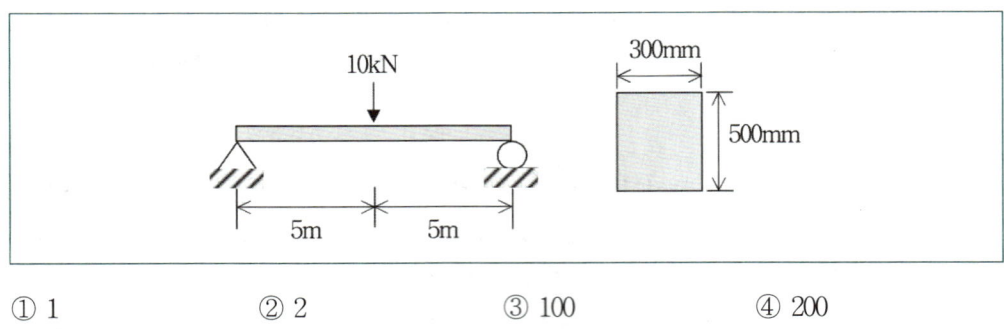

① 1   ② 2   ③ 100   ④ 200

05 다음 그림과 같은 정정 게르버보에서 최대 휨응력 [kPa]은? 10 국

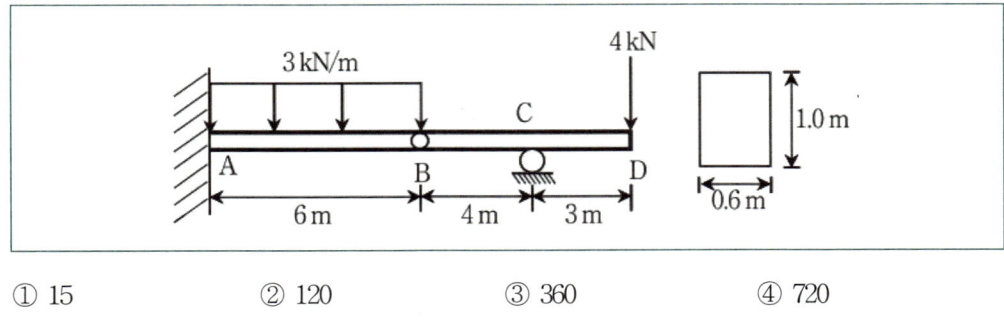

① 15   ② 120   ③ 360   ④ 720

06 그림과 같이 단면계수 Z=2×10⁶ mm³인 단순보가 등분포하중 w를 받고 있다. 최대 휨응력(σ_{max})이 40 MPa일 때 등분포하중 w의 크기[kN/m]는? (단, 단순보의 자중은 무시한다) 11 지

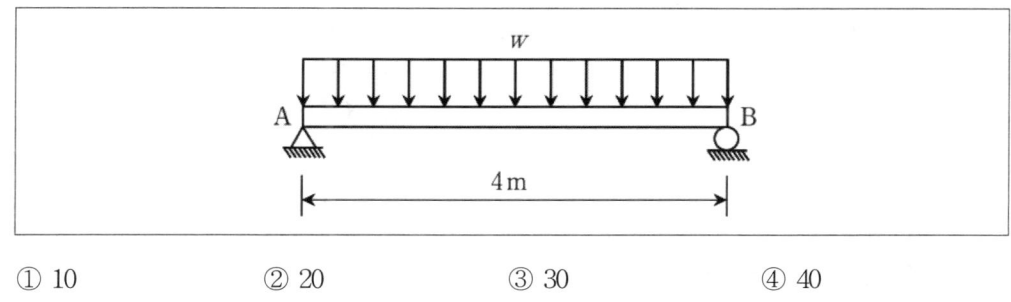

① 10 ② 20 ③ 30 ④ 40

07 그림과 같이 직사각형 단면을 가진 단순보의 지간 중앙에 집중하중이 가해질 때, 최대전단응력(τ_{max})과 최대휨응력(σ_{max})의 비($\frac{\tau_{max}}{\sigma_{max}}$)는? (단, 자중은 무시한다) 25 지

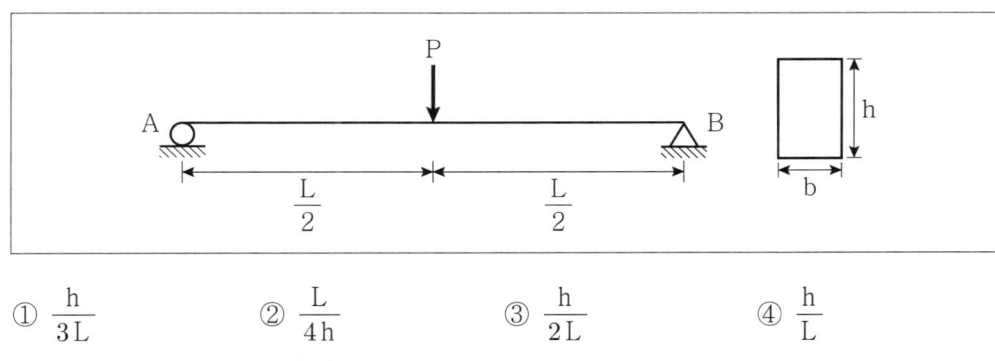

① $\frac{h}{3L}$ ② $\frac{L}{4h}$ ③ $\frac{h}{2L}$ ④ $\frac{h}{L}$

08 그림과 같이 단면 폭 300 mm, 높이가 400 mm의 직사각형 단면을 갖는 단순보가 있다. 이 단순보가 축방향으로 120 kN의 인장력을 받고, 수직하중 20 kN을 받을 때, 보 중앙(C점)의 단면 최상부에 발생하는 응력의 크기[MPa]는? (단, 보의 자중은 무시한다) 22 지

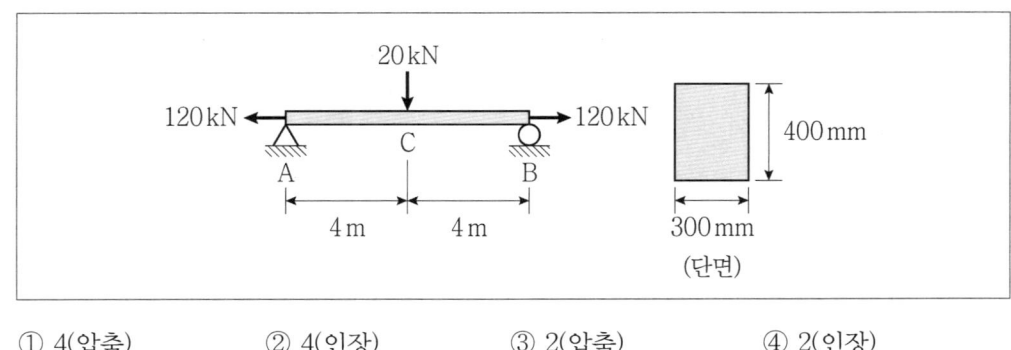

① 4(압축) ② 4(인장) ③ 2(압축) ④ 2(인장)

⑤ 탄성계수 및 포아송비 문제

01 A단이 고정 지지된 원형봉에 인장력 30 kN이 작용하여 그림과 같은 신장량 Δ가 발생하였다면 이 재료의 탄성계수 [GPa]는? (단, 계산의 편의상 원주율 π=3으로 한다) 07 국

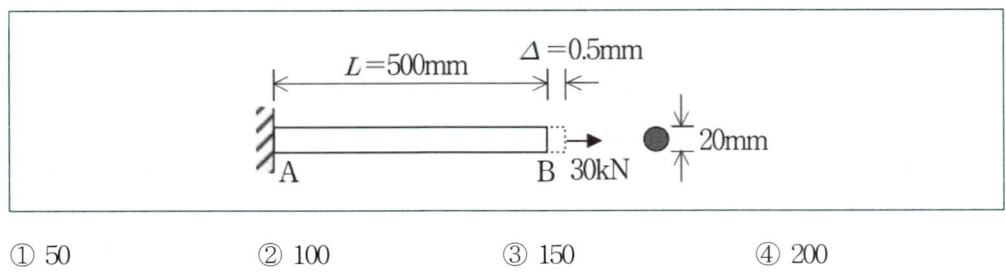

① 50　　　② 100　　　③ 150　　　④ 200

02 그림과 같이 길이가 200 mm이고, 단면이 20 mm×20 mm인 강봉에 60 kN의 축방향 인장력이 작용하여 강봉이 0.15 mm 늘어났을 때 이 강봉의 탄성계수 [MPa]는? 09 지

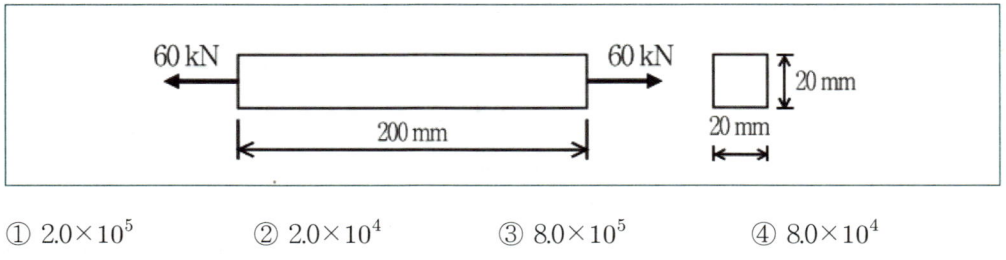

① 2.0×10^5　　② 2.0×10^4　　③ 8.0×10^5　　④ 8.0×10^4

03 그림과 같은 봉에 인장력 P가 작용하여 길이방향으로 0.02 m 늘어났고 두께방향으로 0.0003 m 줄어들었을 경우, 이 재료의 포아송비는? (단, 봉의 자중은 무시한다) 11 지

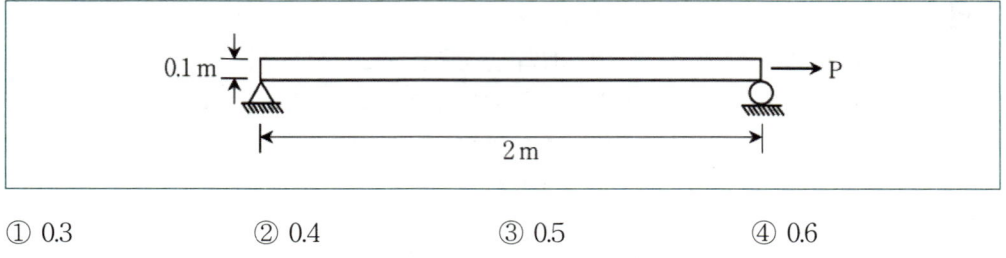

① 0.3　　　② 0.4　　　③ 0.5　　　④ 0.6

04 길이가 500 mm, 지름이 50 mm인 강봉 양단에 축하중이 작용하여 길이가 0.1 mm, 지름이 0.001 mm 변형되었을 때 강봉부재의 포아송비는? 24 지

① 0.1 ② 0.2 ③ 0.3 ④ 0.4

05 전단탄성계수 G에 대한 설명으로 옳은 것은? (단, 포아송비 ν는 $0 \le \nu \le 0.5$이다) 22 지

① 탄성계수 E보다 크고, 포아송비 ν가 커짐에 따라 증가한다.
② 탄성계수 E보다 작고, 포아송비 ν가 커짐에 따라 증가한다.
③ 탄성계수 E보다 크고, 포아송비 ν가 커짐에 따라 감소한다.
④ 탄성계수 E보다 작고, 포아송비 ν가 커짐에 따라 감소한다.

06 길이가 L인 단면적 A의 인장시험체를 힘 P로 인장하였을 때 δ의 신장이 있었다고 한다. 이 강봉의 전단탄성계수(G)는? (단, 포와송비는 ν이다) 10 국

① $G = \dfrac{PL}{A\delta(1+\nu)}$ ② $G = \dfrac{PL}{2A\delta(1+\nu)}$

③ $G = \dfrac{P}{AL\delta(1+\nu)}$ ④ $G = \dfrac{P}{2AL\delta(1+\nu)}$

07 균질한 등방성 탄성체에서 탄성계수는 240 GPa, 포아송비는 0.2일 때, 전단탄성계수[GPa]는? 20 지

① 100 ② 200 ③ 280 ④ 320

08 그림과 같이 원형단면을 가지는 부재에 중심축하중 300 kN이 작용하여 길이가 5 mm 늘어났을 때, 부재의 전단탄성계수[GPa]는? (단, π는 3으로 가정하고, 포아송비는 0.25이다) 24 지

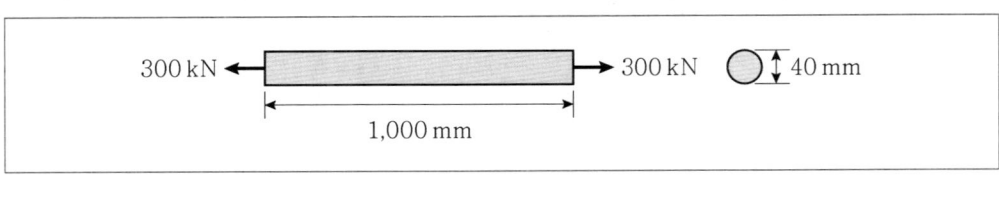

① 10 ② 20 ③ 30 ④ 40

6 양단 고정 부재의 응력

01 축강성이 EA인 다음 강철봉의 C점에서의 수평변위는? (단, EA는 일정하다) 08 국

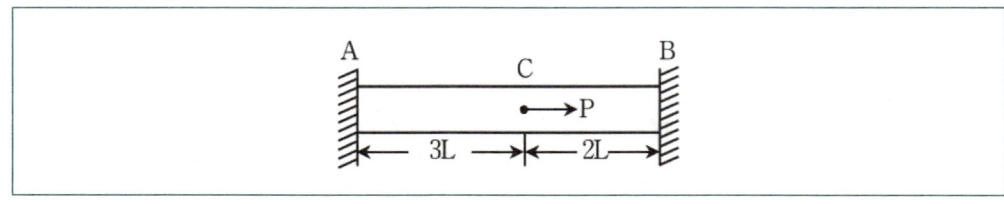

① $\dfrac{4PL}{5EA}$ ② $\dfrac{PL}{EA}$ ③ $\dfrac{6PL}{5EA}$ ④ $\dfrac{7PL}{5EA}$

02 그림과 같이 양단 고정된 보에 축력이 작용할 때 지점 B에서 발생하는 수평 반력의 크기 [kN]는? (단, 보의 축강성 EA는 일정 하며, 자중은 무시한다) 16 지

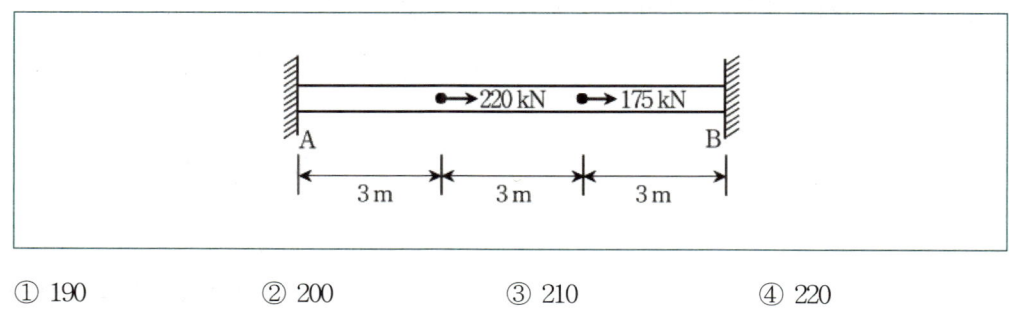

① 190 ② 200 ③ 210 ④ 220

03 그림과 같이 양단 고정봉에 100 kN의 하중이 작용하고 있다. AB 구간의 단면적은 100mm², BC 구간의 단면적은 200 mm²로 각각 일정할 때, A지점에 작용하는 수평반력 [kN]의 크기는? (단, 탄성계수는 200 GPa로 일정하고, 자중은 무시한다) 16 국

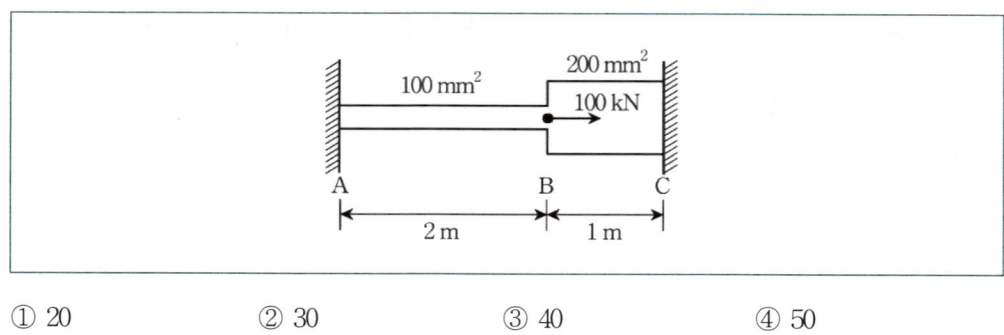

① 20 ② 30 ③ 40 ④ 50

04 그림과 같이 축방향 하중을 받는 합성 부재에서 C점의 수평변위의 크기[mm]는? (단, 부재에서 AC 구간과 BC 구간의 탄성계수는 각각 50 GPa과 200 GPa이고, 단면적은 500 mm²으로 동일하며, 구조물의 좌굴 및 자중은 무시한다) 20 지

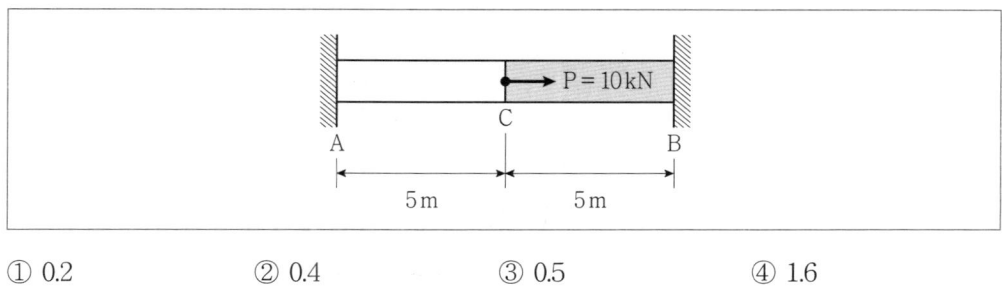

① 0.2　　② 0.4　　③ 0.5　　④ 1.6

05 그림과 같이 C점에 축력 F가 단면의 도심에 작용할 때, C점의 축방향 변위의 크기는? (단, 구조물의 축방향 강성은 EA이고, 구조물의 자중은 무시한다) 23 국

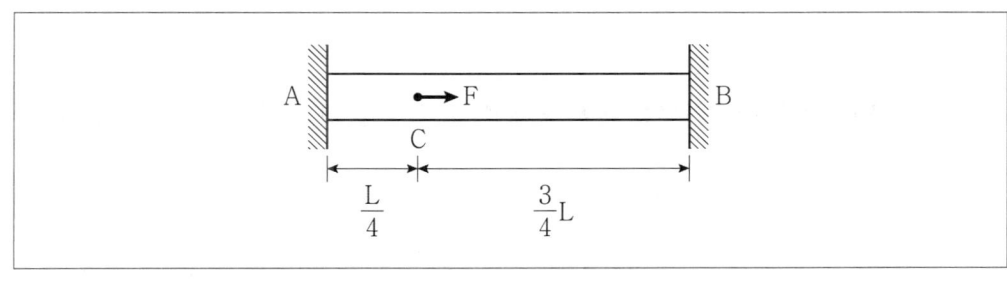

① $\dfrac{FL}{8EA}$　　② $\dfrac{3FL}{16EA}$　　③ $\dfrac{FL}{4EA}$　　④ $\dfrac{5FL}{16EA}$

7 미소요소의 응력

01 다음과 같은 응력상태에 있는 요소에서 최대 주응력 및 최대 전단응력의 크기[MPa]는?

14 지

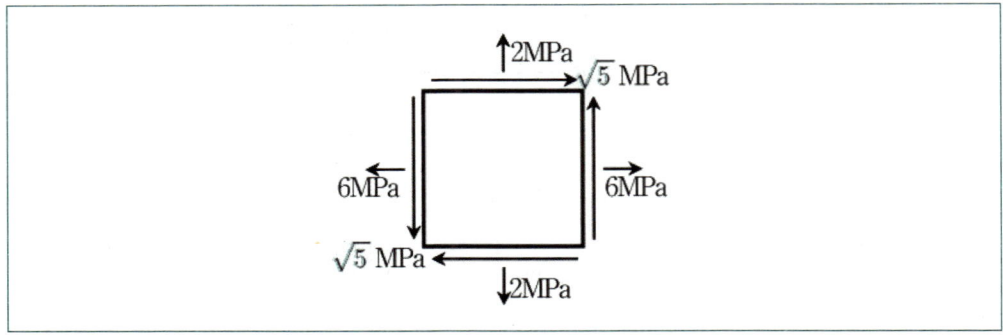

① $\sigma_{max} = 5$, $\tau_{max} = 2/3$
② $\sigma_{max} = 5$, $\tau_{max} = 3$
③ $\sigma_{max} = 7$, $\tau_{max} = 2/3$
④ $\sigma_{max} = 7$, $\tau_{max} = 3$

02 그림과 같은 평면응력요소에서 최대전단응력 τ_{max}과 최대주응력 σ_{max}의 크기[MPa]는?

21 지

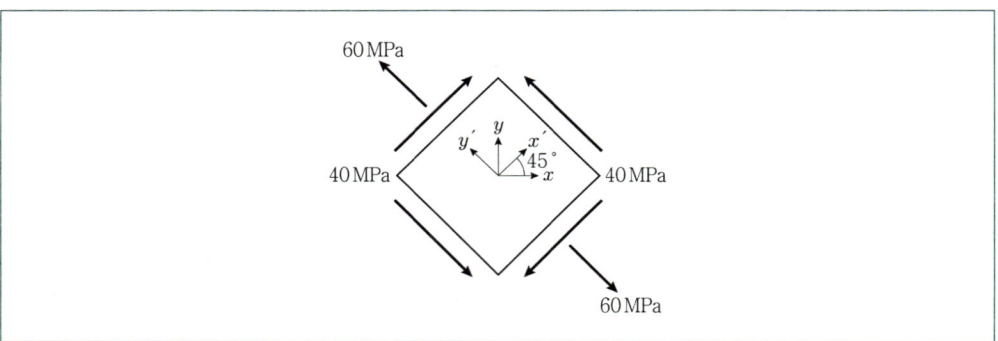

	τ_{max}	σ_{max}
①	10	40
②	10	60
③	50	80
④	50	110

03 그림과 같은 평면응력 상태($\sigma_x = -60$ MPa, $\sigma_y = -20$ MPa)일 때, 최대전단응력의 크기($\tau_{\max}$)는? 22 지

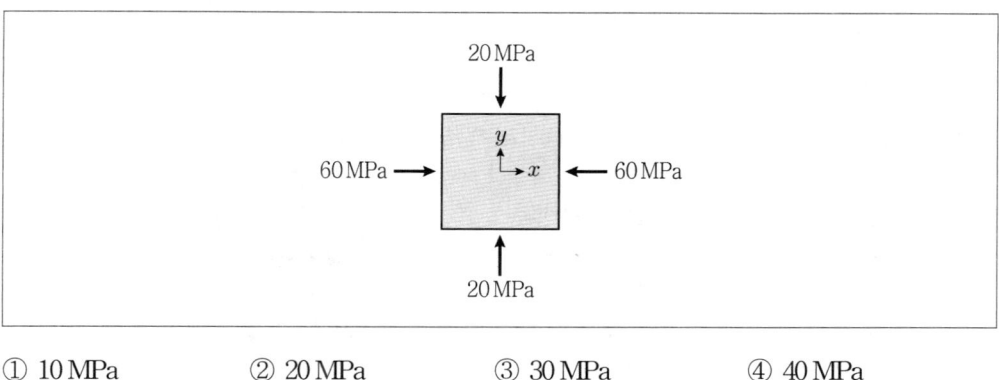

① 10 MPa ② 20 MPa ③ 30 MPa ④ 40 MPa

04 그림과 같은 평면응력상태에 있는 응력요소의 주응력[MPa]과 최대전단응력[MPa]은?

24 국

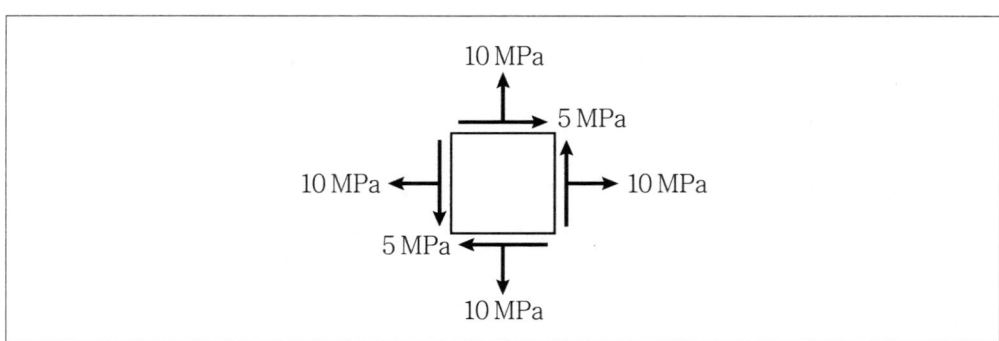

	σ_1	σ_2	$\tau_{\max}$
①	15	5	$5\sqrt{5}$
②	15	5	5
③	10	5	$5\sqrt{5}$
④	10	5	5

❶ 재료역학 기본 문제

01 ③   02 ④   03 ①   04 ②   05 ③   06 ②

01 ③ 응력과 탄성계수는 MPa 단위이고, 변형률은 단위가 없다.

02 ④ 축하중이 작용하는 부재의 포아송비는 가력방향(축방향) 변형률(ϵ_v)에 대한 횡방향 변형률(ϵ_h)에 대한 의 비($\varepsilon_h/\varepsilon_v$)이다.

03 ① 탄성재료의 응력-변형률 선도은 탄성구간에서도 콘크리트와 같이 곡선인 경우도 있다.

04 ② 그림 (b)에서 하중을 받아 B점에 도달한 후 하중을 제거했을 때 OB곡선을 따라 되돌아가지 않고 BC를 따라 C점으로 돌아가는 재료의 성질을 비선형 비탄성이라 한다.

05 ③ 구조용 강의 레질리언스(Resilience)는 재료가 탄성구간에서 에너지 흡수 능력(회복력)을 말하며, 탄소성 전체구간에서 에너지를 흡수할 수 있는 능력을 나타내는 물리량(곡선 OABCDE 아래의 면적)은 인성(toughness) 이다.

06 ② 축력을 받는 부재의 거동에선 단면의 크기에 상관 없는 물리량은 길이에 대해서만 고려하는 물리량인 변형률이다.

❷ 축력 부재의 응력 변형

01 ④   02 ①   03 ④   04 ④   05 ④   06 ③

01 ④ 축력 부재의 길이 변화량은 $\delta = \dfrac{Pl}{AE}$ 이고, AC구간과 CB구간을 중첩해서 구하면 다음과 같다.

$$\delta = \delta_{AC} + \delta_{CB} = \dfrac{PL}{AE} + \dfrac{(P+2P)L}{AE} = \dfrac{4PL}{EA}$$

02 ① 축력 부재의 길이 변화량은 $\delta = \dfrac{Pl}{AE}$ 이고, 부재력(축력)은 우측부재는 +300kN이고, 좌측부재는 +300-200=+100kN(인장)이다. 우측구간과 좌측구간의 변화량을 중첩해서 구하면 다음과 같다.

$$\delta = \delta_L + \delta_R = \dfrac{300,000 \times 400}{200 \times 3 \times 10^5} + \dfrac{100,000 \times 500}{500 \times 3 \times 10^5} = \dfrac{6+1}{3} = \dfrac{7}{3}$$

03 ④ 축력 부재의 길이 변화량은 $\delta = \dfrac{Pl}{AE}$ 이고, 부재력(축력)을 산정하면, CD부재는 +30kN이고, BC부재는 +30-20=+10kN(인장)이고, AB부재는 +10-10=0 이다. 부재력을 이용하여 각 구간의 수평 변위를 중첩해서 총 변위를 구하면 다음과 같다.

$$\delta = \delta_{AB} + \delta_{BC} + \delta_{CD} = \dfrac{0 \times 1,000}{10^6 \times 20} + \dfrac{10,000 \times 2,000}{10^6 \times 20} + \dfrac{30,000 \times 3,000}{10^6 \times 20} = 1 + 4.5 = 5.5$$

04 ④ C점의 변위가 0이 되게 하려면 BC구간의 (압축력 P로 인한) 줄어든 길이와 AB구간의 (인장력 Q로 인한) 늘어난 길이가 같으면 된다. 두 구간의 변화량이 같다고 놓고 구하면 다음과 같다.

$$\delta = \delta_{AB} + \delta_{BC} = 0,\ \dfrac{(Q-P)L}{AE} + \dfrac{-P2L}{AE} = 0,\ \therefore\ Q = 3P$$

05 ④ 축력 부재의 길이 변화량은 $\delta = \dfrac{Pl}{AE}$ 이고, 각 구간의 축력은 P로 동일하고 강성은 다르다. AB구간과 BC구간을 각각 산정해서 비교하면 다음과 같다.

$$\delta_A = \delta_{AB} + \delta_{BC} = \dfrac{P(L/2)}{AE} + \dfrac{P(L/2)}{2AE} = \dfrac{3PL}{EA}$$

$$\delta_B = \delta_{BC} = \dfrac{P(L/2)}{2AE} = \dfrac{PL}{EA},\ \therefore\ \delta_A : \delta_B = 3 : 1$$

06 ③ 축력 부재의 길이 변화량은 $\delta = \dfrac{Pl}{AE}$ 이고, 각 구간의 축력은 P로 동일하고 강성은 다르다. 좌측부재와 우측 부재를 중첩하여 구하면 다음과 같다.

$$\delta_D = \delta_L + \delta_R = \dfrac{PL}{2AE} + \dfrac{PL}{AE} = \dfrac{3PL}{2EA}, \quad \therefore \alpha = \dfrac{3}{2} = 1.5$$

❸ 온도응력

| 01 ③ | 02 ④ | 03 ② | 04 ④ | 05 ③ |

01 ③ 온도변형량 $\delta_T = \alpha \Delta TL = 10^{-5} \times 20 \times 3,000 = 0.6$

02 ④ 봉이 온도변화에 의해 늘어난 길이 만큼 하중을 가해 줄어들도록 하면 되며 아래와 같이 구한다.

$$\delta_T - \delta_P = 0, \quad \alpha \Delta TL = \dfrac{PL}{AE}, \quad \therefore P = \alpha \Delta TAE = 10^{-5} \times 20 \times (0.001 \times 10^6) \times 200 = 40$$

03 ② 온도응력 $\sigma_T = E\alpha \Delta T = 200,000 \times 1.2 \times 10^{-6} \times 30 = 7.2$

04 ④ 양단고정이므로 부재력은 압축이고, 반력(부재력)에 의한 변형과 온도 변형을 합하면 "0"이 된다.

$$\delta_N - \delta_T = 0, \quad \dfrac{NL}{AE} = \alpha \Delta TL,$$
$$\therefore N = \alpha \Delta TAE = 2 \times 10^{-5} \times 20 \times 5,000 \times 2.0 \times 10^5 = 400[kN]$$

05 ③ 양단고정이므로, 반력(부재력)에 의한 변형과 온도 변형을 합하면 "0"이 된다.

$$\delta_N - \delta_T = 0, \quad \dfrac{NL}{AE} = \alpha \Delta TL, \quad \therefore \Delta T = \sigma \dfrac{1}{E\alpha} = 40 \times \dfrac{1}{200,000 \times 10^{-5}} = 20$$

❹ 보의 응력(휨응력, 전단응력)

| 01 ② | 02 ③ | 03 ④ | 04 ② | 05 ③ | 06 ④ | 07 ③ | 08 ① |

01 ② 전단응력은 순수굽힘이 작용하는 단면에서는 "0"이다.(∵ 전단력(V)이 "0"이므로)

02 ③ (○)
① $\sigma_b = \dfrac{M}{I}y = \dfrac{M}{S}$ 이므로 ~ 수직 응력은 단면계수(S)에 반비례한다.
② 직사각형 단면 내 전단응력은 단면의 상·하 끝단에서 "0"이고 중립축에서 최대이다.
④ ~ 수직하중 작용시 ~ 전단응력의 방향은 수직 및 수평 방향으로 모두 작용한다.

03 ④ B점은 중립축이므로 전단응력은 최대가 되나, 휨응력은 "0"이다.

04 ② 지간 중앙에 생기는 최대 휨모멘트를 구하여, 최대휨응력을 다음과 같이 구한다.

$$M_{max} = \dfrac{PL}{4} = \dfrac{10 \times 10}{4} = 25[kN.m], \quad \sigma = \dfrac{M}{S} = \dfrac{25}{(0.3 \times 0.5^2/6)} = 2,000[kPa] = 2[MPa]$$

05 ③ 게르버보에 최대 휨모멘트는 지점 A부근에 생기며, 최대휨응력을 다음과 같이 구한다.

$$\Sigma M_a = M_A + 18 \times 3 - 3 \times 6 = 0, \quad M_A = -36[kN.m]$$
$$\sigma = \dfrac{M}{S} = \dfrac{36}{(0.6 \times 1^2/6)} = 360[kPa]$$

06 ④ 휨응력으로부터 지간 중앙에 생기는 최대 휨모멘트를 구하여 하중을 구하면 다음과 같다.

$$\sigma = \dfrac{M}{S} = \dfrac{wl^2/8}{2 \times 10^6} = 40[MPa], \quad w = 40 \dfrac{2 \times 10^6 \times 8}{4^2} = 40[kN/m]$$

07 ③ 전단력과 휨모멘트로부터 각 응력을 구하여 비교하면 다음과 같다.

$$V_{\max} = \frac{P}{2}, \ M_{\max} = \frac{PL}{4}, \ (\tau_{\max} = 1.5\frac{V}{A} = \frac{3P}{4bh})/(\sigma_{\max} = \frac{M}{S} = \frac{PL/4}{bh^2/6}) = \frac{h}{2L}$$

08 ① 휨응력과 축응력의 조합응력이 작용하고 중앙 상부는 축응력은 인장, 휨응력은 압축이므로 둘을 중첩하여 구하면 다음과 같다.

$$\sigma = \frac{N}{A} - \frac{M}{S} = \frac{120{,}000}{300 \times 400} - \frac{(20{,}000 \times 8{,}000)/4}{(300 \times 400^2)/6} = -4 \text{ (압축)}$$

❺ 탄성계수 및 포아송비 문제

| 01 ② | 02 ① | 03 ① | 04 ① | 05 ④ | 06 ② | 07 ① | 08 ② |

01 ② 응력-변형 관계(후크의 법칙)에서 탄성계수를 구하면 다음과 같다.

$$\sigma = E\varepsilon, \ E = \frac{PL}{A\delta} = \frac{30{,}000 \times 500}{(3*10^2) \times 0.5} = 100{,}000\,[MPa] = 100\,[GPa]$$

02 ① 응력-변형 관계(후크의 법칙)에서 탄성계수를 구하면 다음과 같다.

$$\sigma = E\varepsilon, \ E = \frac{PL}{A\delta} = \frac{60{,}000 \times 200}{(20*20) \times 0.15} = 200{,}000\,[MPa]$$

03 ① 포아송비는 가력방향의 변형률을 직각(횡)방향 변형률로 나눈 값이므로 다음과 같이 계산된다.

$$\nu = \frac{\varepsilon_2}{\varepsilon_1} = \frac{(0.0003/0.1)}{(0.02/2)} = 0.3$$

04 ① 포아송비는 가력방향의 변형률을 직각(횡)방향 변형률로 나눈 값이므로 다음과 같이 계산된다.

$$\nu = \frac{\varepsilon_2}{\varepsilon_1} = \frac{(0.001/50)}{(0.1/500)} = 0.1$$

05 ④ 전단탄성계수 G와 탄성계수 E의 관계식으로 정리하여 고찰하면 다음과 같다.

$$G = \frac{E}{2(1+\nu)} \ \therefore \ G\text{는 E보다는 작고, }\nu\text{에는 반비례한다.}$$

06 ② 응력-변형 관계(후크의 법칙)에서 탄성계수를 구하여 G와 E 관계식으로 정리하면 다음과 같다.

$$E = \frac{PL}{A\delta}, \ G = \frac{E}{2(1+\nu)} = \frac{(PL/A\delta)}{2(1+\nu)} = \frac{PL}{2A\delta(1+\nu)}$$

07 ① 전단탄성계수 G와 탄성계수 E의 관계식으로 계산하면 다음과 같다.

$$G = \frac{E}{2(1+\nu)} = \frac{240}{2(1+0.2)} = 100\,[GPa]$$

08 ② 응력-변형 관계에서 탄성계수를 구하여, 전단탄성계수 G와 탄성계수 E의 관계식으로 계산하면 다음과 같다.

$$E = \frac{PL}{A\delta} = \frac{300{,}000 \times 1000}{(3*20^2) \times 5} = 50\,[GPa], \ G = \frac{E}{2(1+\nu)} = \frac{50}{2(1+0.25)} = 20\,[GPa]$$

⑥ 양단고정 부재의 응력

01 ③   02 ①   03 ①   04 ②   05 ②

01 ③ 양단고정으로 부정정 이므로 힘평형만으로 반력과 부재력을 구할 수 없으므로, 적합조건식(변위일치)을 이용하여 부재력(반력)을 구하고, 부재력을 이용하여 다음과 같이 변위를 구한다.

$$\delta_{AC} + \delta_{CB} = \frac{N_{AC}(3L)}{AE} + \frac{N_{CB}(2L)}{AE} = 0, \ N_{AC}(3L) + (N_{AC} - P)(2L) = 0, \ \therefore N_{AC} = \frac{2}{5}P$$

$$\delta_C = \frac{N_{AC}(3L)}{AE} = \frac{2P(3L)}{5AE} = \frac{6PL}{5EA}$$

02 ① 양단고정이어서 힘평형만으로 반력과 부재력을 구할 수 없으므로, 적합조건식(변위일치)을 이용하여 부재력(반력)을 구하고, 힘 평형을 이용하여 반력을 구한다. (중간부재 좌측 C, 우측 D점)

$$\delta_{AC} + \delta_{CD} + \delta_{DB} = \frac{N_{AC}L}{AE} + \frac{N_{CD}L}{AE} + \frac{N_{DB}L}{AE} = \frac{H_A 3 + (H_A - 220)(3) + (H_A - 395)(3)}{AE} = 0$$

$$3H_A + 3H_A - 660 + 3H_A - 1185 = 0, \ \therefore H_A = 205[kN](\leftarrow)$$

$$\Sigma F_x = -H_A + 220 + 175 + H_B = 0, \ \therefore H_B = 205 - 395 = -190(\leftarrow)$$

03 ① 양단고정 부정정 이므로 힘평형만으로 반력과 부재력을 구할 수 없으므로, 적합조건식(변위일치)을 이용하여 부재력(반력)을 구한다.

$$\delta_{AB} + \delta_{BC} = \frac{N_{AB}(2)}{AE} + \frac{N_{BC}(1)}{AE} = \frac{N_{AB}(2,000)}{(100)(200,000)} + \frac{(N_{AB} - 100,000)(1,000)}{(200)(200,000)} = 0,$$

$$2N_{AB}(2,000) + (N_{AB} - 100,000)(1,000) = 0, \ \therefore N_{AB} = 20,000[N] = 20[kN] = H_A$$

04 ② 양단고정 부정정 이므로 힘평형만으로 반력과 부재력을 구할 수 없으므로, 적합조건식(변위일치)을 이용하여 부재력(반력)을 하고, 부재력을 이용하여 다음과 같이 변위를 구한다.

$$\delta_{AC} + \delta_{CB} = \frac{N_{AC}(L)}{AE} + \frac{N_{CB}(L)}{AE} = \frac{N_{AC}(5)}{(500)(50)} + \frac{(N_{AC} - 10,000)(5)}{(500)(200)} = 0,$$

$$20N_{AC} + 5N_{AC} - 50,000 = 0, \ \therefore N_{AC} = 2000[N]$$

$$\delta_C = \frac{N_{AC}(L)}{AE} = \frac{2000(5000)}{(500)(50,000)} = \frac{10}{25} = 0.4$$

05 ② 양단고정 부정정 이므로 힘평형만으로 반력과 부재력을 구할 수 없으므로, 적합조건식(변위일치)을 이용하여 부재력(반력)을 구하고, 부재력을 이용하여 다음과 같이 변위를 구한다.

$$\delta_{AC} + \delta_{CB} = \frac{N_{AC}(L/4)}{AE} + \frac{N_{CB}(3L/4)}{AE} = \frac{N_{AC}L}{4} + \frac{(N_{AC} - F)3L}{4} = 0, \ \therefore N_{AC} = \frac{3}{4}F$$

$$\delta_C = \frac{(3F/4)(L/4)}{AE} = \frac{3FL}{16EA}$$

⑦ 미소요소의 응력

01 ④   02 ③   03 ②   04 ②

01 ④ 모어의 응력원을 이용해서도 구할 수 있으나, 여기서는 수식으로 구하면 다음과 같다.

$$\sigma_1 = \frac{(\sigma_x + \sigma_y)}{2} + \sqrt{\left(\frac{\sigma_x - \sigma_y}{2}\right)^2 + \tau_{xy}^2} = \frac{(6+2)}{2} + \sqrt{\left(\frac{6-2}{2}\right)^2 + \sqrt{5}^2} = 4 + 3 = 7$$

$$\tau_1 = \sqrt{\left(\frac{\sigma_x - \sigma_y}{2}\right)^2 + \tau_{xy}^2} = \sqrt{\left(\frac{6-2}{2}\right)^2 + \sqrt{5}^2} = 3$$

02 ③ 주응력 식으로 구하면 다음과 같다. (모어의 응력원 이용 가능)

$$\tau_1 = \sqrt{\left(\frac{\sigma_x - \sigma_y}{2}\right)^2 + \tau_{xy}^2} = \sqrt{\left(\frac{60-0}{2}\right)^2 + (-40)^2} = 50$$

$$\sigma_1 = \frac{(\sigma_x + \sigma_y)}{2} + \sqrt{\left(\frac{\sigma_x - \sigma_y}{2}\right)^2 + \tau_{xy}^2} = \frac{(60+0)}{2} + 50 = 80$$

03 ② 주응력 식으로 구하면 다음과 같다. (모어의 응력원 이용 가능)

$$\tau_1 = \sqrt{\left(\frac{\sigma_x - \sigma_y}{2}\right)^2 + \tau_{xy}^2} = \sqrt{\left(\frac{-60-(-20)}{2}\right)^2 + (0)^2} = 20$$

04 ② 모어의 응력원을 이용해서도 구할 수 있으나, 여기서는 수식으로 구하면 다음과 같다.

$$\sigma_{1,2} = \frac{(\sigma_x + \sigma_y)}{2} \pm \sqrt{\left(\frac{\sigma_x - \sigma_y}{2}\right)^2 + \tau_{xy}^2} = \frac{(10+10)}{2} \pm \sqrt{\left(\frac{10-10}{2}\right)^2 + 5^2} = 10 \pm 5 = (15, 5)$$

$$\tau_1 = \sqrt{\left(\frac{\sigma_x - \sigma_y}{2}\right)^2 + \tau_{xy}^2} = \sqrt{\left(\frac{10-10}{2}\right)^2 + 5^2} = 5$$

MEMO

김현
응용역학

🚧 학습의 주안점

제7장은 기둥의 거동을 해석하는 단원입니다. 단주의 거동과 장주의 거동으로 구분하여, 단주의 경우에는 편심을 갖고 축하중이 작용할 때, 축력(P)과 휨모멘트(M=Pe)를 받는 경우의 조합응력으로 최대, 최소응력을 구해나가는 문제들이 주로 출제되고 있고, 장주의 경우에는 좌굴거동이 중요하므로, 좌굴을 일으키는 오일러의 좌굴하중과 이 식의 주요 변수인 유효길이 계수를 묻는 문제가 많이 출제되고 있습니다. 따라서 합성 부재의 응력 및 모어의 응력원을 이용한 주응력 구하기 등 자주 출제되고 있습니다. 모든 경우를 공식화하여 암기하기보다는 후크의 법칙이라는 기본 개념에서 하나씩 확장하여 여러 가지 주어진 값들을 이용하여 요구하는 값을 찾아나가는 절차에 익숙해지도록 합시다.

제1절 기둥의 분류

제2절 중심축하중을 받는 단주

제3절 편심축하중을 받는 단주

제4절 단면의 핵

제5절 축하중을 받는 장주(長柱)

CHAPTER 07

기둥의 응력과 거동

CHAPTER 07 기둥의 응력과 거동

제1절 기둥의 분류

1 장주와 단주

(1) **단주(短柱)**

축방향 하중을 받아 압축응력이 한계에 달하여 압축파괴를 나타내는 기둥

(2) **장주(長柱)**

축하중을 받아 압축응력이 한계에 달하기 전에 좌굴에 의하여 파괴되는 기둥

(3) **단주와 장주의 구분**

단주와 장주의 구분은 기둥의 가늘고 긴 정도를 나타내는 세장비를 이용하여 나누며, 기둥의 유효좌굴길이(kl)가 세장비를 나타내는 변수이다.

① 세장비(λ) : 가늘고 긴 정도를 나타내는 값

$$\lambda = \frac{kl}{r}$$

here,　r : 단면2차반지름, (원의 $r = \sqrt{\dfrac{I}{A}} = \sqrt{\dfrac{D^2}{16}} = \dfrac{D}{4} = \dfrac{R}{2}$)
　　　　l : 기둥의 길이,
　　　　k : 유효길이계수

제2절 | 중심축하중을 받는 단주

① 축방향 압축하중 P가 작용하는 기둥의 응력은 다음 식과 같은 압축응력이 생긴다.

$$\sigma = \frac{P}{A}$$

축하중을 받는 단주의 편심에 따른 거동

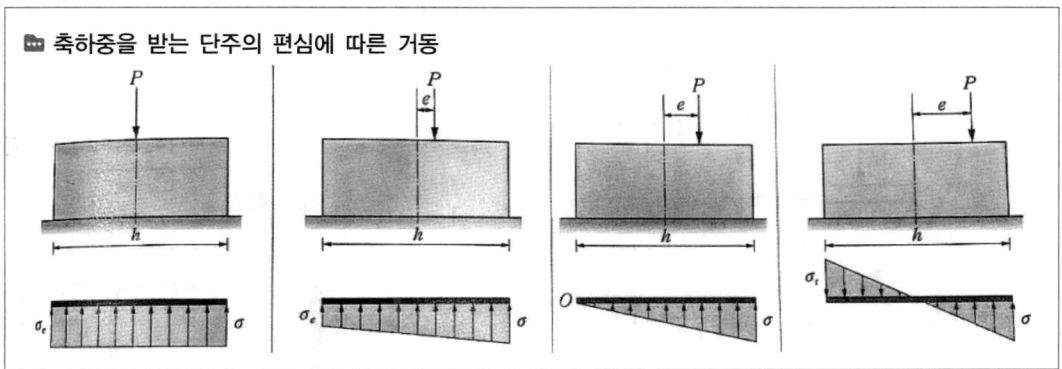

제3절 | 편심축하중을 받는 단주

① 축하중 P가 x축 또는 y축에서 편심거리 e만큼 떨어진 곳에 편심하중으로 작용할 때, 축방향 압축응력과 편심거리 e의 모멘트로 인한 휨응력이 동시에 발생한다.

② 편심축하중에 의해 발생하는 휨응력은 축을 기준으로 하여 압축하중이 작용하는 면은 압축응력이, 축 반대편은 인장응력이 발생된다.

$$\sigma = \frac{P}{A} \pm \frac{Pe}{I}x = \frac{P}{A} \pm \frac{M}{S}$$

제4절 단면의 핵

1 정의

(1) 축하중 작용시 기둥내에서 압축응력만 일으키는 하중작용점 편심거리의 한계점을 핵점이라고 하고, 이 핵점으로 둘러싸인 부분을 단면의 핵(core)이라고 한다.

2 핵거리

(1) 단면에서 압축응력만 생기는 하중작용 편심거리

$$\sigma = -\frac{P}{A} \pm \frac{Pe}{I}x \leq 0$$

$$\therefore \frac{Pe}{I}x \leq \frac{P}{A}$$

핵거리 $e \leq \dfrac{I}{Ax}$

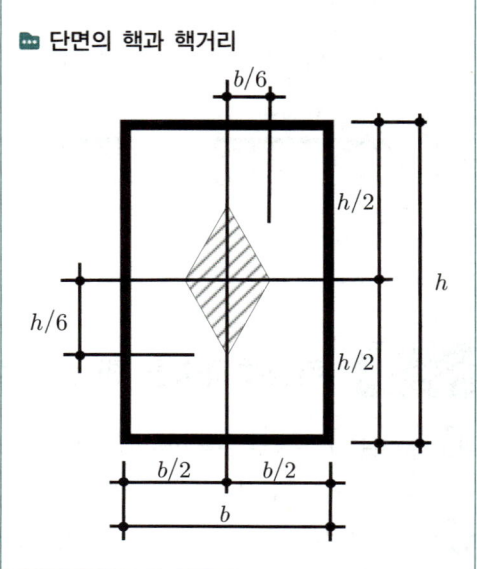

▶ 단면의 핵과 핵거리

(2) 직사각형 단면의 핵거리

$$e_x \leq \frac{I_y}{Ay} = \frac{\dfrac{hb^3}{12}}{bh \times \dfrac{b}{2}} = \frac{b}{6}$$

$$e_y \leq \frac{I_x}{Ax} = \frac{\dfrac{bh^3}{12}}{bh \times \dfrac{h}{2}} = \frac{h}{6}$$

(3) 원형 단면의 핵거리

$$e_x \leq \frac{I_y}{Ay} = \frac{D}{8}$$

제5절 축하중을 받는 장주(長柱)

1 장주의 거동과 좌굴하중

(1) 장주의 정의

① 장주란 단면 크기에 비해 길이가 긴 기둥으로 하중이 좌굴하중 이상으로 커지면 좌굴(buckling)이 발생되는 기둥

② 장주에서 좌굴은 축방향의 압축력이 작용할 때 부재의 압축강도에 도달하기 전에 구부러지는 변형을 말하며, 좌굴이 발생되면 강도가 급격하게 저하되어 파괴된다.

(2) 장주의 좌굴하중(오일러 좌굴하중)

① 장주의 좌굴하중은 단순지지 기둥의 좌굴 변위에 대한 미분방정식을 수립하고 경계조건을 대입하여 그 해를 구한 것으로 다음 식과 같다.

$$P_{cr} = \frac{\pi^2 EI}{l^2}$$

(3) 지지상태에 따른 좌굴하중

① 장주의 좌굴은 양단의 지지상태에 따라 달라진다. 양단의 지지조건이 좌굴 길이를 결정하는 주요 인자가 되고, 이를 고려한 좌굴길이를 유효좌굴길이라고 한다. 지지 조건에 따른 좌굴하중은 다음 식과 같고, 유효좌굴길이계수 k값은 다음 표와 같다.

$$P_{cr} = \frac{\pi^2 EI}{(kl)^2}$$

▶ 양단 지지조건에 따른 유효좌굴길이계수 k 값

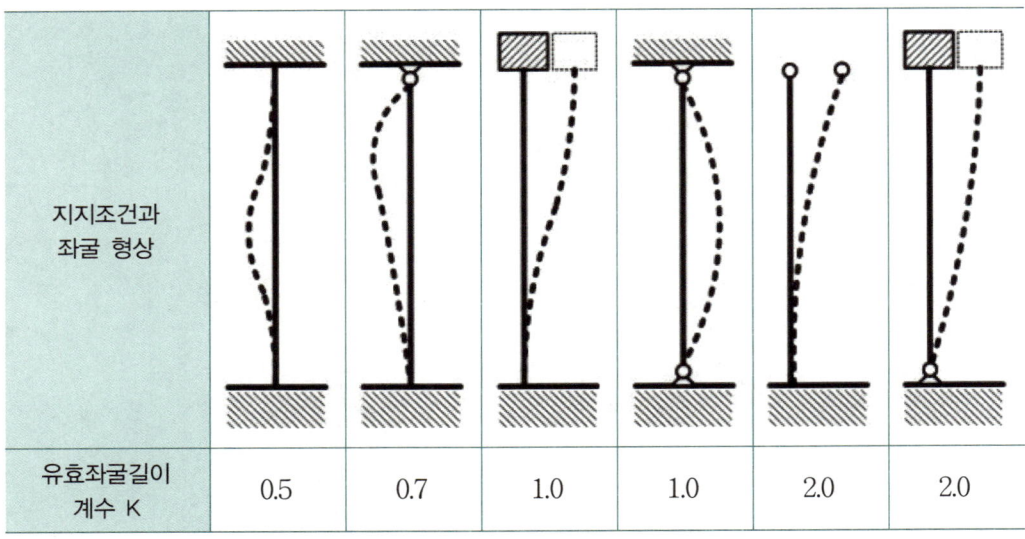

지지조건과 좌굴 형상						
유효좌굴길이 계수 K	0.5	0.7	1.0	1.0	2.0	2.0

(4) **장주의 좌굴응력**
① 장주의 좌굴응력은 좌굴하중을 단면적(A)으로 나눈 값으로 다음 식과 같다.

$$\sigma_{cr} = \frac{P_{cr}}{A} = \frac{\pi^2 EI}{(kl)^2 A} = \frac{\pi^2 E r^2}{(kl)^2} = \frac{\pi^2 E}{\lambda^2}$$

here, $\lambda = \dfrac{kl}{r}$ (세장비), r: 단면2차반지름(회전반경)

CHAPTER 07 단원 기본 문제

01 기둥에 대한 설명으로 옳지 않은 것은? 23 국

① 기둥이란 축방향 압축력을 주로 받는 부재이며, 장주의 경우에는 좌굴파괴가 일어날 수 있다.
② 장주는 기둥의 단면 도심축 방향으로 인장력을 받아 좌굴파괴되는 기둥이다.
③ 기둥에서 단면의 핵(Core)은 기둥 단면에 인장응력이 발생하지 않는 축하중 작용 범위이다.
④ 양단이 고정되어 있고, 길이가 L인 장주의 임계하중을 계산하기 위한 유효길이는 L/2 이다.

02 유효길이가 4.0 m이고 직사각형 단면을 가진 기둥의 세장비는? (단, 기둥의 단면성질에서 I_{max} = 2,500 cm^4, I_{min} =1,600 cm^4, A=100 cm^{2}이다) 08 국

① 50   ② 80   ③ 100   ④ 16

03 정사각형 단면 한 변의 길이가 b인 기둥의 유효길이가 5 m일 때, 이 기둥의 유효세장비가 100이 되기 위한 b의 크기[cm]는? 25 지

① $5\sqrt{5}$ ② $10\sqrt{3}$ ③ $15\sqrt{5}$ ④ $20\sqrt{3}$

04 유효길이가 L인 그림과 같은 중실원형 단면의 기둥에서, 단면의 도심을 지나는 A-A 축에 대한 세장비는? 17 국

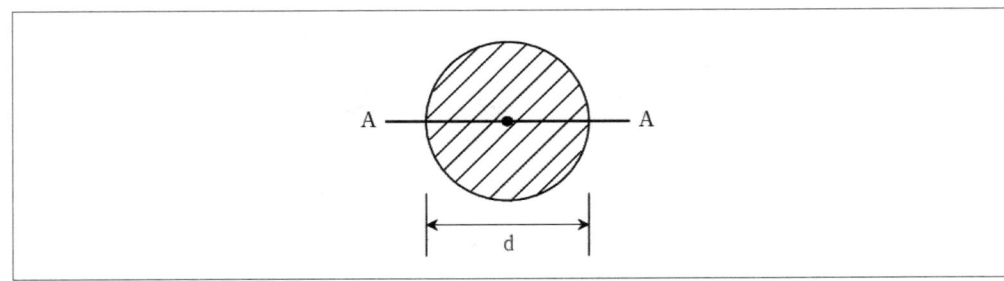

① $\dfrac{L}{d}$ ② $\dfrac{2L}{d}$ ③ $\dfrac{2\sqrt{2}L}{d}$ ④ $\dfrac{4L}{d}$

05 그림과 같은 직사각형 단주가 있다. 이 단주의 상단 A점에 압축력 24 kN이 작용할 때, 단주의 하단에 발생하는 최대 압축응력 [MPa]은? 09 지

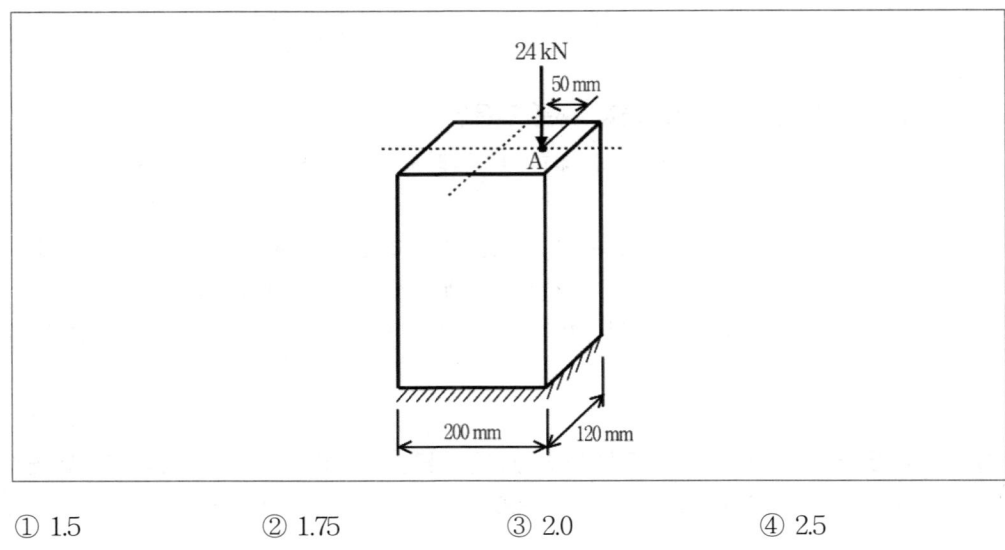

① 1.5 ② 1.75 ③ 2.0 ④ 2.5

06 다음과 같이 편심하중이 작용하고 있는 직사각형 단면의 짧은 기둥에서, 바닥면에 발생하는 응력에 대한 설명 중 옳은 것은? (단, P=300 kN, e=40mm, b=200mm, h=300mm) 15 지

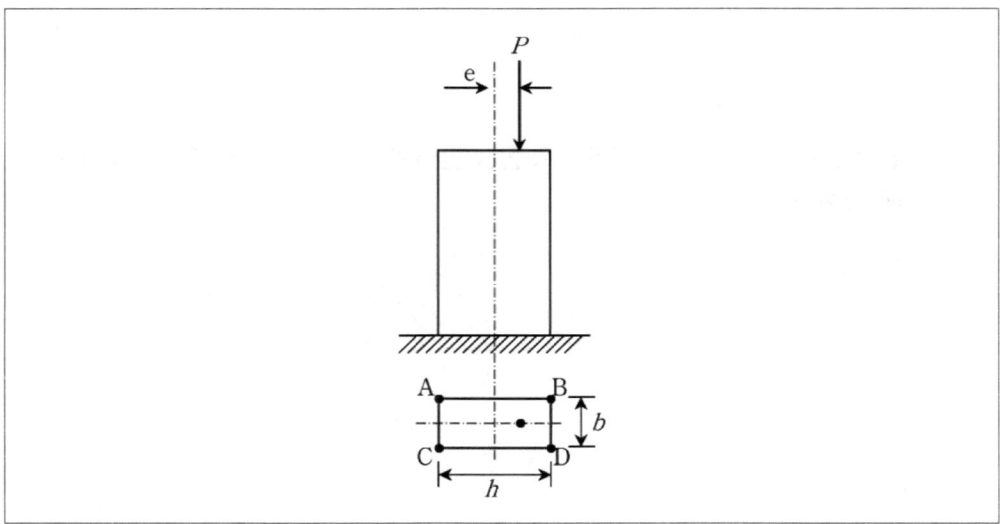

① A점과 B점의 응력은 같다.
② B점에 발생하는 압축응력의 크기는 5MPa보다 크다.
③ A점에는 인장응력이 발생한다.
④ B점과 D점의 응력이 다르다.

07 그림과 같은 직사각형 단면을 갖는 단주에 하중 P=10,000 kN이 상단 중심으로부터 1.0 m 편심 된 A점에 작용하였을 때, 단주의 하단에 발생하는 최대응력(σ_{max})과 최소응력(σ_{min})의 응력 차 ($\sigma_{max} - \sigma_{min}$)[MPa]는? (단, 단주의 자중은 무시한다) 18 지

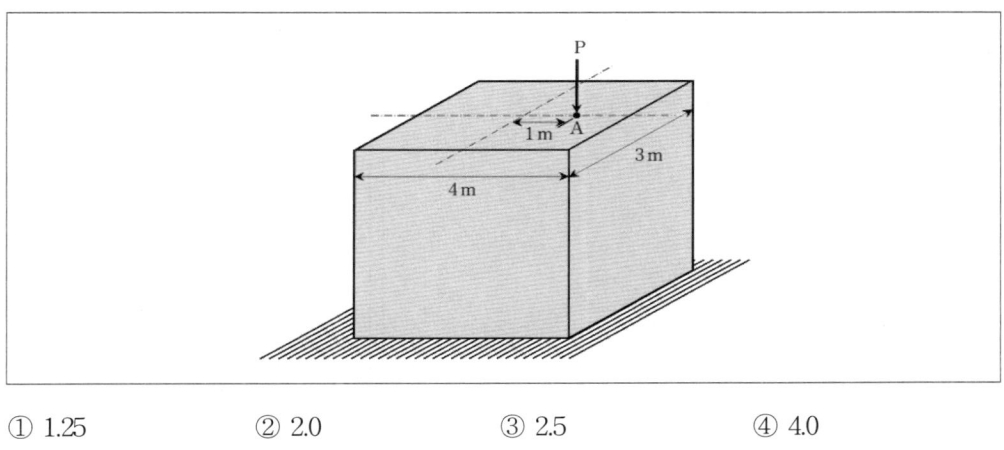

① 1.25　　　② 2.0　　　③ 2.5　　　④ 4.0

08 그림과 같은 단주에서 지점 A에 발생하는 응력[kN/m²]의 크기는? (단, O 점은 단면의 도심이고, 자중은 무시한다) 16 국

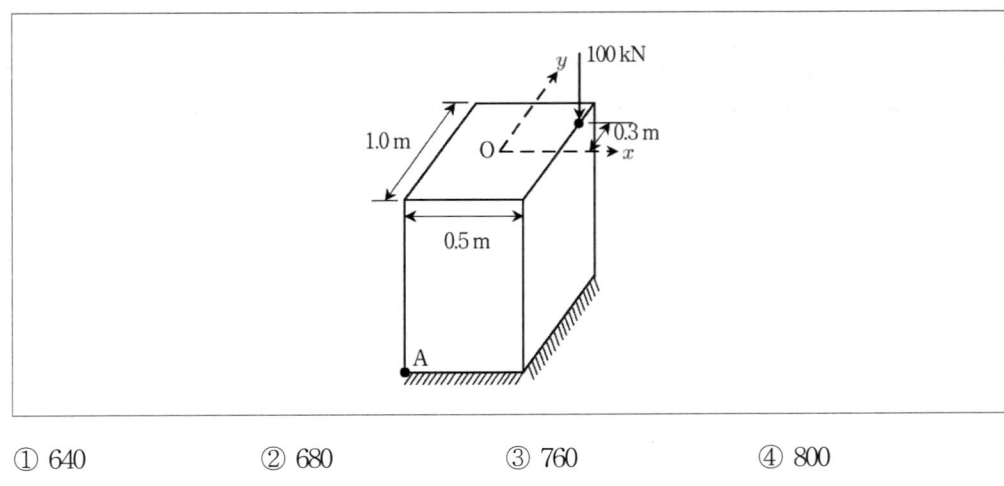

① 640　　　② 680　　　③ 760　　　④ 800

09 기둥의 임계하중에 대한 설명으로 옳지 않은 것은? 14 지

① 단면이차모멘트가 클수록 임계하중은 크다.
② 좌굴 길이가 길수록 임계하중은 작다.
③ 임계하중에서의 기둥은 좌굴에 대해서 안정하지도 불안정하지도 않다.
④ 동일 조건에서 원형 단면은 동일한 면적의 정삼각형 단면보다 임계하중이 크다.

10 그림과 같이 지름이 D인 원형단면을 가지는 일단 고정 타단 자유인 탄성좌굴 기둥부재에 압축력 P가 작용하고 있다. 이에 대한 설명으로 옳지 않은 것은? (단, E는 탄성계수, I는 단면2차모멘트이고, 자중은 무시한다) 25 국

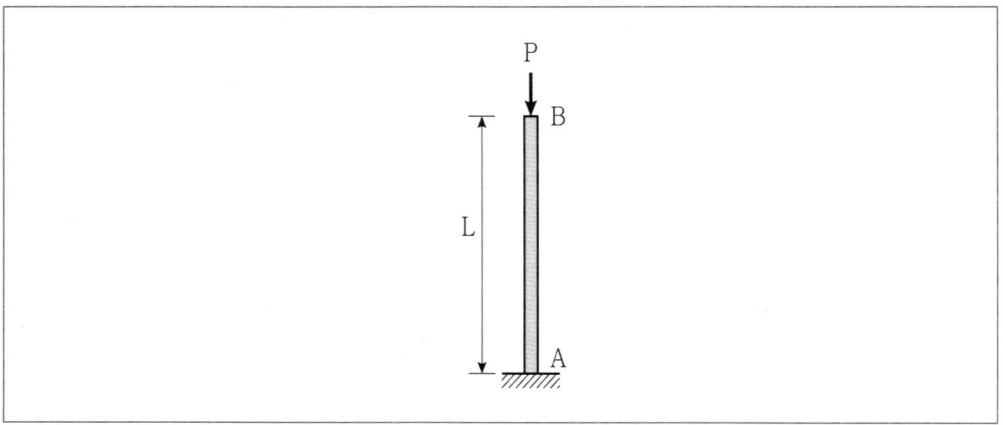

① 회전반경 $r = \dfrac{D}{4}$ 　　　② 유효세장비 $\lambda_e = \dfrac{4L}{D}$

③ 탄성좌굴하중 $P_{cr} = \dfrac{\pi^2 EI}{4L^2}$ 　　　④ 탄성좌굴응력 $\sigma_{cr} = \dfrac{\pi^2 ED^2}{64L^2}$

11 그림과 같이 단부 경계조건이 각각 다른 장주에 대한 탄성 좌굴하중(P_{cr})이 가장 큰 것은? (단, 기둥의 휨강성 EI=4000 kN·m^{2}이며, 자중은 무시한다) 16 지

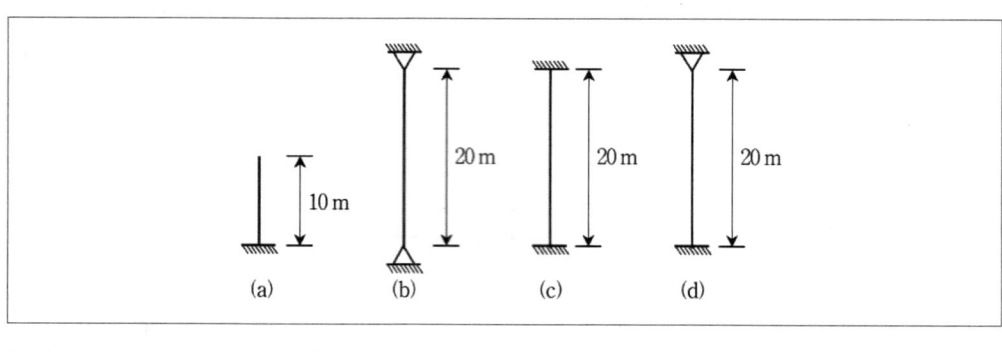

① (a) 　　　② (b) 　　　③ (c) 　　　④ (d)

12 그림 (가)와 같은 양단이 핀 지지된 길이 5 m 기둥의 오일러 좌굴하중(P_{cr})의 크기가 160 kN일 때, 그림 (나)와 같은 양단 고정된 길이 4 m 기둥의 오일러 좌굴하중의 크기[kN]는? (단, 두 기둥의 단면은 동일하고, 탄성계수는 같으며, 구조물의 자중은 무시한다) 22 지

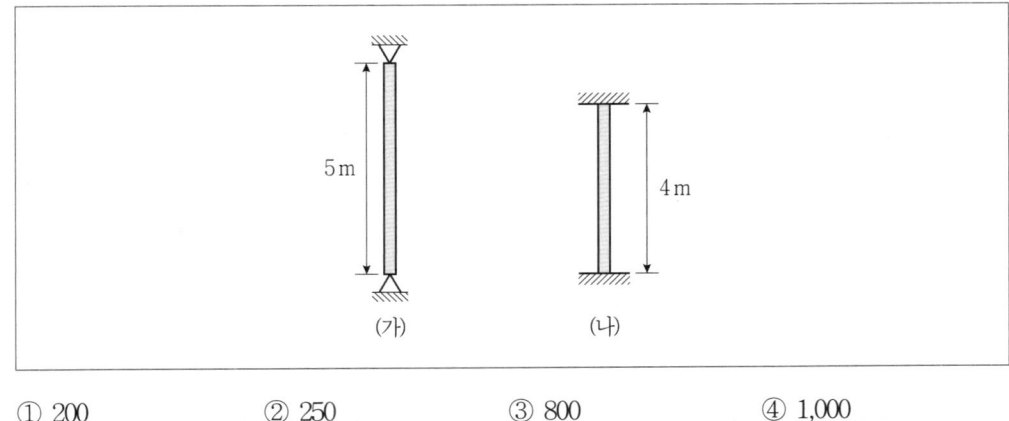

① 200   ② 250   ③ 800   ④ 1,000

13 그림과 같이 수평변위 구속조건이 서로 다른 3개의 장주에 대한 오일러 좌굴하중의 비 P(a) : P(b) : P(c)는? (단, 평면 내의 좌굴만을 고려하며, 부재의 휨강성 EI는 동일하고 장주의 자중은 무시한다) 24 지

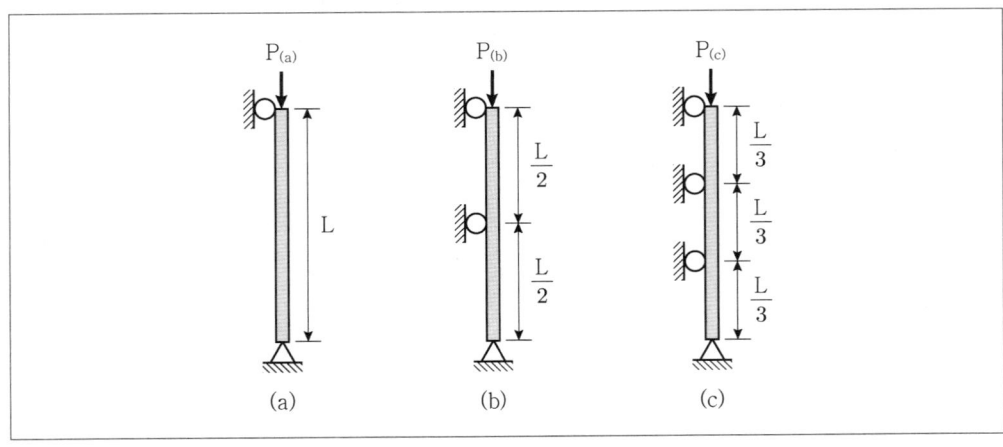

① 1 : 2 : 3   ② 1 : 4 : 9   ③ 3 : 2 : 1   ④ 9 : 4 : 1

14 그림 (a) 장주의 좌굴하중이 20 kN일 때, 그림 (b) 장주의 좌굴하중[kN]은? (단, 두 기둥의 길이, 재료 및 단면 특성은 모두 같다) 22 국

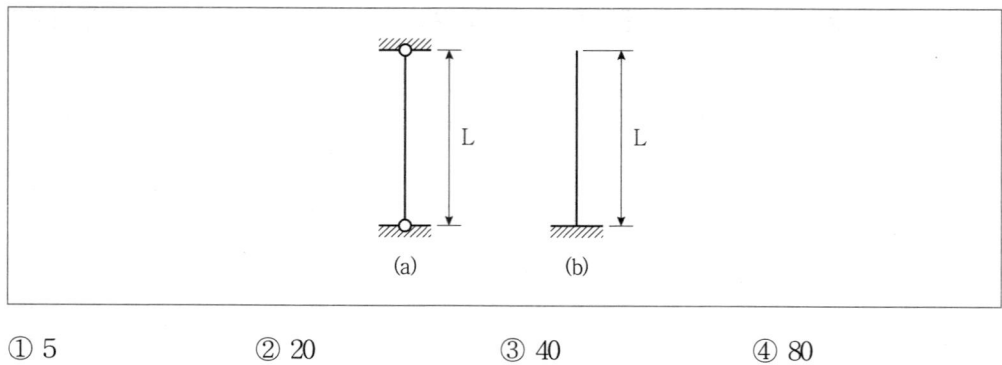

① 5　　　　　② 20　　　　　③ 40　　　　　④ 80

15 그림과 같이 구속조건이 다른 두 장주가 있다. 기둥 (a)의 좌굴하중이 100 kN일 때, 기둥 (b)의 좌굴하중[kN]은? (단, 기둥의 휨강성 EI는 같고, 구조물의 자중은 무시한다) 24 국

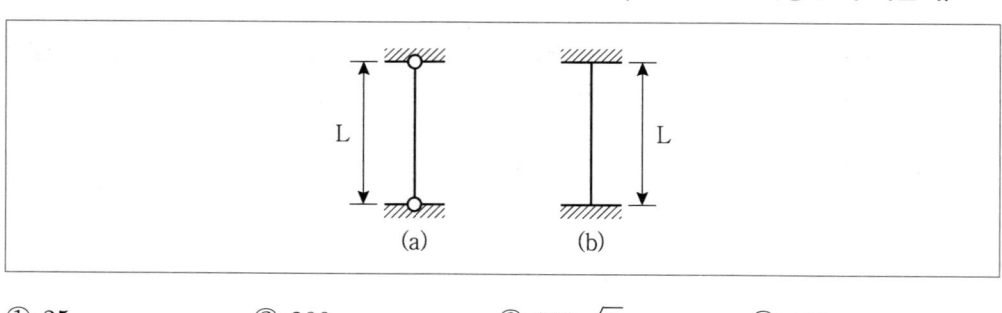

① 25　　　　　② 200　　　　　③ $200\sqrt{2}$　　　　　④ 400

정답 및 해설

01 ② 02 ③ 03 ② 04 ④ 05 ④ 06 ② 07 ③ 08 ③ 09 ④ 10 ② 11 ③ 12 ④
13 ② 14 ① 15 ④

01 ② 장주는 ~ "압축력을" 받아 좌굴파괴되는 기둥이다.

02 ③ 세장비 $\lambda = \dfrac{kL}{r} = \dfrac{400}{4} = 100$ $\left(here, r = \sqrt{\dfrac{I}{A}} = \sqrt{\dfrac{1600}{100}} = 4\right)$

03 ② 세장비 $r = \sqrt{\dfrac{I}{A}} = \sqrt{\dfrac{b^4/12}{b^2}} = \sqrt{\dfrac{b^2}{3 \times 2^2}} = \dfrac{b}{2\sqrt{3}}$, $\lambda = \dfrac{kL}{r} = \dfrac{500}{b/2\sqrt{3}} = 100$, $\therefore b = 10\sqrt{3}$

04 ④ 세장비 $\lambda = \dfrac{kL}{r} = \dfrac{L}{d/4} = \dfrac{4L}{d}$ $\left(here, r = \sqrt{\dfrac{I}{A}} = \sqrt{\dfrac{d^2}{16}} = \dfrac{d}{4}\right)$

05 ④ 조합응력의 문제로 축력에 의한 응력과 휨에 의한 응력을 더하여 최대 압축응력을 구한다.
$$\sigma_c = \dfrac{P}{A} + \dfrac{M}{S} = \dfrac{24{,}000}{(120 \times 200)} + \left(\dfrac{24{,}000 \times 50}{\dfrac{120 \times 200^2}{6}}\right) = 1 + 1.5 = 2.5$$

06 ② B점에 발생하는 압축응력의 크기는 5MPa보다 크다. (O)
$$\sigma_c = \dfrac{P}{A} + \dfrac{M}{S} = \dfrac{300{,}000}{(200 \times 300)} + \left(\dfrac{300{,}000 \times 40}{\dfrac{200 \times 300^2}{6}}\right) = 5 + 4 = 9$$

① A점의 응력과 B점의 응력은 "서로 다르다."
③ A점에는 하중 P가 핵거리 이내에 작용하므로 "인장응력이 생기지 않는다."
④ B점과 D점의 응력은 "서로 같다."

07 ③ 조합응력의 문제로 축력에 의한 응력과 휨에 의한 응력을 합과 차로 최대 최소응력을 구한다.
$$\sigma_{\max/\min} = \dfrac{P}{A} \pm \dfrac{M}{S} = \dfrac{10{,}000{,}000}{(3{,}000 \times 4{,}000)} \pm \left(\dfrac{10{,}000{,}000 \times 1{,}000}{(3{,}000 \times 4{,}000^2)/6}\right) = 0.83 \pm 1.25 = (2.08, -0.42)$$
최대 최소 응력의 차 = 2.08 − (−0.42) = 2.5

08 ③ x축방향과 y축 방향으로 복 편심을 갖는 조합응력의 문제로 축력에 의한 응력과 두방향으로 휨에 의한 응력을 차로 A 점의 응력을 구한다.
$$\sigma = \dfrac{P}{A} - \dfrac{M_y}{S_y} - \dfrac{M_x}{S_x} = \dfrac{100}{(0.5 \times 1)} - \left(\dfrac{100 \times 0.25}{(1 \times 0.5^2)/6}\right) - \left(\dfrac{100 \times 0.3}{(0.5 \times 1^2)/6}\right) = 200 - 600 - 360 = -760$$

09 ④ 임계하중 $P_{cr} = \dfrac{\pi^2 EI}{(kL)^2}$ 이므로, I에 비례하고, 길이 L에 반비례한다. 동일조건에서 동일면적의 경우 원형단면보다 정삼각형 단면의 I값이 더 크므로, 좌굴 임계하중도 정삼각형 단면이 더 크다.

10 ② 지름 D인 원형 단면의 값들: ②
$$r = \sqrt{\dfrac{I}{A}} = \dfrac{D}{4}, \quad \lambda = \dfrac{kL}{r} = \dfrac{2L}{D/4} = \dfrac{8L}{D}, \quad P_{cr} = \dfrac{\pi^2 EI}{(kL)^2} = \dfrac{\pi^2 EI}{4L^2}, \quad \sigma_{cr} = \dfrac{P_{cr}}{A} = \dfrac{\pi^2 E}{\lambda^2} = \dfrac{\pi^2 ED^2}{64L^2}$$

11 ③ 분모가 가장 작은 (c)가 가장 크다.

$$P_{cr(a)} = \frac{\pi^2 EI}{(kL)^2} = \frac{\pi^2 EI}{(2\times 10)^2} = \frac{\pi^2 EI}{200}, \quad P_{cr(b)} = \frac{\pi^2 EI}{(kL)^2} = \frac{\pi^2 EI}{(1\times 20)^2} = \frac{\pi^2 EI}{200},$$

$$P_{cr(c)} = \frac{\pi^2 EI}{(kL)^2} = \frac{\pi^2 EI}{(0.5\times 10)^2} = \frac{\pi^2 EI}{25}, \quad P_{cr(d)} = \frac{\pi^2 EI}{(kL)^2} = \frac{\pi^2 EI}{(0.7\times 20)^2} = \frac{\pi^2 EI}{196}$$

12 ④ $P_{cr(가)} = \dfrac{\pi^2 EI}{(kL)^2} = \dfrac{\pi^2 EI}{(1\times 5)^2} = \dfrac{\pi^2 EI}{25} = 160 \therefore \pi^2 EI = 4{,}000$

$P_{cr(나)} = \dfrac{\pi^2 EI}{(kL)^2} = \dfrac{\pi^2 EI}{(0.5\times 4)^2} = \dfrac{4{,}000}{4} = 1{,}000$

13 ② $P_{cr(a)} = \dfrac{\pi^2 EI}{(kL)^2} = \dfrac{\pi^2 EI}{L^2}, \quad P_{cr(b)} = \dfrac{\pi^2 EI}{(kL)^2} = \dfrac{\pi^2 EI}{(L/2)^2} = \dfrac{4\pi^2 EI}{L^2},$

$P_{cr(c)} = \dfrac{\pi^2 EI}{(kL)^2} = \dfrac{\pi^2 EI}{(L/3)^2} = \dfrac{9\pi^2 EI}{L^2} \quad \therefore P_{cr(a)} : P_{cr(b)} : P_{cr(c)} = 1 : 4 : 9$

14 ① $P_{cr(가)} = \dfrac{\pi^2 EI}{(kL)^2} = \dfrac{\pi^2 EI}{L^2} = 20, \quad P_{cr(나)} = \dfrac{\pi^2 EI}{(kL)^2} = \dfrac{\pi^2 EI}{4L^2} = \dfrac{20}{4} = 5$

15 ④ $P_{cr(가)} = \dfrac{\pi^2 EI}{(kL)^2} = \dfrac{\pi^2 EI}{L^2} = 100, \quad P_{cr(나)} = \dfrac{\pi^2 EI}{(kL)^2} = \dfrac{\pi^2 EI}{L^2/4} = 4\times 100 = 400$

MEMO

김현
응용역학

🚧 학습의 주안점

제8장은 영향선과 이동하중 단원으로, 평균 한 문제 정도 출제되는 단원입니다. 지점 반력이나 부재력의 영향선의 개형을 묻는 문제나, 연행하중이 지날 때의 절대 최대 부재력을 묻는 문제가 대표적인 유형이고, 영향선도의 개형을 묻는 경우에는 구조체 유형은 게르버보의 영향선도가 주로 출제되었습니다. 영향선의 개형을 파악하는 것은 교재의 뮐러 브레슬러 법을 이용하면 매우 간편하게 파악할 수 있습니다. 다만, 절대최대 부재력 구하는 문제는 절대최대 휨모멘트를 구하는 문제가 가장 많이 출제되었고, 이를 구하기 위해서는 합력을 구하고 최대 하중점과의 이등분점이 보의 중간점에 위치되도록 해서 모멘트를 구해야 하는 절차가 조금 복잡하지만 한번 익히면 크게 어렵지 않게 해결할 수 있으니, 꼭 잘 익혀두도록 합시다.

제1절 영향선도(influence line diagram)

제2절 단순보의 영향선

제3절 캔틸레버의 영향선

제4절 내민보의 영향선

제5절 게르버보의 영향선

제6절 최대 반력 (R_{max})

제7절 최대 부재력

제8절 뮐러 브레슬러법을 이용한 영향선 작도

CHAPTER 08

영향선과 이동하중

CHAPTER 08 영향선과 이동하중

제1절 영향선도(influence line diagram)

1 배경과 정의

(1) 영향선의 활용 배경
  ① 구조물의 자중과 같은 고정하중은 일정하게 존재하지만, 교량 위를 지나는 자동차와 같이 움직이는 활하중은 그 위치에 따라 반력이나 부재력이 변한다.
  ② 이와 같은 이동하중이 지나가는 동안에 지점 반력 또는 특정 위치에서의 부재력의 변화 추이를 도해적으로 표현하여 나타낸 것이 영향선이다.

(2) 정의
  ① 영향선은 이동하중에 작용할 때 구조물의 영향을 해석하기 위한 것으로, 단위하중(P=1)이 부재 위로 이동해 갈 때 지점반력이나 부재력의 변화 양상을 나타낸 그림이다.

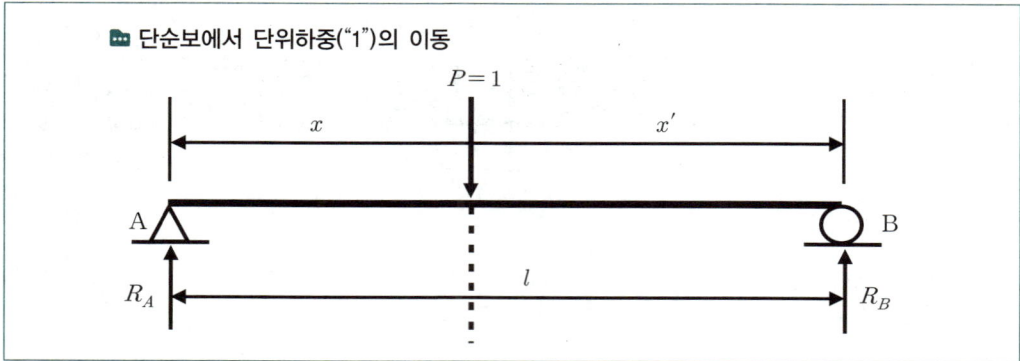

▶ 단순보에서 단위하중("1")의 이동

2 영향선에 의한 반력 및 단면력 계산

(1) 영향선도에서 지점 반력 및 부재력(전단력, 휨모멘트 등)은 집중하중이 작용하는 경우에는 종거에 비례하는 값으로 계산되고, 등분포하중이 작용하는 경우에는 영향선도의 면적으로 계산된다. 두 하중이 동시에 작용하는 경우에는 중첩으로 구해진다. 반력과 부재력의 일반 식은 다음과 같다.
(2) 반력, 전단력, 휨모멘트 = (집중하중 × 영향선의 종거) + (등분포하중 × 영향선의 면적)
(3) 일반식을 적용하기 위한 하중의 부호 규정
  − 일반적으로 작용하는 하중인 하향하중(↓)을 양(+)으로 한다[상향하중(↑) : −].
(4) 일반식을 적용하기 위한 영향선의 종거 및 영향선의 면적에 대한 부호 규정은 정역학적인 부호규정과 같다. 즉, 영향선도 그림에서 (+)이면 (+), (−)이면 (−)이다.

제2절 단순보의 영향선

❶ 단순보의 지점반력 영향선

(1) 기선을 긋는다.

(2) 구하고자 하는 지점반력 위치에 종거 '1'을 취하고 반대편 지점의 기선에 직선으로 연결한다.

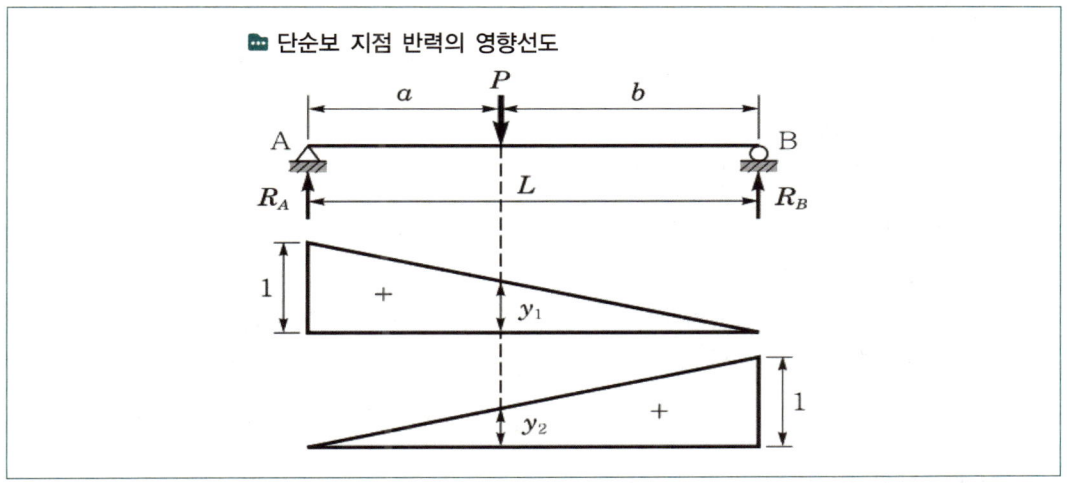

▶ 단순보 지점 반력의 영향선도

❷ 단순보의 전단력 영향선

(1) 기선을 긋는다.

(2) 양 지점에 종거 '1'을 취한 후 각각의 반대편 지점의 기선과 직선으로 연결한다.

(3) 구하고자 하는 점에서 연직선을 그어 전단력 영향선의 기본형에 종선을 그린다.

(4) 이 종선과 전단력 영향선의 기본형이 삼각형으로 폐합을 이루고 있는 부분(그림의 실선부)이 영향선도이고, 나머지 부분(그림의 점선부)은 배제한다.

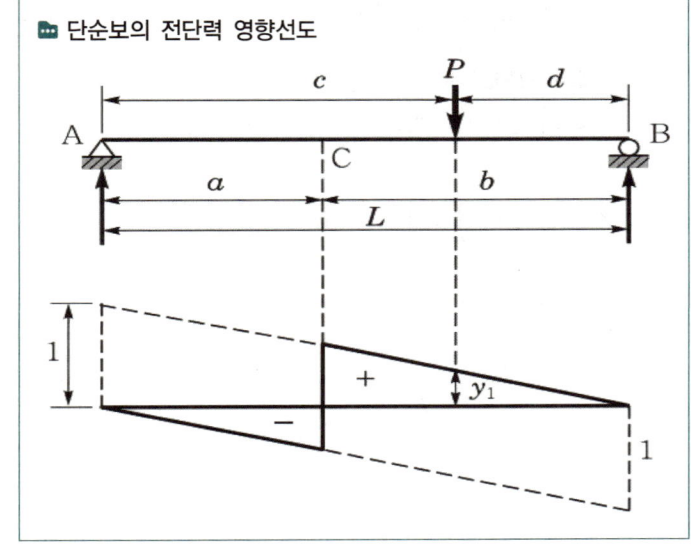

▶ 단순보의 전단력 영향선도

③ 단순보의 휨모멘트 영향선

(1) 기선을 긋는다.

(2) 구하고자 하는 점에서 좌측지점까지의 거리에 비례하여 좌측지점의 기선에 종거를 취하고 반대편 지점의 기선에 직선으로 연결한다.

(3) 구하고자 하는 점에서 우측지점까지의 거리에 비례하여 우측지점의 기선에 종거를 취하고 반대편 지점의 기선에 직선으로 연결한다.

(4) 위 (2)와 (3)의 방법에 의해 연결된 두 선이 만나 삼각형으로 폐합을 이루는 부분(그림의 실선부)이 영향선도이고, 그 외의 부분(그림의 점선부)은 배제한다.

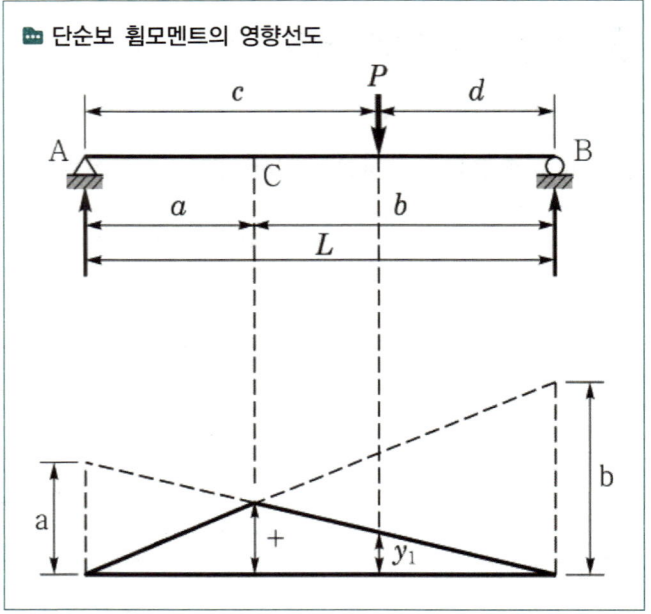

■ 단순보 휨모멘트의 영향선도

④ 하중, 전단 및 휨모멘트 관계를 이용

(1) **하중과 전단력 사이의 관계**: 전단력 선도의 기울기는 분포하중의 크기 w와 같다. ($dV/dx=w$)
   ① 보의 어떤 부분에도 분포하중이 없다면 $dV/dx=w=0$ (전단력이 일정)
   ② 분포하중이 작용하는 경우 $dV/dx=$일정 (전단력이 선형적으로 변함)

(2) **전단력과 모멘트 사이의 관계**: 모멘트를 미분한 값이 전단력 ($dM/dx=V$)
   ① 전단력도에서 면적은 휨모멘트의 종거
   ② 전단력이 0인 단면에서 최대 휨모멘트가 발생
   ③ 휨모멘트의 기울기는 전단력도의 종거

제3절 캔틸레버의 영향선

캔틸레버(외팔보)에서 부재력도는 고정단 쪽에서 값을 표기해 그리는데 반해, 영향선도는 반대로 자유단 쪽에서 크기를 표시해 그린다.

❶ 캔틸레버의 지점반력 영향선

(1) 기선을 긋는다.

(2) 자유단에 기준 종거를 +1로 취하여 지점까지 연장한다.

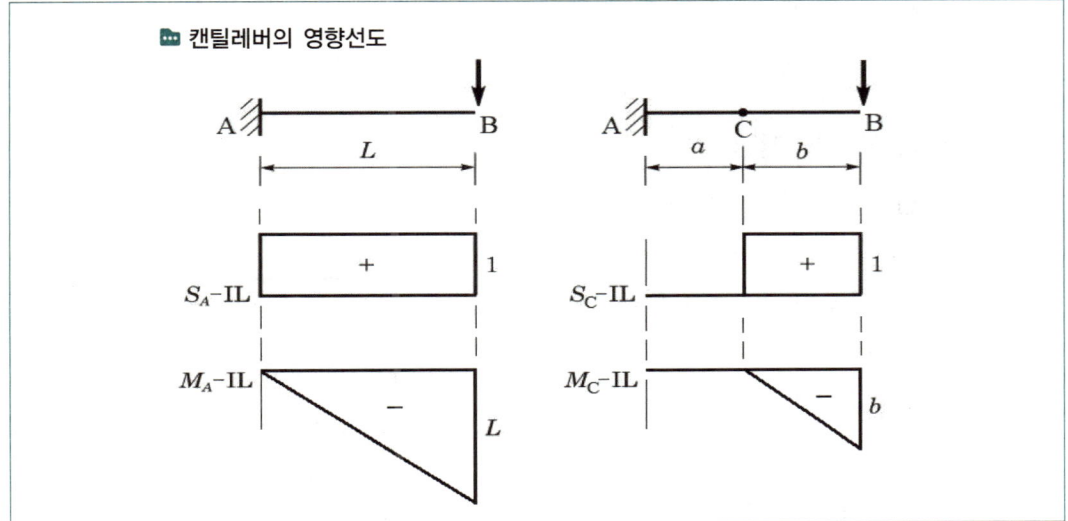

❷ 캔틸레버의 전단력 영향선

(1) 기선을 긋는다.

(2) 자유단에 기준 종거를 고정지점이 좌측이면 +1, 고정지점이 우측이면 −1로 표시하여 구하는 점까지 연장하여 사각형을 그린다.

❸ 캔틸레버의 휨모멘트 영향선

(1) 기선을 긋는다.

(2) 자유단에서 구하는 점까지의 거리를 자유단에 음(−)의 종거로 표시하여 지점(또는 구하는 점)으로 연결하는 삼각형을 그린다.

제4절 | 내민보의 영향선

1 내민보의 영향선 그리기

(1) 내민보는 단순보에서 한쪽 끝(또는 양쪽 끝)을 내밀어 연장한 보로 내민보의 영향선은 단순보의 영향선과 캔틸레버의 영향선을 합한 것으로 보면 된다. 즉, 내민보에서 지점 밖으로 내밀고 있는 부분은 캔틸레버로 고려하여 영향선을 그리고 지점 안쪽은 단순보로 보고 영향선을 그려서 이 둘을 연결하면 내민보의 영향선이 된다. 실용적으로는 단순보의 영향선을 내민부분 자유단 끝으로 그대로 연장해서 그리면 된다.

(2) 단순보의 영향선은 캔틸레버에까지 계속 연장시켜 그린다.

(3) 캔틸레버의 영향선은 단순보에까지 연장시키지 않는다.

2 내민보의 영향선 개념

(1) **내민보의 영향선**: 단순보의 영향선 + 캔틸레버의 영향선

(2) 단순보의 영향선을 내민부분에 연속적으로 연장해서 그림

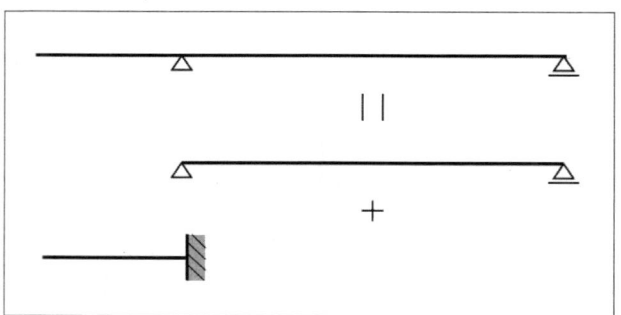

3 내민보의 반력의 영향선

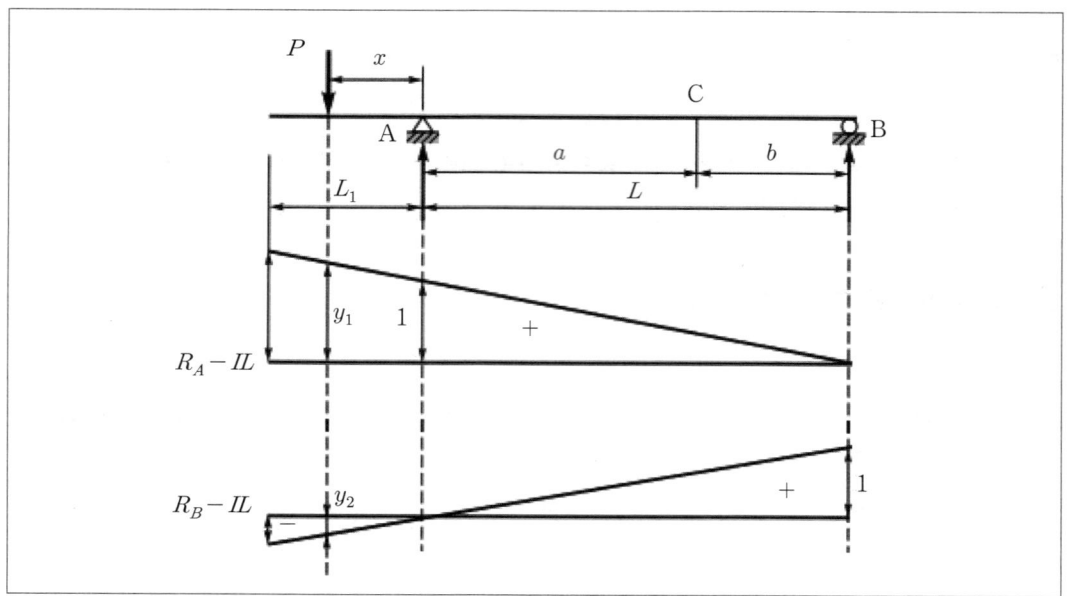

④ 내민보의 전단력의 영향선

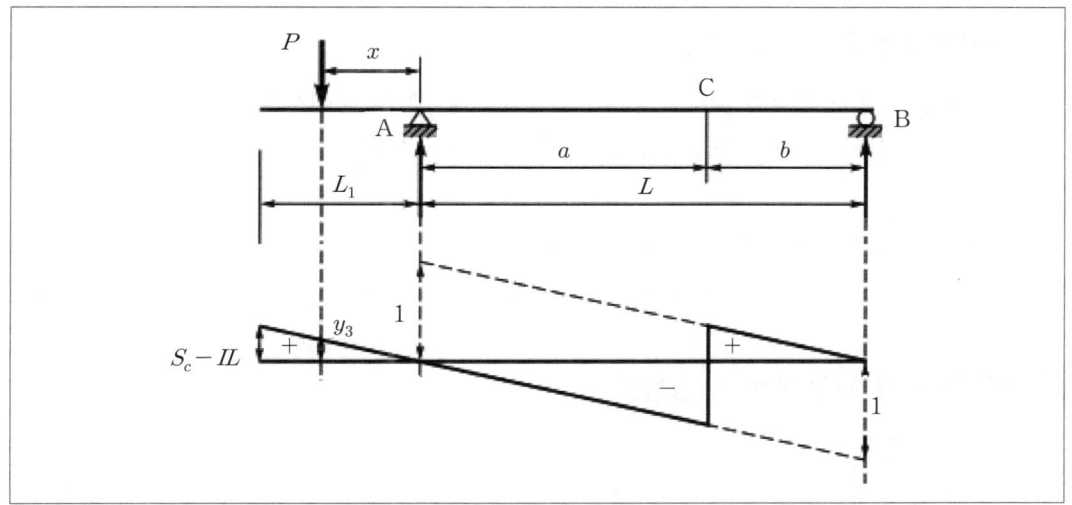

⑤ 내민보의 휨모멘트의 영향선

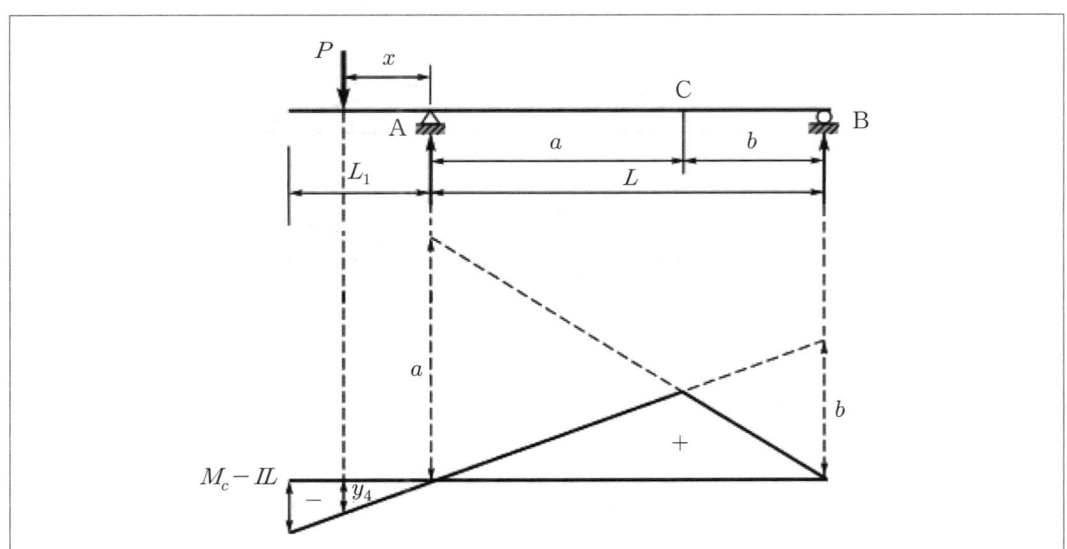

제5절 게르버보의 영향선

1 게르버보의 영향선 그리기

(1) 게르버보는 내민보 부분과 단순보 부분으로 구성되며, 게르버보에서 영향선의 그리는 원리는 내민보와 같으나 힌지점에서 영향선은 기선쪽으로 꺾여서 가장 가까이 있는 지점이나 힌지로 연결된다.

(2) 게르버보의 영향선은 내민보와 그리는 방법이 동일하나,

(3) 힌지점 아래에서 기선 쪽으로 꺾어 가장 가까운 지점이나 힌지로 향하여 직선으로 그린다.

2 게르버보의 지점 반력의 영향선

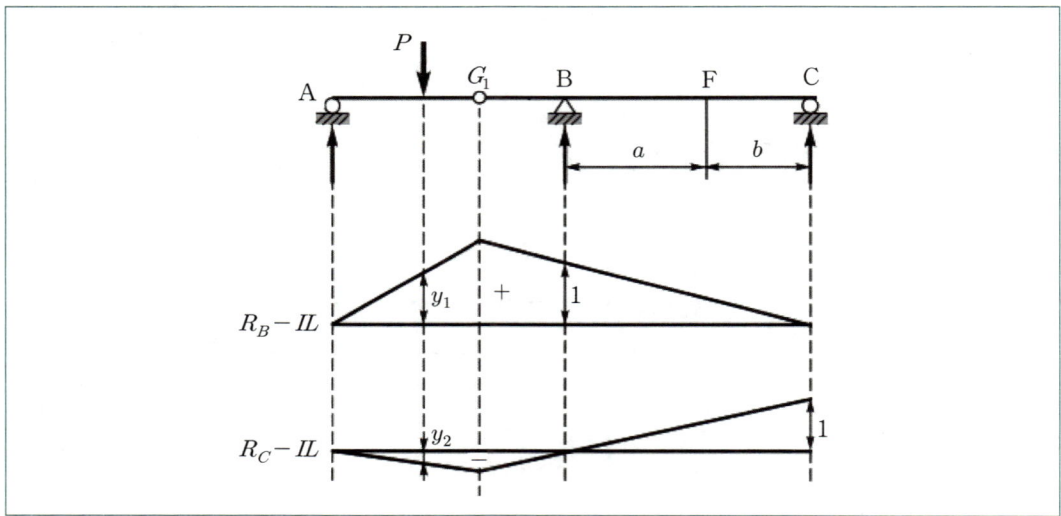

③ 게르버보의 전단력의 영향선

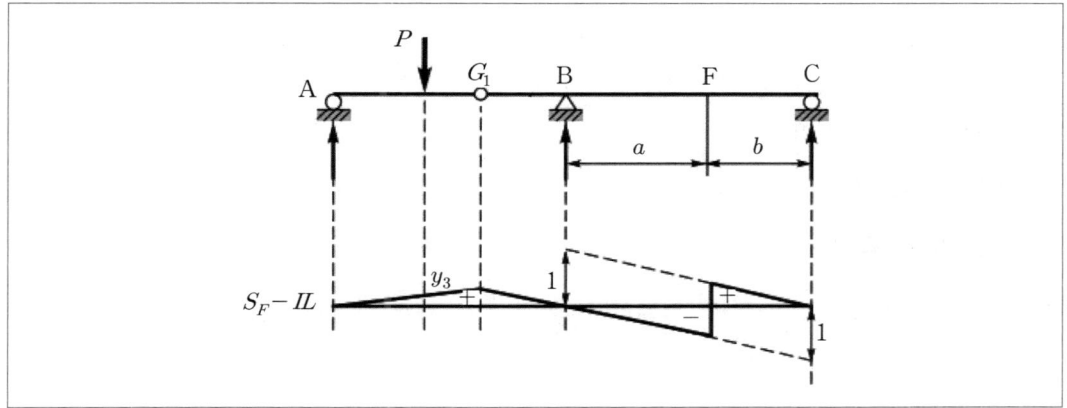

④ 게르버보의 휨모멘트의 영향선

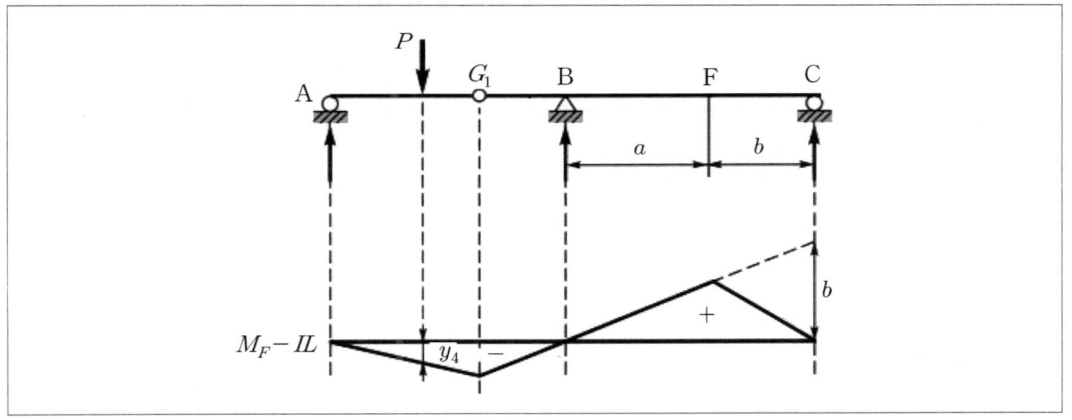

제6절 최대 반력 ($R_{\max}$)

1 이동 하중이 단순보 위를 지날 때 각 하중이 지점위에 가해질 때마다 그 지점의 반력이 가장 크고 그 지점 반력들 중 최대 값이 최대 반력이다. A-B 양지점을 가진 단순보의 경우 최대 반력은 다음과 같이 구한다.

(1) **A지점 최대반력** $R_{A,\max}$: 선두나 선두 부근 하중이 A점에 가해질 때 Σ(하중×종거)

(2) **B지점 최대반력** $R_{B,\max}$: 후미나 후미 부근 하중이 B점에 가해질 때 Σ(하중×종거)

(3) $R_{A,\max}$와 $R_{B,\max}$ 둘 중에서 절대값이 큰 것이 $R_{\max}$(최대 반력)이다.

▶ 연습문제

그림과 같은 연행하중이 단순보 위를 지나갈 경우 최대 반력은?
(하중 간격은 좌측부터 2m, 3m 간격이다.)

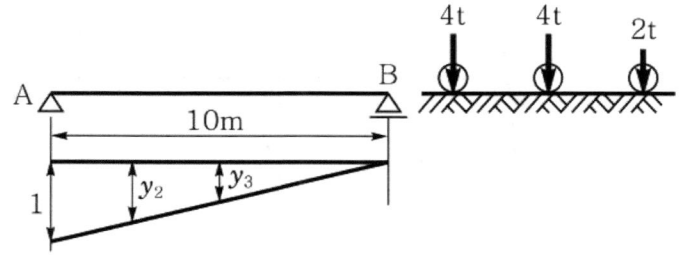

$1 : 10 = y_2 : 8 \quad \therefore \quad y_2 = 0.8$
$1 : 10 = y_3 : 5 \quad \therefore \quad y_3 = 0.5$

[풀이]
(1) 영향선도를 그리고 종거를 비례식을 이용하여 구한다.
(2) 작용하중과 종거를 곱하여 최대반력을 산정한다.
   $R_{\max} = R_A = (4)(1)+(4)(0.8)+(2)(0.5) = 8.2(\text{t})$

제7절 최대 부재력

❶ 임의 단면의 최대 전단력과 절대 최대 전단력

(1) 연행하중을 받는 단순보의 임의 단면에 대한 전단력은 각 하중이 그 단면에 실리는 순간마다 극대(max)가 아니면 극소(min)가 되고 그 중 절대값이 가장 큰 것이 최대 전단력이다.

(2) 각 단면에서의 최대 전단력 중 가장 큰 값이 절대 최대 전단력이고, 이 절대 최대 전단력은 지점에 무한히 가까운 단면에서 일어나며 그 값은 최대 반력과 동일하다.

❷ 임의 단면의 최대 휨모멘트와 절대 최대 휨모멘트

(1) 이동하중을 받는 단순보의 임의 단면에 대한 휨모멘트는 전단력의 경우와 마찬가지로 각 하중이 그 단면에 실리는 순간마다 극대가 생기게 되며, 그 중 가장 큰 값이 최대 휨모멘트이다.

(2) 각 단면에서의 최대 휨모멘트 중 가장 큰 값을 절대 최대 휨모멘트라고 하고, 절대 최대 휨모멘트는 보의 중앙 부근에서 일어난다.

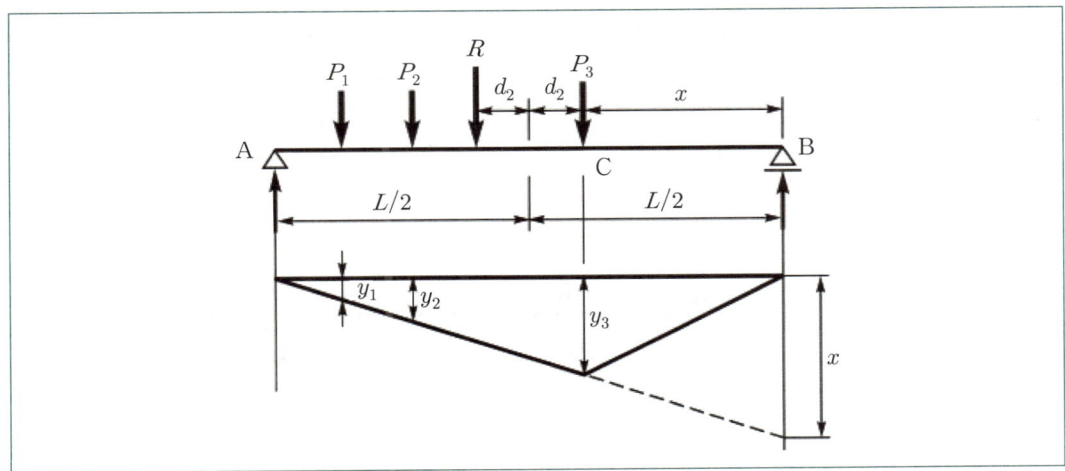

① 연행하중이 작용하는 경우의 절대 최대 휨모멘트
  ㉠ 합력(R)과 작용점 계산 : 작용하중의 합력 R과 작용 위치 계산 (바리뇽의 정리)
  ㉡ 근처 하중 선택 : 합력(R)에서 가장 가까운 하중 또는 근처의 큰 하중(P3) 선택
  ㉢ 두 힘의 이등분점 : 합력 R과 선택 하중 P_3 의 중간 이등분(1/2)점 표시
  ㉣ 두 힘의 이등분점 = 보의 중앙점에 위치되도록 이동하중 재하
  ㉤ 선택 하중 P3 이 작용하는 점에서 휨모멘트를 계산하면 절대 최대 휨모멘트가 됨.

② 등분포하중이 작용하는 경우의 절대 최대 휨모멘트
  ㉠ 보의 중앙과 등분포하중의 중앙을 일치시킴.
  ㉡ 절대 최대 휨모멘트(Mmax) = 중앙점에서 휨모멘트 계산

제8절 뮐러 브레슬러법을 이용한 영향선 작도

① 개요

(1) 뮐러-브레슬러 방법으로 정정보에 대한 영향선을 쉽게 구할 수 있다. 그 순서는 다음과 같다.
  ① 영향선을 구하려는 매개변수에 의해 발생하는 구속을 제거한다.
  ② 그 다음 만들어진 구조물을 단위크기 만큼 이동(변위)하거나 회전시킨다.

② 지점 수직반력에 대한 영향선

(1) 구하려는 지점의 반력을 제거한 다음, 단위크기 1 만큼 위로 이동시킨다.

(2) 좌우 타 지점은 조건에 따라 가능한 범위의 변위(힌지 & 롤러-회전 변위, 고정단-변위 없음)

(3) 좌우 절점은 절점의 상태에 따라 가능한 이동을 수반하여 변위
  ① B지점 반력 Rb의 영향선
    ㉠ B 지점의 반력을 제거한 다음, B점을 단위크기 1 만큼 위로 이동시킨다.
    ㉡ 우측의 D 지점은 단순지지라 회전이 가능한데, 우측 끝의 F지점이 고정단이라 움직임이 구속되어 이에 연결된 D 지점도 변위가 생기지 않음.
    ㉢ 좌측 자유단은 B지점의 이동에 따라 그대로 연속하여 상향으로 이동하고, 우측의 C절점은 힌지로 회전하여 아래 그림과 같이 영향선도 작도

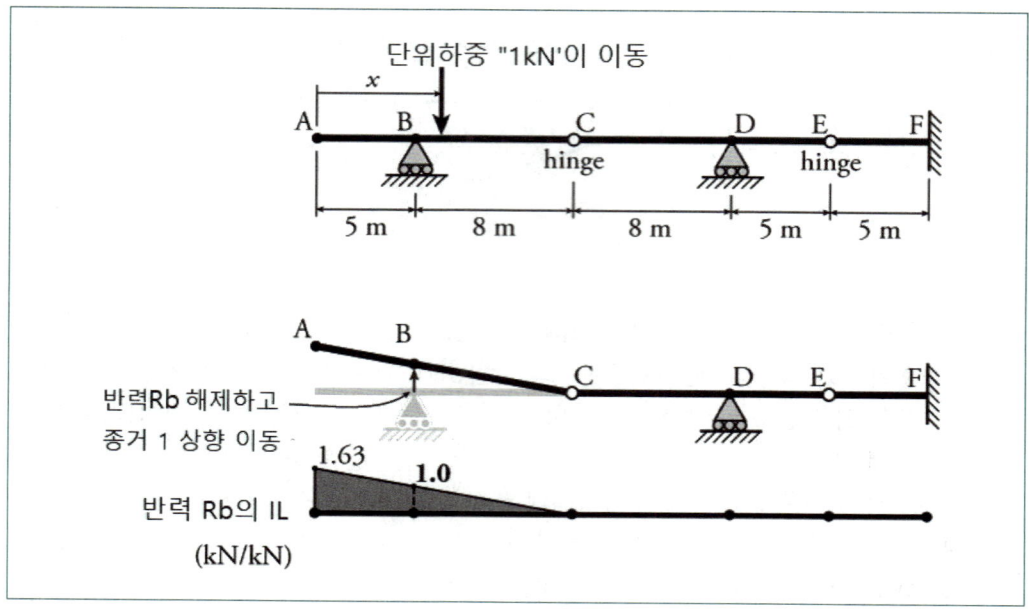

② D지점 반력 Rd의 영향선

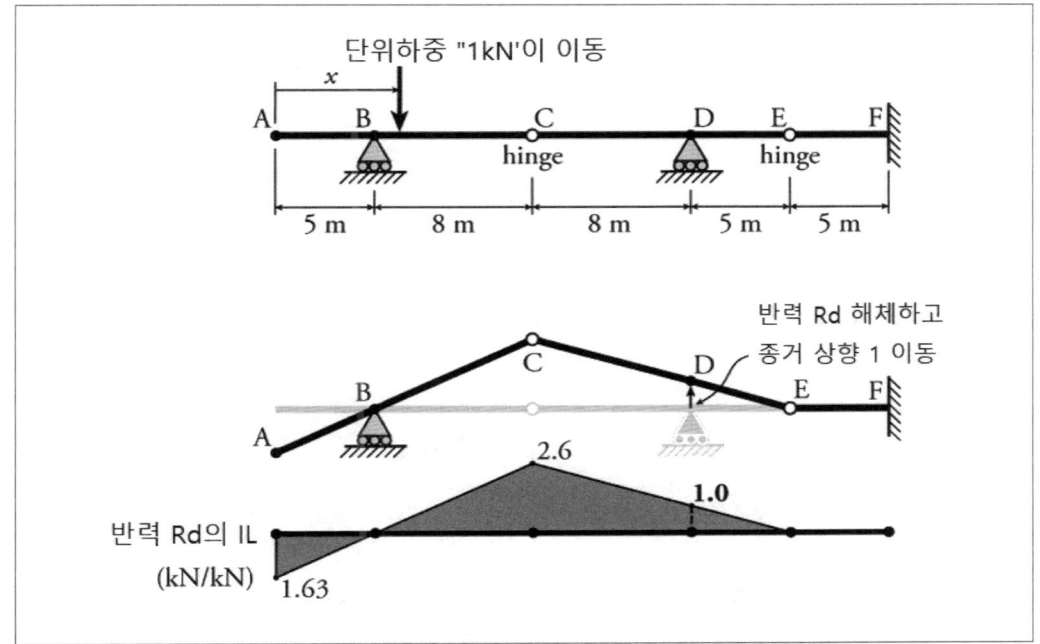

③ F지점 반력 Rf의 영향선

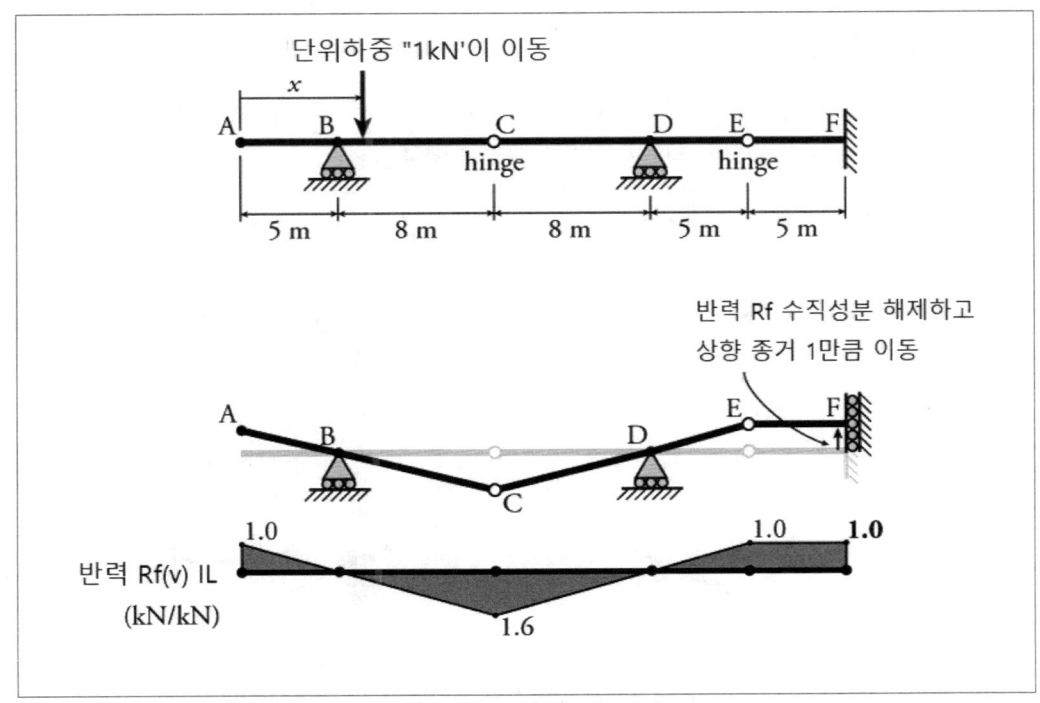

③ 지점 모멘트 반력에 대한 영향선

(1) 구하려는 지점의 모멘트 지지를 해제한 다음, 단위크기 1rad 만큼 회전시킨다.

① F지점의 모멘트 Mf의 영향선

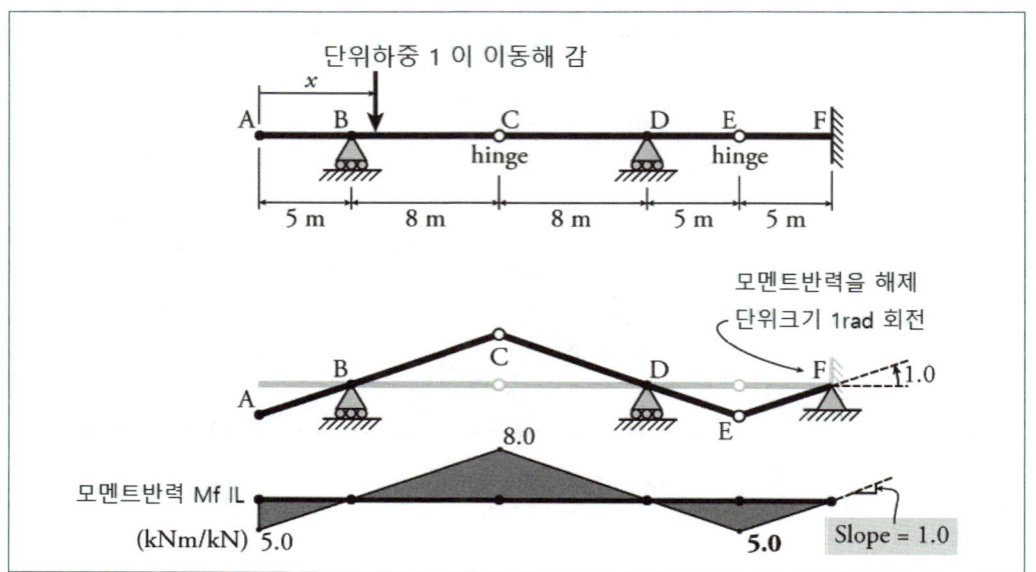

④ 전단력(부재력)에 대한 영향선

(1) 구하려는 점의 전단력을 제거(cut)한 다음, 단위 크기 1 만큼 전단 변위(좌하 우상)시킨다.

① D'위치(D점에서 우측 2m 위치)에서의 전단력의 영향선

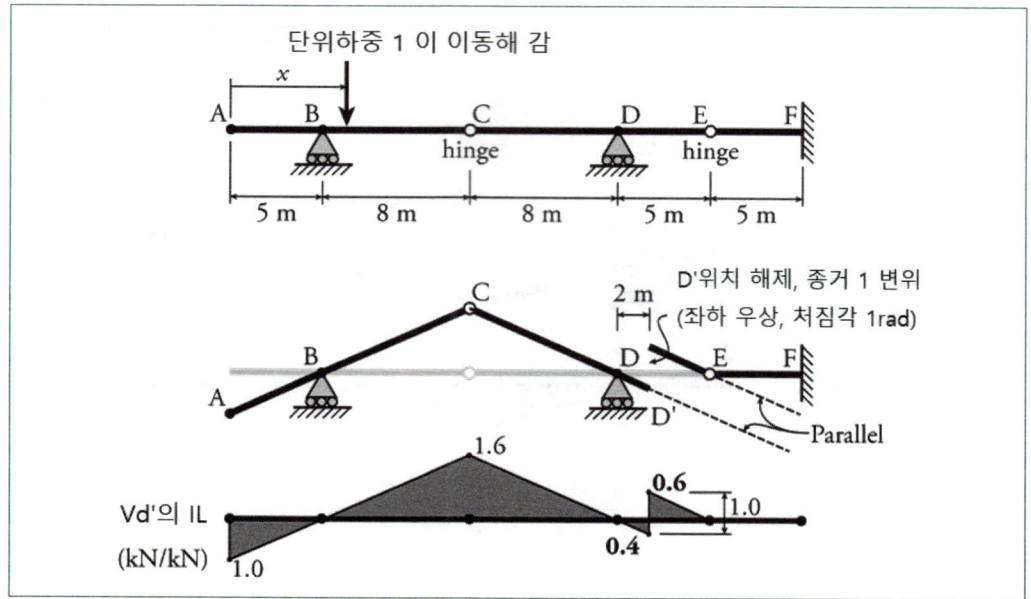

② C'위치(C점에서 우측 6m 위치)에서의 전단력의 영향선

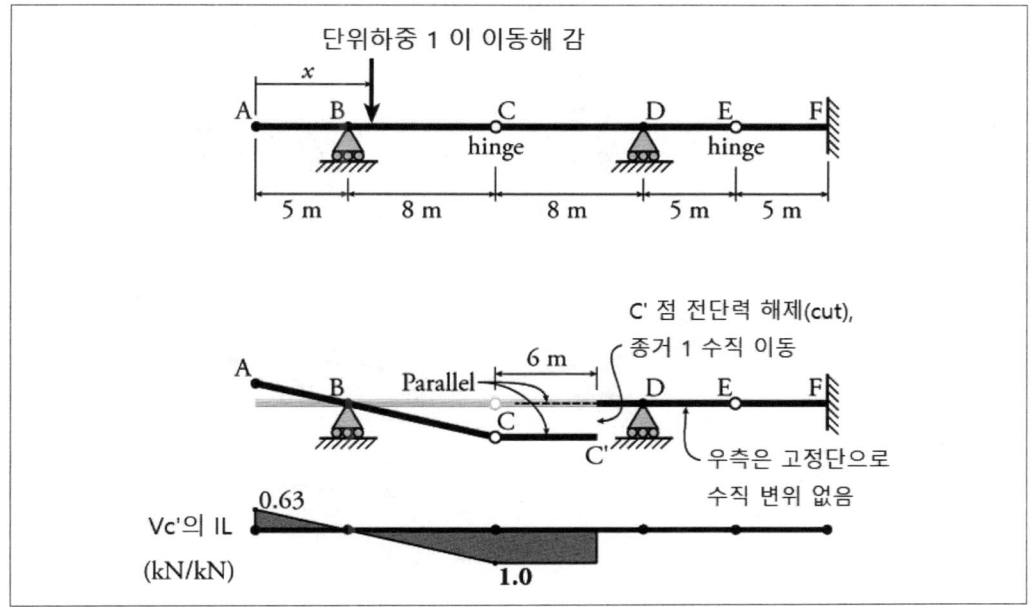

5 휨모멘트에 대한 영향선

(1) 구하려는 점의 모멘트를 제거(hinge)한 다음, 단위 크기 1rad 만큼 회전시킨다.

① D'위치(D점에서 우측 2m 위치)에서의 휨모멘트의 영향선

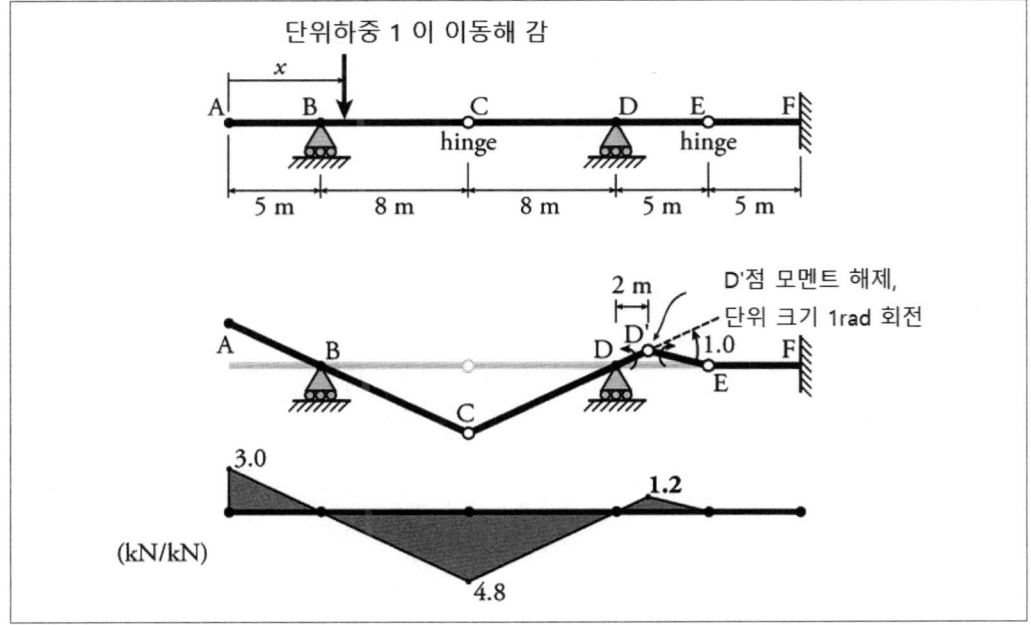

② C'위치(C점에서 우측 6m 위치)에서의 휨모멘트의 영향선

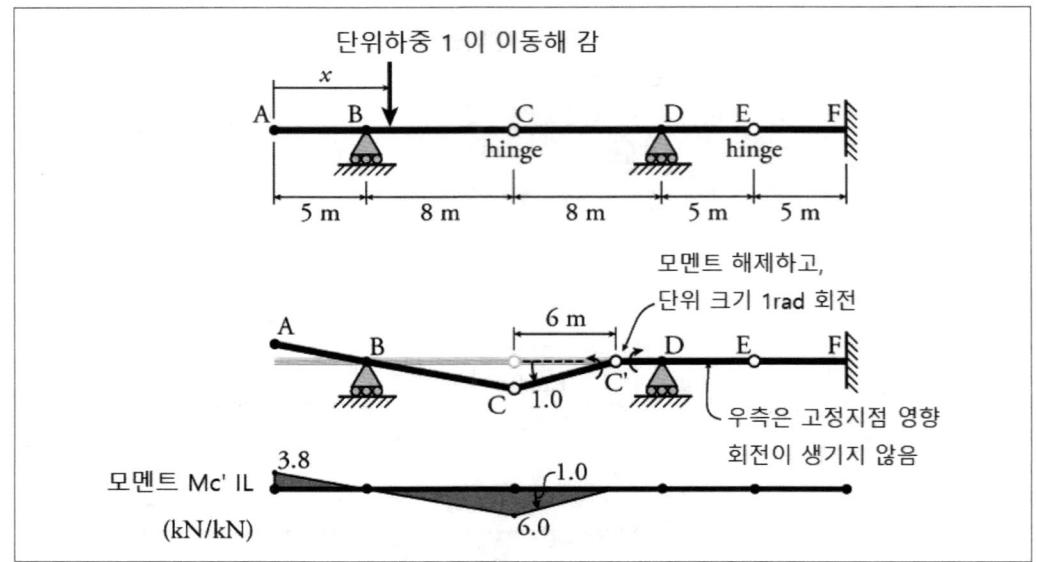

CHAPTER 08 단원 기본 문제

01 다음 그림과 같은 게르버보에서 지점 A의 반력 모멘트에 대한 정성적인 영향선은? 10 국

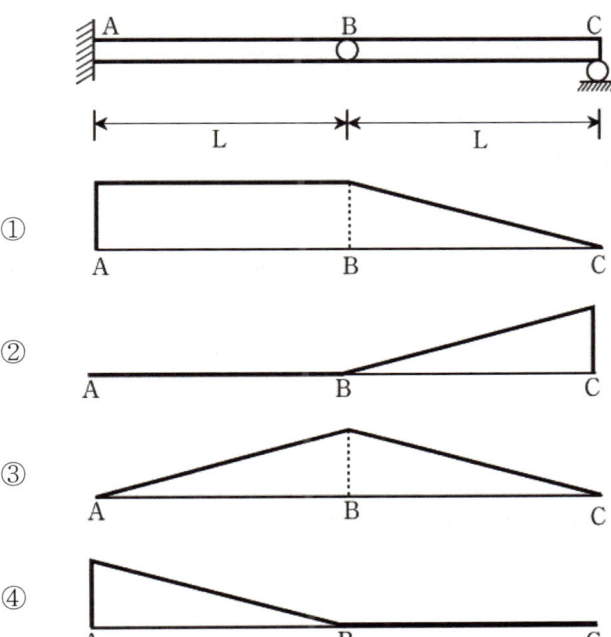

02 그림과 같이 E, F점이 힌지인 게르버보에서 지점 C의 연직반력에 대한 영향선을 바르게 그린 것은? 11 국

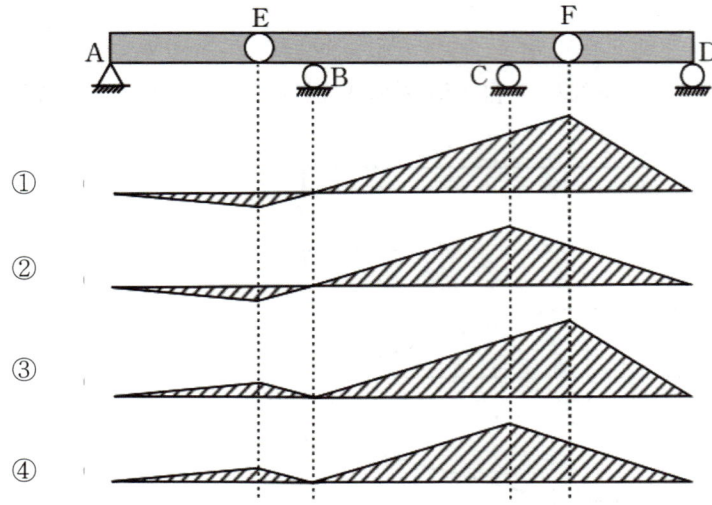

03 다음과 같은 보 구조물에서 지점 B의 연직반력에 대한 정성적인 영향선으로 가장 유사한 것은? (단, D점은 내부힌지이다) 14 지

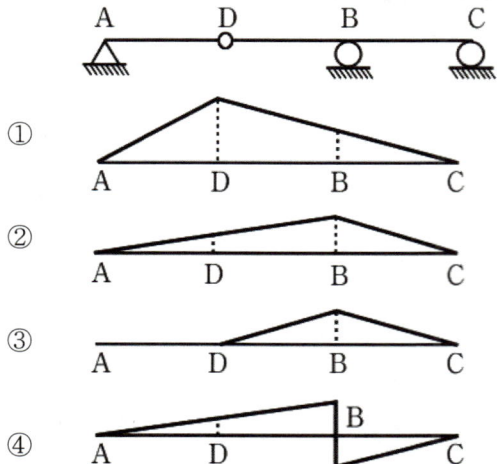

04 그림과 같이 내부 힌지를 가지고 있는 게르버보에서 B점의 정성적인 휨모멘트의 영향선은? 21 지

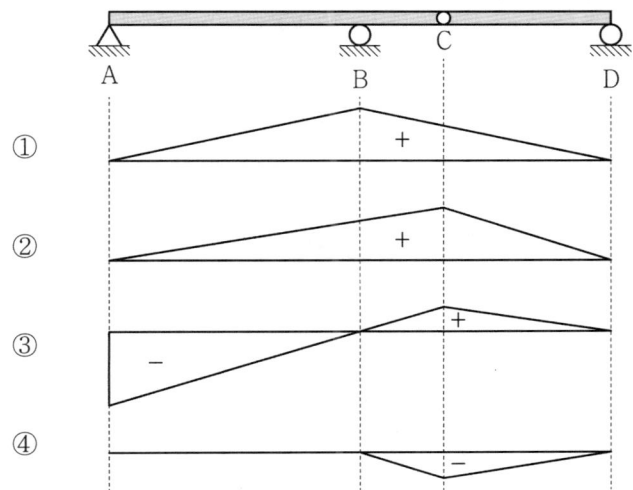

05 그림과 같이 B점에 내부힌지가 있는 게르버보에서 C점에서의 휨모멘트의 영향선으로 옳은 것은? 22 지

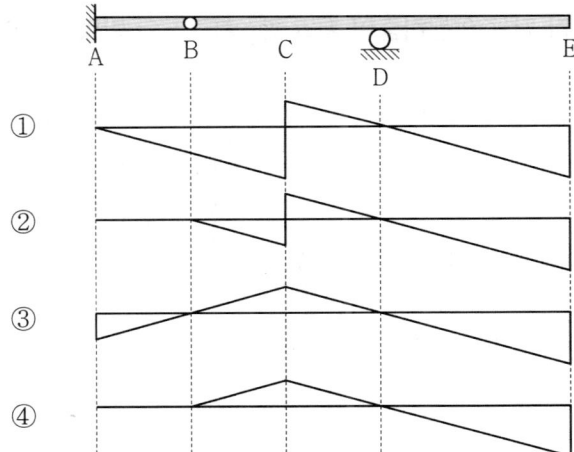

06 그림과 같은 게르버보에서 점 C의 전단력에 대한 영향선은? 23 국

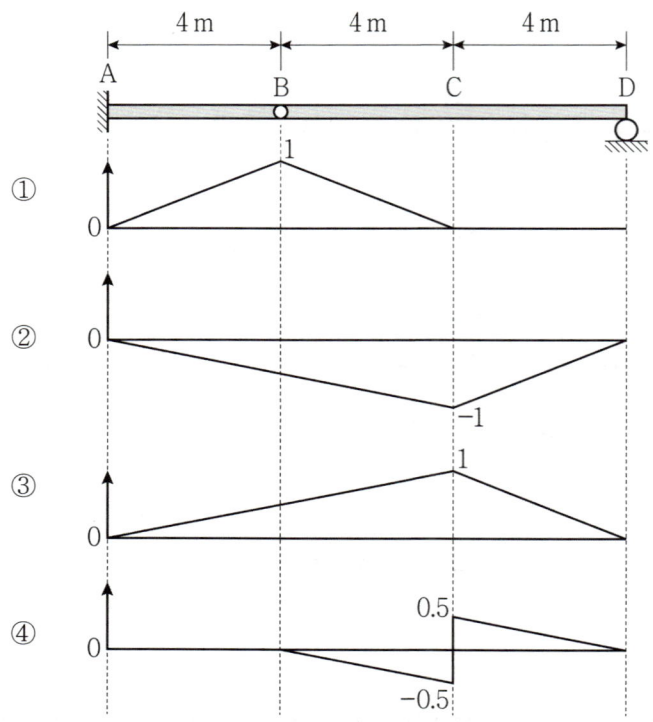

07 다음과 같이 게르버보에 우측과 같은 이동하중이 지날 때, 지점 B의 반력(R_B)의 최대크기[kN]는? 13 국

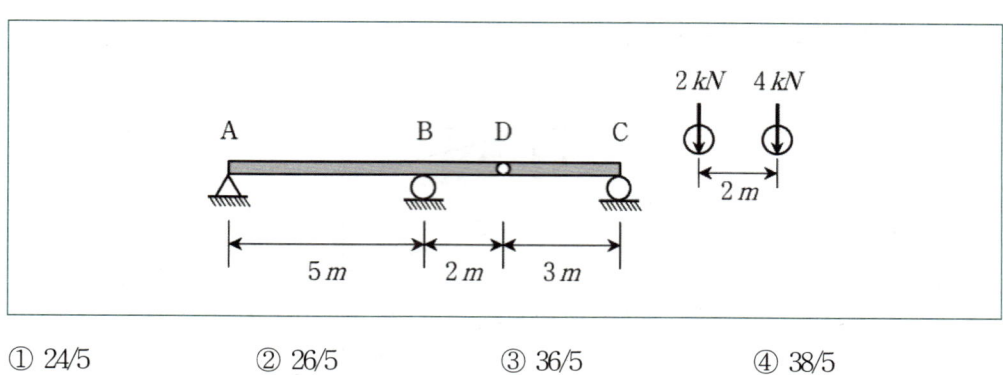

① 24/5　　② 26/5　　③ 36/5　　④ 38/5

08 그림과 같이 단순보에 연행하중이 이동할 때, 지점 A에서의 최대 반력[kN]은? (단, 보의 자중은 무시한다) 24 지

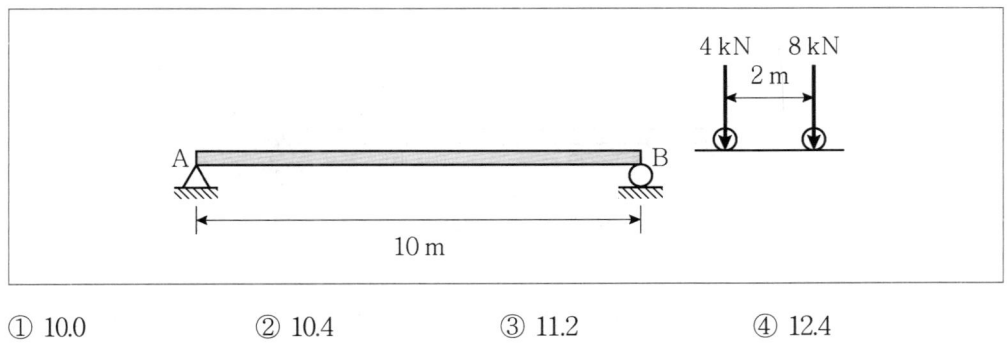

① 10.0 ② 10.4 ③ 11.2 ④ 12.4

09 그림과 같이 등분포 고정하중이 작용하는 단순보에서 이동하중이 작용할 때 절대 최대 전단력의 크기[kN]는? (단, 보의 자중은 무시한다) 20 국

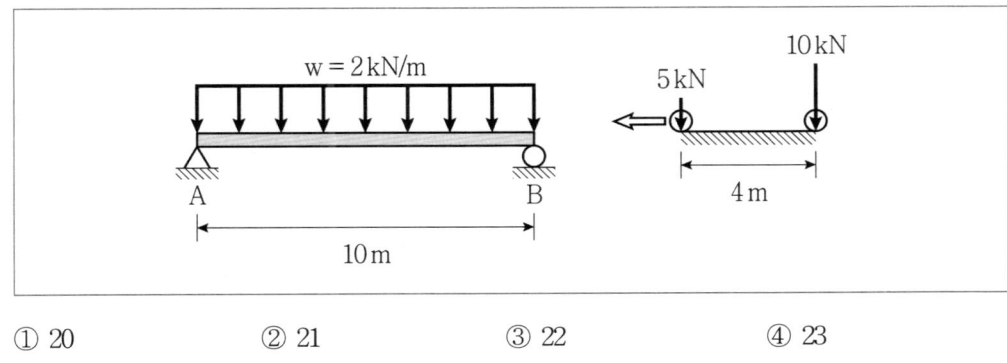

① 20 ② 21 ③ 22 ④ 23

10 그림 (a)와 같은 단순보 위를 그림 (b)의 연행하중이 통과할 때, C점의 최대 휨 모멘트 [kN·m]는? (단, 보의 자중은 무시한다) 15 국

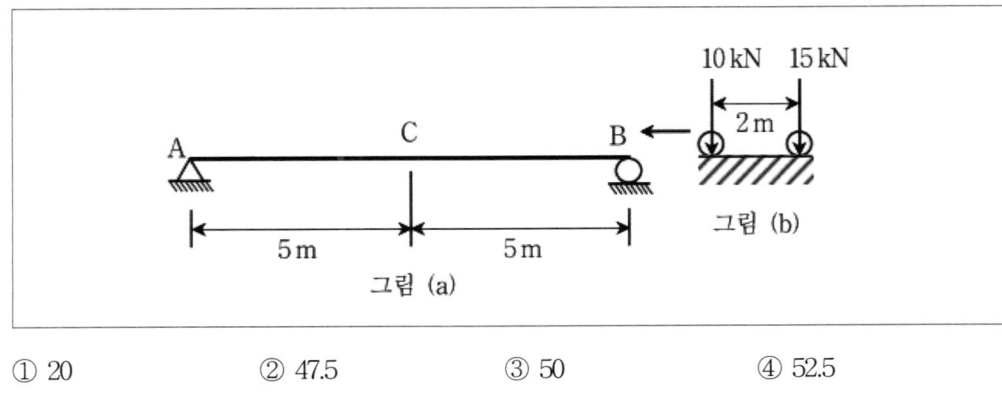

① 20 ② 47.5 ③ 50 ④ 52.5

11 그림과 같이 단순보에 2개의 이동하중이 통과할 때, 절대 최대휨모멘트 발생 위치 x [m]는? (단, 하중은 오른쪽에서 왼쪽으로만 이동하고, 구조물의 자중은 무시한다) 23 지

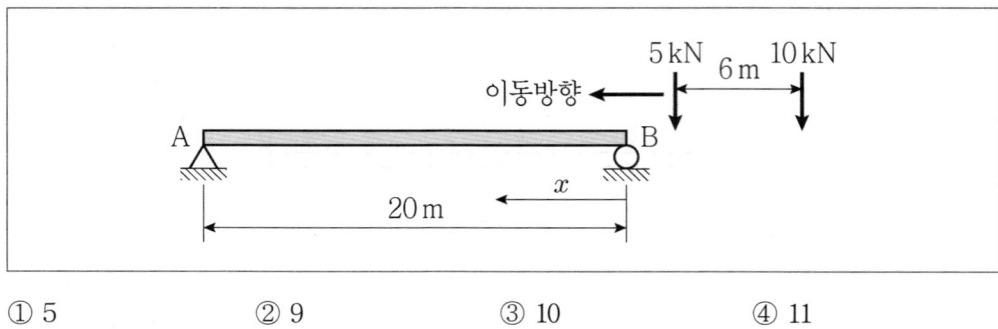

① 5 ② 9 ③ 10 ④ 11

정답 및 해설

01 ③ **02** ① **03** ① **04** ④ **05** ④ **06** ④ **07** ④ **08** ② **09** ② **10** ④ **11** ②

01 ③ 지점A의 모멘트반력을 해제하고(즉, 힌지로 만듦) 1rad회전시킨다. 주변 부재들은 연결된 지점 및 절점의 상태에 연동되어 움직인다.

02 ① 지점 C의 연직 반력을 해제하고(즉, 롤러를 떼어냄) 종거 1만큼 상향 이동시킨다. 주변 부재들은 연결된 지점 및 절점의 상태에 연동되어 움직인다.

03 ① 지점 B의 연직 반력을 해제하고(즉, 롤러를 떼어냄) 종거 1만큼 상향 이동시킨다. 주변 부재들은 연결된 지점 및 절점의 상태에 연동되어 움직인다.

04 ④ 지점 B의 모멘트반력을 해제하고(즉, 힌지로 만듦) 1rad회전시킨다. 주변 부재들은 연결된 지점 및 절점의 상태에 연동되어 움직인다.

05 ④ 지점 C의 모멘트반력을 해제하고(즉, 힌지로 만듦) 1rad회전시킨다. 주변 부재들은 연결된 지점 및 절점의 상태에 연동되어 움직인다.

06 ④ 지점 C의 전단력을 해제하고(즉, 수직으로 자름) 우상 좌하로 종거 1만큼 이동시킨다. 주변 부재들은 연결된 지점 및 절점의 상태에 연동되어 움직인다.

07 ④ 지점 B의 반력을 해제하고 종거 1만큼 상향 이동시킨 영향선에서 (최대반력을 구하기 위해) 종거의 길이가 가장 큰 곳에 하중이 위치하도록 하면, 좌측하중(2kN)은 B점에 우측하중(4kN)은 D점에 위치하게 되고, 이 때, 하중과 종거를 곱하여 최대반력을 구하면 다음과 같다.
$R_B = 2 \times 1 + 4 \times 1.4 = 7.6$

08 ② 지점 A의 반력을 해제하고 종거 1만큼 상향 이동시킨 영향선에서 (최대반력을 구하기 위해) 종거의 길이가 가장 큰 곳에 하중이 위치하도록 하면, 좌측하중(4kN)은 A점에 우측하중(8kN)은 2m떨어진 곳에 위치하게 되고, 이 때, 하중과 종거를 곱하여 최대반력을 구하면 다음과 같다.
$R_B = 4 \times 1 + 8 \times 0.8 = 10.4$

09 ② 절대 최대전단력은 단순보 AB구간에 하중이 지날 때 생기는 전단력 중 가장 큰 값으로, 주어진 하중의 경우에는 우측하중(10kN)이 지점 B위를 막 통과할 때에 생긴다. 이 때, B점 인접 좌측의 전단력을 구하면 다음과 같다.
$20 \times 5 + 5 \times 6 + 10 \times 10 - (V_B \times 10) = 0, \therefore V_B = 23$

10 ④ 이동하중이 작용할 때 C점의 최대 부재력은 하중이 C점에 위치하는 순간에 발생하며, 연행하중에서 큰 하중 15kN이 C점에 위치하는 순간의 반력과 부재력(M)을 구하면 그 값이 최대 휨모멘트가 된다.
반력 : $\Sigma M_B = V_A \times 10 - 10 \times 7 - 15 \times 5 = 0, \therefore V_A = 14.5$
최대휨모멘트 : $\Sigma M_C = -M_C + 14.5 \times 5 - 10 \times 2 = 0, \therefore M_C = 52.5$

11 ② 절대최대휨모멘트의 발생위치는 합력(R)과 큰하중(10kN)의 이등분점이 보 경간의 중앙에 위치할 때, 큰 하중(10kN)의 작용점이 된다. 바리뇽의 정리에 따라 합력(R)은 15kN이고 작용점은 좌측에서 4m위치이므로 합력(R)과 큰 하중(10kN)의 이등분점은 큰(10kN)하중에서 좌측으로 1m떨어진 점이고, 이 점을 보 경간의 중앙점에 위치시키면, 절대최대휨모멘트 발생 위치는 보 중앙점에서 우측으로 1m 떨어진 곳이므로, B점에서의 거리 x는 9m가 된다.

김현
응용역학

🚧 학습의 주안점

제9장은 구조물의 변형(처짐) 단원으로, 평균 약 두 문제 정도 출제되는 단원입니다. 처짐과 처짐각을 구하기 위한 해석법은 처짐곡선의 미분방정식을 이용하는 방법부터 공액보법 등의 여러가지 방법이 있지만, 실제 출제된 문제에서는 이들 방법을 이용하여 풀어나가는 것보다 기본적인 몇 가지 처짐식을 기억하여 기본 원리를 활용하여 중첩방법으로 풀어나가는 경우가 대부분입니다. 따라서, 단원의 마지막 부분에 나오는 단순보의 경우 3가지와 캔틸레버보의 경우 3가지에 대하여 기억하도록 합시다. 주로 출제되는 내민보나 게르버보 등의 처짐과 처짐각 문제 풀이는 위의 기본 유형 3가지를 토대로 경우를 잘 이해하여 중첩의 원리를 적용하여 풀어나가게 됩니다.

제1절 처짐과 처짐각

제2절 처짐의 해법

제3절 주요 처짐각과 처짐 식

제4절 스프링 연결 부재의 해석

CHAPTER 09

구조물의 처짐

CHAPTER 09 구조물의 처짐

제1절 처짐과 처짐각

1 보의 처짐 개요

(1) 탄성곡선과 처짐
① 탄성곡선이란 부재가 외력의 작용으로 휘어졌을 때 그 휘어진 부재의 축이 그리는 곡선으로 그 변형이 탄성 범위인 경우에 탄성곡선이라고 한다.
② 구조물에 하중이 작용하면 그 구조물은 변형하고, 변형중에서 축에 수직한 방향으로 발생한 변위를 처짐(deflection, y or δ)이라고 하고, 각 점의 처짐을 연결하는 곡선을 처짐곡선이라 한다.
③ 처짐곡선 상의 임의의 점에서 그은 접선이 변형전의 보의 축과 이루는 각을 처짐각(slope, Θ or y')이라고 한다.

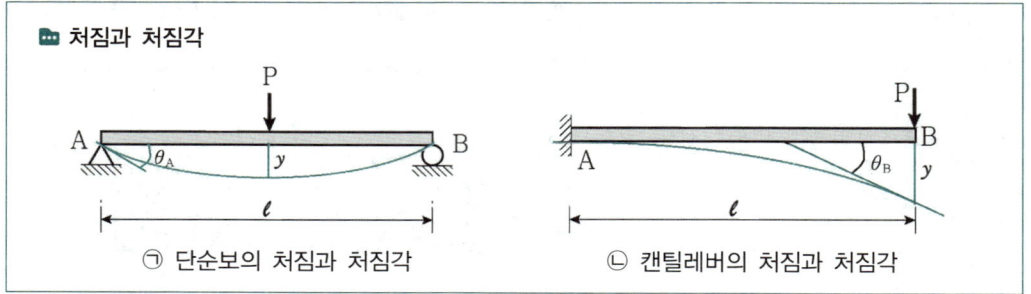

■ 처짐과 처짐각
㉠ 단순보의 처짐과 처짐각
㉡ 캔틸레버의 처짐과 처짐각

(2) 처짐을 구하는 목적
① 사용성 검토: 구조물의 허용처짐량의 결정하기 위해
② 부정정 구조물의 해석을 위해

(3) 부호 규약
① 처짐(y)의 부호
  - 하향(↓) 처짐: +
② 처짐각(Θ)의 부호
  - 시계방향(↷): +

(4) 처짐의 해법
① 탄성곡선의 미분방정식 이용
② 모멘트면적법
③ 탄성하중법
④ 공액보법
⑤ 단위하중법(가상일의 원리)
⑥ 에너지법 등

❷ 탄성곡선식의 유도

(1) 기본사항

① 곡률반지름(ρ) : 곡률중심에서 처짐곡선까지의 거리

② 곡률(curvature; κ) : 단위길이에 대한 각변화율 (곡률반지름의 역수)

$$\kappa = \frac{d\theta}{dx}\left(=\frac{1}{\rho}\right) \quad \therefore \tan d\theta \simeq d\theta = \frac{ds}{\rho} = \frac{dx}{\rho}$$

㉠ 모멘트-곡률 관계 : 곡률은 모멘트에 비례하고, 강성에 반비례한다.

$$\kappa = \frac{M}{EI}$$

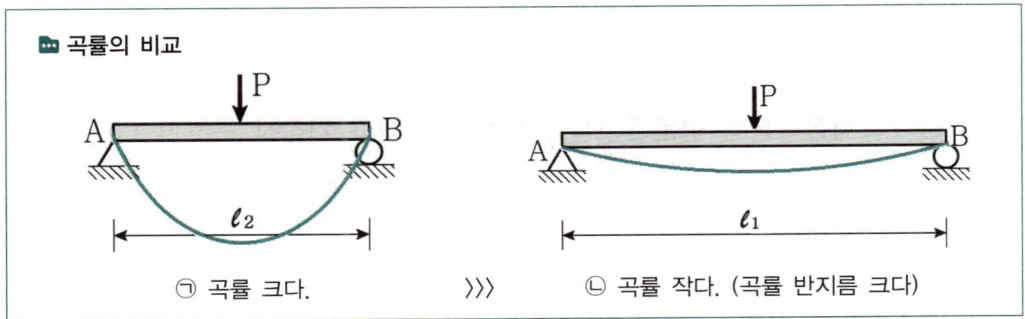

▸ 곡률의 비교

㉠ 곡률 크다. 〉〉〉 ㉡ 곡률 작다. (곡률 반지름 크다)

㉡ 처짐곡선의 기울기는 처짐곡선의 미분(1차 도함수) : $\tan\theta \simeq \theta = \frac{dy}{dx}$

ⓐ θ가 매우 작을 때

$$\tan d\theta \simeq d\theta = \frac{ds}{\rho} = \frac{dx}{\rho}$$

ⓑ θ를 x에 대해 미분하면

$$\frac{d\theta}{dx} = \frac{d^2y}{dx^2}$$

ⓒ 모멘트-곡률 관계에서

$$\kappa = \frac{d\theta}{dx} = \frac{d^2y}{dx^2} = \frac{M}{EI}$$

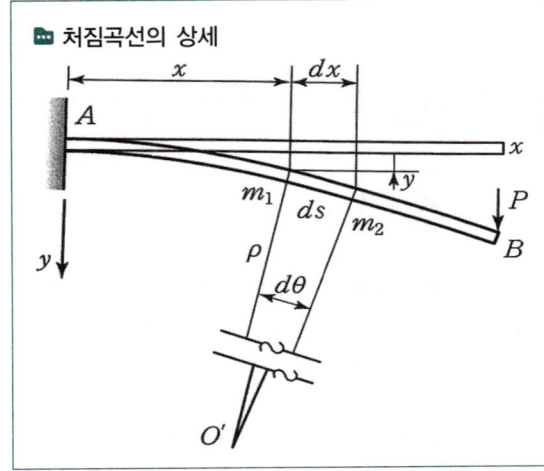

▸ 처짐곡선의 상세

제2절 처짐의 해법

❶ 탄성곡선의 미분방정식 이용

(1) 처짐곡선의 미분방정식을 세우고 이 미분방정식을 풀어서 처짐곡선식을 유도한 후 이 처짐곡선식으로부터 처짐과 처짐각을 구하면 된다.

(2) 탄성곡선의 미분방정식을 이용한 방법은 모멘트 하중을 한 번 적분하면 처짐각이 유도되고, 모멘트 하중을 2번 적분(처짐각을 1번 적분)하면 처짐이 유도된다는 식을 이용한다.

$$y''\left(\frac{d^2y}{dx^2}\right) = \frac{M}{EI} \Rightarrow EI\,y \text{ 관계식에서, (한번 적분, 두번 적분해서)}$$

$$EI\,y' = \int M\,dx \quad (\text{처짐각 } \theta = y' \text{ 구함})$$

$$EI\,y = \iint M\,dx \quad (\text{처짐 } y \text{ 구함})$$

❷ 적용 1: 처짐곡선의 미분방정식을 이용한 처짐과 처짐각 구하기 1

그림과 같이 캔틸레버의 자유단에 집중하중 P가 작용하는 경우에 자유단(B점)의 최대 처짐과 처짐각을 계산해 보자.

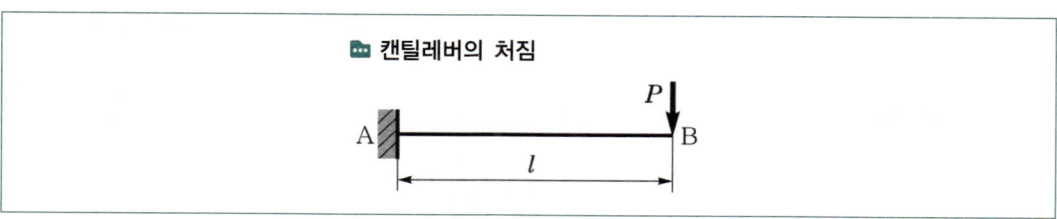

📖 캔틸레버의 처짐

(1) **반력구하기**: 집중 하중이므로 지점A에서의 수직 반력은 P가 된다.

$$\Sigma F_y = 0, \therefore R_A = P$$
$$\Sigma M = 0, \therefore M_A = -Pl$$

(2) **M 일반식 구하기**: 자유물체도를 그리고 임의점 x에서의 모멘트를 구한다.

$$M_x = Pl - Px$$

(3) 처짐곡선의 미분방정식 관계식에서,

$$EI\,y'' = M_x = Pl - Px$$
$$EI\,y' = \int M dx = \int [Pl - Px]dx = Pl\,x - \frac{P}{2}x^2 + C_1 \quad \cdots\cdots ①$$
$$EI\,y = \iint M dx = -\frac{P}{6}x^3 + \frac{Pl}{2}x^2 + C_1 x + C_2 \quad \cdots\cdots ②$$

(4) 경계조건(boundary condition) 이용 적분상수 계산

$x = 0$ 에서 $y = 0$: ②식에서 $x = 0$ → $C_2 = 0$

$x = 0$ 에서 $y'(\theta) = 0$: ①식에서 $x = 0$ → $C_1 = 0$

(5) 적분상수를 위 관계식에 대입하여 일반식 산정

$$EI\,y' = -\frac{P}{2}x^2 + Pl\,x \quad \cdots\cdots ③$$
$$EI\,y = -\frac{P}{6}x^3 + \frac{Pl}{2}x^2 \quad \cdots\cdots ④$$

(6) ③식에 $x = l$을 대입하여 자유단(B점)에서의 처짐각 산정

$$y_B{'}(\theta_B) = \frac{1}{EI}\left(-\frac{P}{2}l^2 + Pl^2\right) = \frac{Pl^2}{2EI}$$

(7) ④식에 $x = l$을 대입하여 자유단(B점)에서의 최대 처짐 산정

$$y_B = \frac{1}{EI}\left(-\frac{P}{6}l^3 + \frac{Pl}{2}l^2\right) = \frac{Pl^3}{3EI}$$

3 적용 2 : 처짐곡선의 미분방정식을 이용한 처짐과 처짐각 구하기 2

그림과 같이 단순보에 등분포하중 ω가 작용하는 경우에 양 지점(A, B점)의 처짐각과 중앙점(C점)에서의 최대 처짐을 계산해 보자.

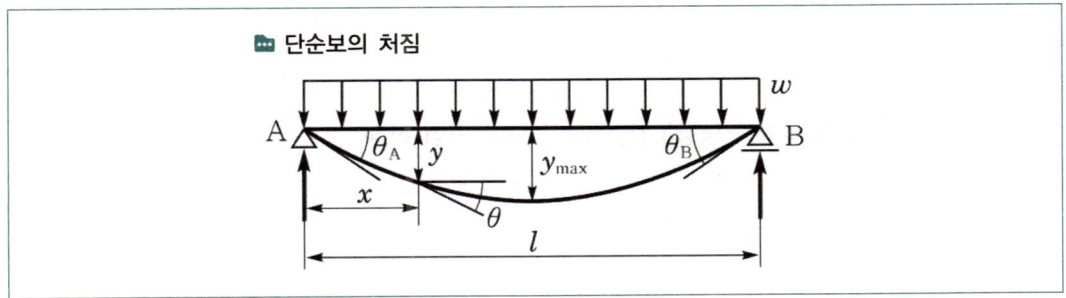

단순보의 처짐

(1) **반력구하기**: 대칭 하중이므로

$$R_A = R_B = \frac{wl}{2}$$

(2) **M 일반식 구하기**: 자유물체도를 그리고 임의점 x에서의 모멘트를 구한다.

$$M_x = \frac{\omega}{2}x^2 - \frac{wl}{2}x$$

(3) **처짐곡선의 미분방정식 관계식에서,**

$$EI\,y'' = M_x = \frac{\omega}{2}x^2 - \frac{\omega l}{2}x$$

$$EI\,y' = \int M dx = \int [\frac{\omega}{2}x^2 - \frac{\omega l}{2}x]dx = \frac{\omega}{6}x^3 - \frac{\omega l}{4}x^2 + C_1 \quad \cdots\cdots ①$$

$$EI\,y = \iint M dx = \frac{\omega}{24}x^4 - \frac{\omega l}{12}x^3 + C_1 x + C_2 \quad \cdots\cdots ②$$

(4) **경계조건(boundary condition) 이용 적분상수 계산**

$$x=0 \text{ 에서 } y=0 : ②식에서\ x=0 \;\to\; C_2 = 0$$

$$x=l \text{ 에서 } y=0 : ②식에서\ x=l \;\to\; 0 = \frac{wl^4}{24} - \frac{wl^4}{12} + C_1 l \quad \therefore\ C_1 = \frac{wl^3}{24}$$

(5) **적분상수를 위 관계식에 대입하여 일반식 산정**

$$EI\,y' = \frac{\omega}{6}x^3 - \frac{\omega l}{4}x^2 + \frac{wl^3}{24} \quad \cdots\cdots ③$$

$$EI\,y = \frac{\omega}{24}x^4 - \frac{\omega l}{12}x^3 + \frac{wl^3}{24}x \quad \cdots\cdots ④$$

(6) **③식에 x=0을 대입하여 A점에서의 처짐각, $x = l$을 대입하여 B점에서의 처짐각 산정**

$$\theta_A = \frac{1}{EI}\left(\frac{wl^3}{24}\right) = \frac{wl^3}{24EI}$$

$$\theta_B = \frac{1}{EI}\left(\frac{w}{6}l^3 - \frac{wl}{4}l^2 + \frac{wl^3}{24}\right) = -\frac{wl^3}{24EI}$$

(7) **④식에 $x = \frac{l}{2}$을 대입하여 중앙(C)점에서의 최대 처짐 산정**

$$y_c = \frac{1}{EI}\left(\frac{w}{24}(\frac{l}{2})^4 - \frac{wl}{12}(\frac{l}{2})^3 + \frac{wl^3}{24}(\frac{l}{2})\right) = \frac{5wl^4}{384EI}$$

❷ 모멘트면적법

(1) 보나 라멘 등에서 휨모멘트에 의해 발생되는 구조물의 처짐과 처짐각을 모멘트도(M도)의 면적을 이용하여 계산하는 방법

(2) **모멘트면적 제1정리** : 탄성곡선 상에서 임의의 점 C와 D에서의 접선이 이루는 각은 이 두 점 간의 휨모멘트도의 면적을 EI로 나눈값과 같다.

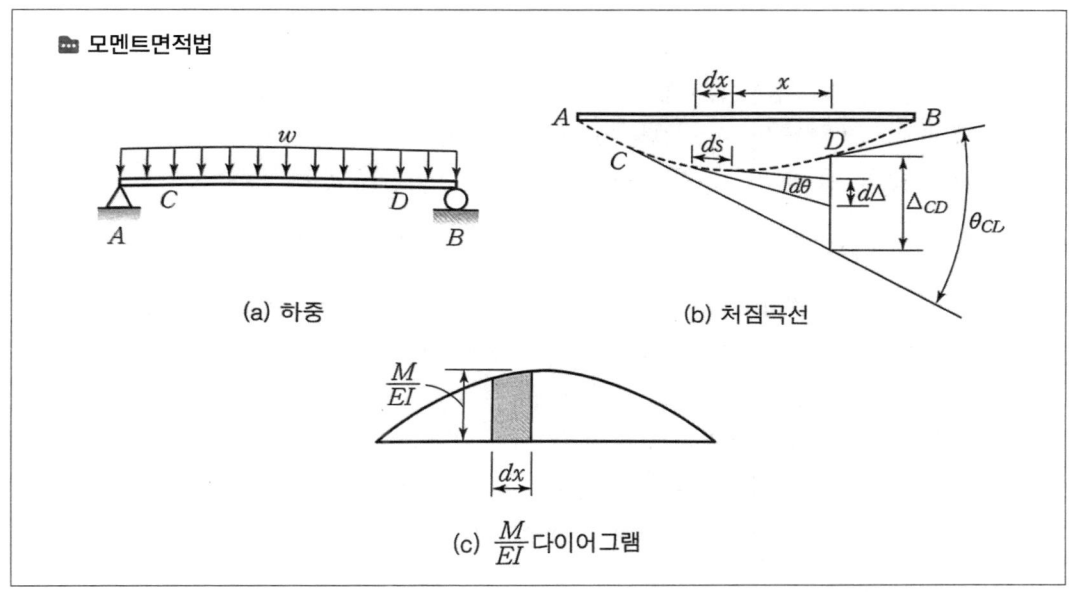

① 모멘트−곡률 관계식($\kappa = \dfrac{d\theta}{dx} = \dfrac{M}{EI}$)에서 $d\theta = \dfrac{M}{EI}dx$이 되고, 이 식을 관찰하면

② 미소구간 dx의 양끝단에서 그은 접선의 사잇각은 $d\theta$이고, 양단의 처짐각의 변화량은 $\dfrac{M}{EI}$도의 면적이 된다.

③ C점과 D점 사이의 처짐각의 변화량

$$\theta_{DC} = \theta_D - \theta_C = \int_C^D \dfrac{M}{EI}dx$$

(3) **모멘트면적 제 2정리** : 탄성곡선상에서의 임의의 점 D에서 탄성곡선에 접하는 접선으로부터 그 탄성곡선상에서 다른점 C까지의 수직거리는 이들 두 점 간의 휨모멘트도 면적의 D점을 지나는 축에 대한 단면1차모멘트를 EI로 나눈값과 같다.

① 미소구간 dx 양 끝단 접선들과 D점에서 내린 수직선에서 사이 거리를 $d\Delta$라고 하면,

$$d\Delta = x\,d\theta = x\dfrac{M}{EI}dx$$

② D점에서 C점의 접선까지의 수직거리는 Δ_{DC}라고 하면,

$$\Delta_{DC} = \int_C^D x \frac{M}{EI} dx$$

③ 탄성하중법과 공액보법

(1) 보의 처짐각과 처짐을 산정하기 위하여 모멘트 면적법을 응용한 것으로, 작용하중과 휨모멘트의 관계와 탄성하중과 처짐의 관계의 유사성을 이용하여 보의 처짐과 처짐각을 구하는 방법으로 단순보에 대해서 적용한 것을 탄성하중법이라고 하고, 단순보 외에 내민보나 캔틸레버보 겔버보 등에 적용한 것을 공액보법이라 한다.

(2) 이 방법에서는 소위 탄성하중(elastic load)으로 불리는 $\frac{M}{EI}$의 하중이 작용하는 보에서 전단력을 구하면 원래보의 처짐각(θ)이 되고, 휨모멘트를 구하면 원래보의 처짐(y)이 된다.
  ① 탄성곡선에서 두점(A~B) 사이의 처짐각은 공액보에서 그 구간의 전단력이고 두점 사이의 처짐은 그 점(B)에서의 휨모멘트와 같다.
  ② 단순보는 지지점의 변화가 없으나, 캔틸레버나 내민보 등에서는 고정단은 자유단으로 바꾸고, 반대로 자유단은 고정단으로 바꾼다. 또한 겔버보의 내부힌지 절점은 힌지 지점으로 바꾸고, 반대로 내민보의 중간 힌지 지점은 내부힌지 절점으로 바꾼다. 이렇게 바뀐보를 공액보 (conjugate beam)라고 한다.
  ③ 공액보에서의 실제보의 조건변화

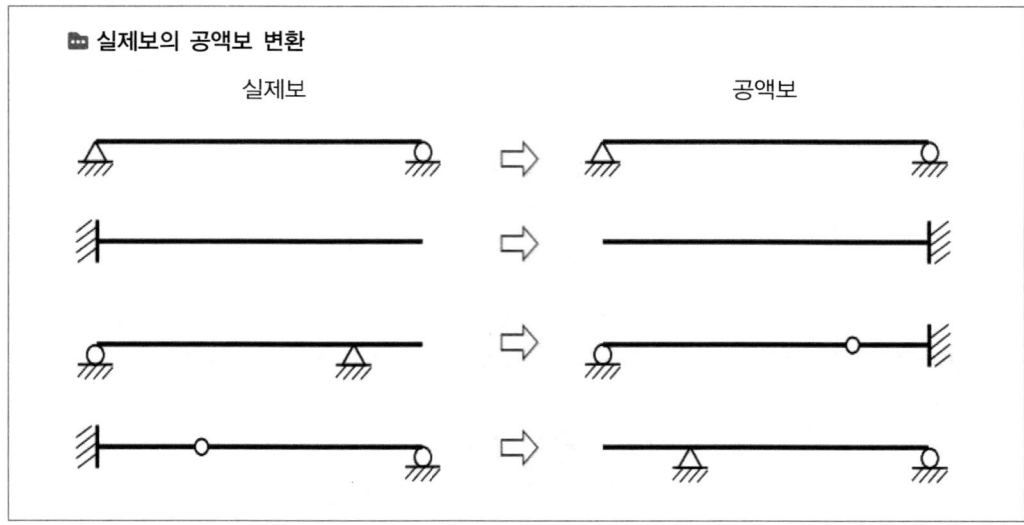

실제보의 공액보 변환

4 단위하중법(가상일의 원리 이용)

(1) 단위하중법은 처짐이나 처짐각을 구하고자 하는 위치에 가상의 단위하중"1"을 작용시켜서 가상일의 원리를 적용하여 처짐각과 처짐을 구하는 방법이다.

> 단위하중법의 식: $\Delta = \int \dfrac{Mm_1}{EI}dx$
> here, M: 실제하중에 의한 모멘트, m_1: 가상의 단위하중(P=1)에 의한 모멘트

(2) **가상일의 원리 (principle of virtual work)**: 평형 상태를 유지하고 있는 구조물에 미소한 가상 변위를 가하였을 때 외부 하중이 가상 변위에 의하여 일으킨 외적 가상일과 내부 응력이 가상 변위에 의하여 발생한 가상 변형에 의하여 한 내적 가상일(내부에 저장된 변형 에너지)이 같다는 원리를 이용하는 에너지 방법이다.

① 처짐을 구할 때: 변위를 만드는 가상의 단위 힘 P=1을 작용시킴.

$$\delta = \int \dfrac{Mm_1}{EI}dx$$

② 처짐각을 구할 때: 회전을 만드는 가상의 단위모멘트 m=1을 작용시킴.

$$\theta = \int \dfrac{Mm_1}{EI}dx$$

제3절 주요 처짐각과 처짐 식

(1) 캔틸레버의 주요 하중에 따른 처짐각과 처짐 식

구분	하중유형	처짐각(회전각)	처짐
캔틸레버	단부 모멘트 M	$\theta_B = \dfrac{Ml}{EI}$	$y_B = \dfrac{Ml^2}{2EI}$
	단부 집중하중 P	$\theta_B = \dfrac{Pl^2}{2EI}$	$y_B = \dfrac{Pl^3}{3EI}$
	등분포하중 w	$\theta_B = \dfrac{wl^3}{6EI}$	$y_B = \dfrac{wl^4}{8EI}$

(2) 단순보의 주요 하중에 따른 처짐각과 처짐 식

구분	하중유형	처짐각(회전각)	처짐
단순보	M_A, M_B 양단 모멘트 작용	$\theta_A = \dfrac{l}{6EI}(2M_A + M_B)$ $\theta_B = -\dfrac{l}{6EI}(M_A + 2M_B)$	$M_A = M_B = M$ $y_{max} = \dfrac{Ml^2}{8EI}$
	중앙 집중하중 P (위치 $l/2$)	$\theta_A = -\theta_B = \dfrac{Pl^2}{16EI}$	$y_{max} = \dfrac{Pl^3}{48EI}$
	등분포하중 w	$\theta_A = -\theta_B = \dfrac{wl^3}{24EI}$	$y_{max} = \dfrac{5wl^4}{384EI}$

※ M작용시 : $\theta_A = \dfrac{M_A l}{3EI}$ $\theta_B = -\dfrac{M_A l}{6EI}$

제4절 스프링 연결 부재의 해석

① 강체 연결 스프링

(1) 강체의 거동 특성
 ① 구조시스템에 연결된 강체(rigid body)는 무한강성을 가진 부재로 부재 자체의 휨이나 변형은 생기지 않고, 연결된 탄성재의 움직임을 따라 움직이거나 전달하는 역할을 한다.

(2) 스프링의 힘
 ① 구조체에 연결된 스프링에 힘(F)이 작용하면 스프링상수(k)에 비례해 변형(δ, θ)이 생기고, 이 변형이 복원되는 방향으로 스프링힘(복원력)이 생긴다.
 ② 즉, 축방향 스프링은 변형이 복원되는 방향으로 축방향 힘을 받으며(복원력), 이 방향으로 스프링힘(F=kδ)이 작용한다. (k : 스프링상수, 강성)
 ③ 회전 스프링은 회전력이 복원되는 방향으로 스프링 힘(M=kθ)이 작용한다.

(3) 스프링의 연결 방법에 따른 강성(k) 산정

① 직렬 연결시의 강성 산정

㉠ $P = F_1 = F_2$

㉡ $F_1 = k_1 \delta_1 \rightarrow \delta_1 = \dfrac{P}{k_1}$

㉢ $F_2 = k_2 \delta_2 \rightarrow \delta_2 = \dfrac{P}{k_2}$

㉣ $P = k_e \delta = k_e (\delta_1 + \delta_2) = k_e \left(\dfrac{P}{k_1} + \dfrac{P}{k_2} \right)$

㉤ $1 = k_e \left(\dfrac{1}{k_1} + \dfrac{1}{k_2} \right) \quad \therefore \ k_e = \dfrac{k_1 k_2}{k_1 + k_2}$

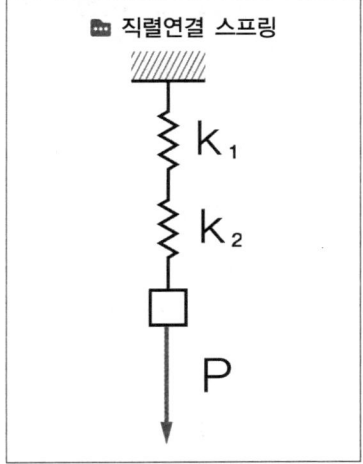
▨ 직렬연결 스프링

② 병렬 연결시의 강성 산정

㉠ $P = F_1 + F_2$

㉡ $P = k_1 \delta + k_2 \delta = (k_1 + k_2) \delta$

㉢ $k_e = k_1 + k_2$

(4) 회전스프링에 연결된 부재의 강성(k) 산정

① 회전 스프링은 회전력이 복원되는 방향으로 스프링 힘 (M=kθ)이 작용한다.

㉠ 지점부에 회전 스프링 설치시: 지점에서 스프링의 모멘트 M=kθ가 작용하는 상태에서 힘의 평형식 적용

㉡ 부재 높이(길이) 중간에 회전 스프링 설치시: 부재 길이 중간부에서 회전각 가 양쪽으로 고려되어야 하므로, 스프링의 모멘트 M=k(2θ)가 작용하는 상태에서 힘의 평형식 적용

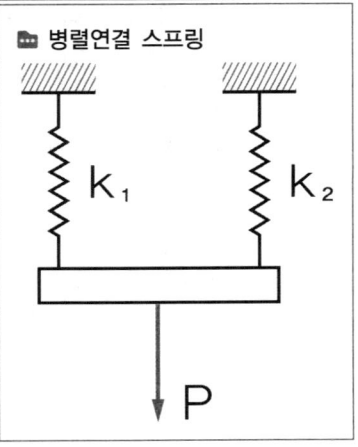
▨ 병렬연결 스프링

② 탄성체(휨재) 연결 스프링

(1) 부재의 거동 특성
① 구조시스템의 탄성부재(보 등)에 연결된 스프링은 탄성부재의 변형과 병행하여 스프링의 변형이 생기고 이 둘은 변형을 중첩하여 전체 변형 또는 작용하는 힘, 강성의 관계(P=kδ)를 나타낸다.
② 변형(처짐 δ)이 동일하면 힘(하중)은 강성의 비에 따라 분배된다.

(2) 부재의 연결 유형에 따른 하중 분배
① 처짐(변형 δ)이 동일한 경우 ⇒ 강성(k)에 따라 하중 분배
  ㉠ 연결 부재에서 각 부재의 처짐(δ)은 (P=kδ) 관계에서 $(\delta_1 = \dfrac{P_1}{k_1}) \equiv (\delta_2 = \dfrac{P_2}{k_2})$이 됨.
  ㉡ 연결점에서 반력을 구하여, 각 부재의 강성비에 따라 힘(반력)을 분배

② 강성(k)이 동일한 경우 ⇒ 처짐(변형, δ)에 따라 하중 분배
  ㉠ 연결 부재에서 각 부재의 강성(k)은 (P=kδ) 관계에서 $(k_1 = \dfrac{P_1}{\delta_1}) \equiv (k_2 = \dfrac{P_2}{\delta_2})$이 됨.
  ㉡ 처짐(δ)에 따라 힘(반력)을 분배

CHAPTER 09 단원 기본 문제

01 구조물의 변위를 구하는 방법에 대한 설명으로 옳지 않은 것은? 23 지
① 모멘트면적법은 처짐 곡선의 기하학적인 성질을 이용하여 보의 변위를 구하는 방법이다.
② 공액보법은 단부의 조건을 변화시킨 공액보에 탄성하중을 재하하여 변위를 구하는 방법이다.
③ 가상일법은 보 처짐에 관한 미분방정식의 적분과 경계조건을 이용하여 변위를 구하는 방법이다.
④ 카스틸리아노(Castigliano) 제2정리는 변형에너지를 작용하중에 대하여 1차 편미분한 값은 그 하중의 위치에 생기는 변위가 된다는 방법이다.

02 그림과 같이 휨강성 EI가 일정한 단순보에 등분포 하중 ω가 작용할 때 최대처짐각 θ와 최대처짐량 δ는? 07 국

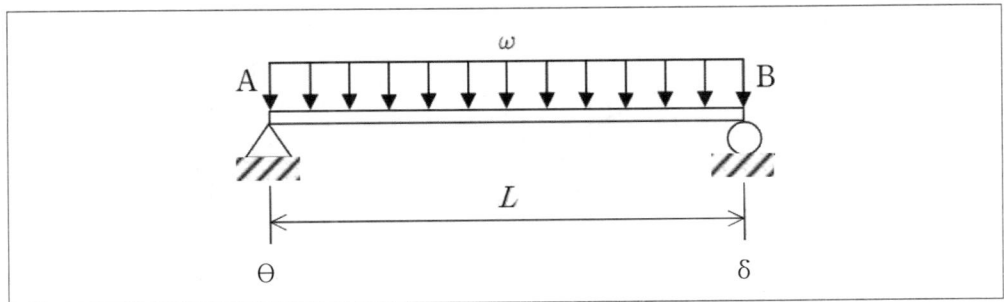

① $\dfrac{wL^3}{12EI}$ $\dfrac{wL^4}{30EI}$ ② $\dfrac{wL^3}{24EI}$ $\dfrac{5wL^4}{384EI}$

③ $\dfrac{wL^3}{12EI}$ $\dfrac{5wL^4}{384EI}$ ④ $\dfrac{wL^3}{24EI}$ $\dfrac{wL^4}{30EI}$

03 그림과 같은 외팔보에서 B점의 회전각은? (단, 보의 휨강성 EI는 일정하며, 자중은 무시한다) 16 지

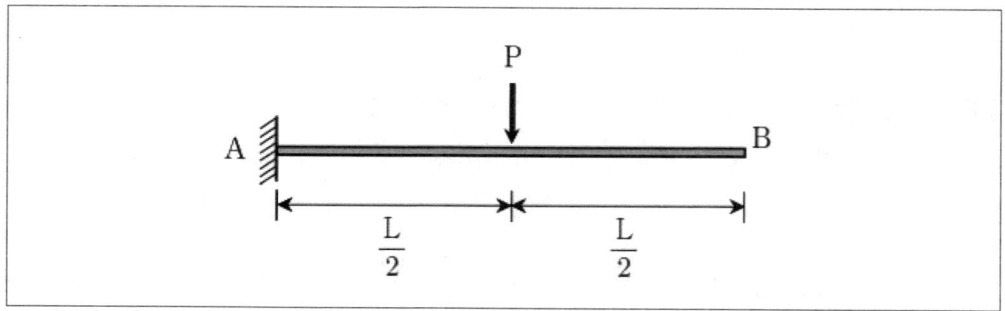

① $\dfrac{PL^2}{4EI}$ ② $\dfrac{PL^2}{6EI}$ ③ $\dfrac{PL^2}{8EI}$ ④ $\dfrac{PL^2}{12EI}$

04 그림과 같이 캔틸레버보에 하중 P와 Q가 작용하였을 때, 캔틸레버보 끝단 A점의 처짐이 0이 되기 위한 P와 Q의 관계는? (단, 보의 휨강성 EI는 일정하고, 자중은 무시한다)

18 지

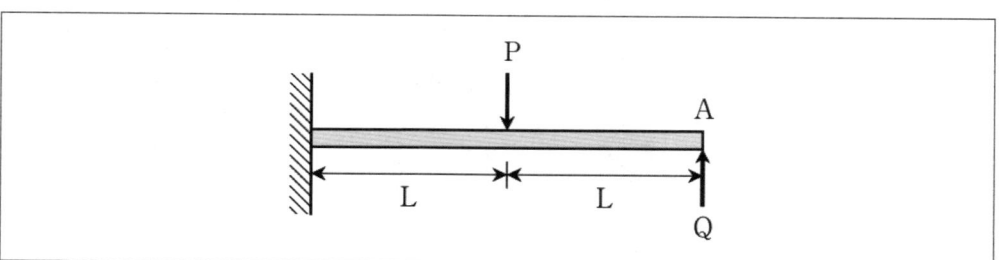

① $Q = \dfrac{3}{16}P$ ② $Q = \dfrac{1}{4}P$ ③ $Q = \dfrac{5}{16}P$ ④ $Q = \dfrac{3}{8}P$

05 그림과 같은 외팔보에서 자유단의 처짐은? (단, 보의 휨강성은 EI이며, 보의 자중은 무시한다) 24 지

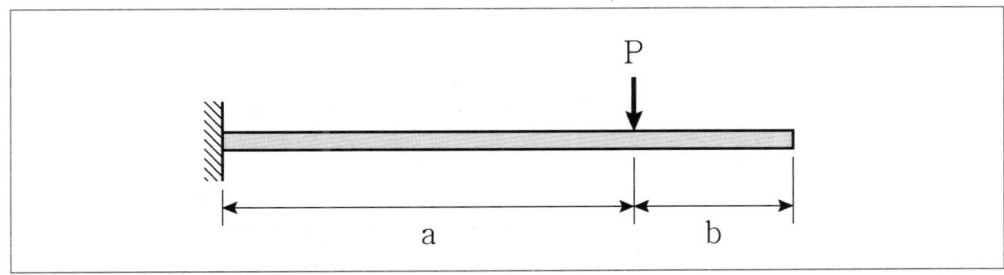

① $\dfrac{Pa^2}{6EI}(2a+3b)$ ② $\dfrac{Pa^2}{6EI}(3a+2b)$ ③ $\dfrac{Pa^2}{3EI}(a+2b)$ ④ $\dfrac{Pa^2}{3EI}(2a+b)$

06 다음 그림과 같은 켄틸레버보에서 $M_o = 2Pl$ 인 경우 B점의 처짐방향과 처짐량 δ는? (단, 휨강성 EI 는 일정하다) 08 국

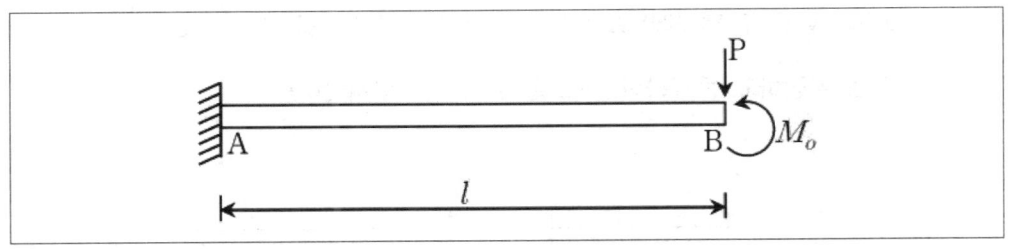

① ↑, $\dfrac{2}{3}\dfrac{Pl^3}{EI}$ ② ↑, $\dfrac{4}{3}\dfrac{Pl^3}{EI}$ ③ ↓, $\dfrac{2}{3}\dfrac{Pl^3}{EI}$ ④ ↓, $\dfrac{4}{3}\dfrac{Pl^3}{EI}$

07 휨강성(EI)이 동일한 두 캔틸레버보 (a)와 (b)에서 자유단 B점의 처짐이 같아지도록 하는 하중 P는? (단, 구조물의 자중은 무시한다) 24 국

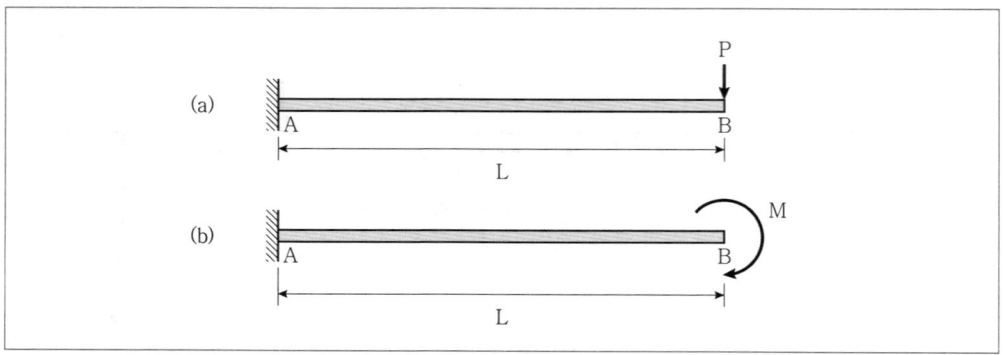

① $\dfrac{1}{2}\dfrac{M}{L}$ ② $\dfrac{M}{L}$ ③ $\dfrac{3}{2}\dfrac{M}{L}$ ④ $2\dfrac{M}{L}$

08 그림과 같은 두 캔틸레버보에서 자유단의 처짐이 같을 때, $\dfrac{P_1}{P_2}$ 는? (단, 두 보의 휨강성 EI는 일정하고 동일하며, 구조물의 자중은 무시한다) 21 국

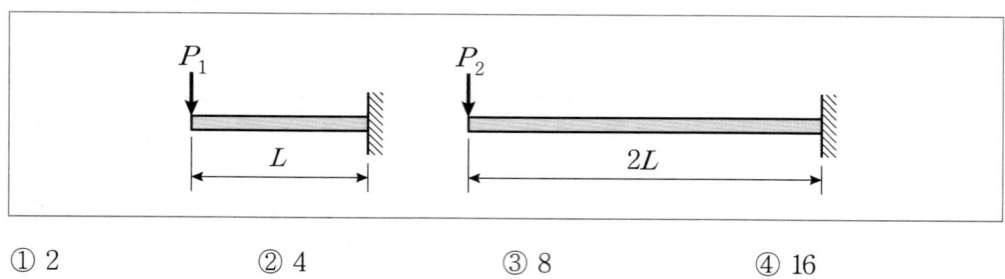

① 2 ② 4 ③ 8 ④ 16

09 그림과 같은 단순보에 집중하중 P와 분포하중 $\omega = \dfrac{P}{L}$ 가 작용할 경우, A점의 처짐각은 $C_1 \dfrac{PL^2}{EI}$ 이다. 상수 C_1의 크기는? (단, 보의 휨강성 EI는 일정하고, 구조물의 자중은 무시한다) 21 지

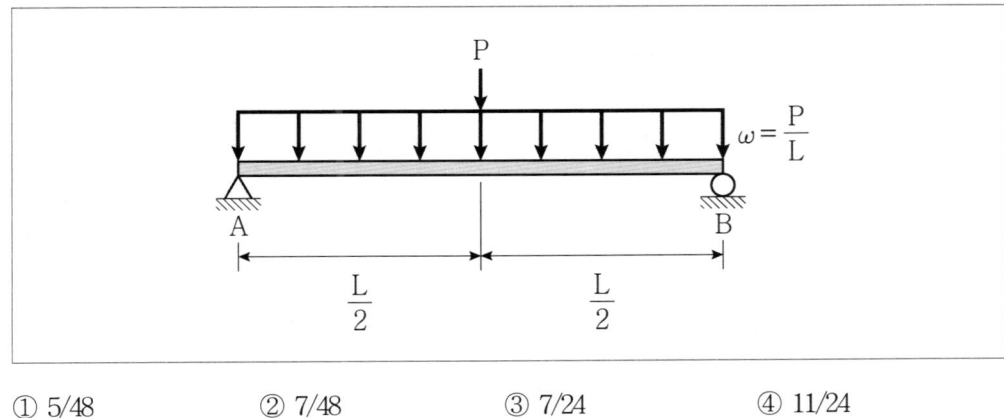

① 5/48 ② 7/48 ③ 7/24 ④ 11/24

10 그림과 같은 정정보의 휨변형에 의한 B점의 수직 변위의 크기 [mm]는? (단, B점은 힌지이고, 휨강성 EI = 100,000 kN·m²이고, 자중은 무시한다) 17 지

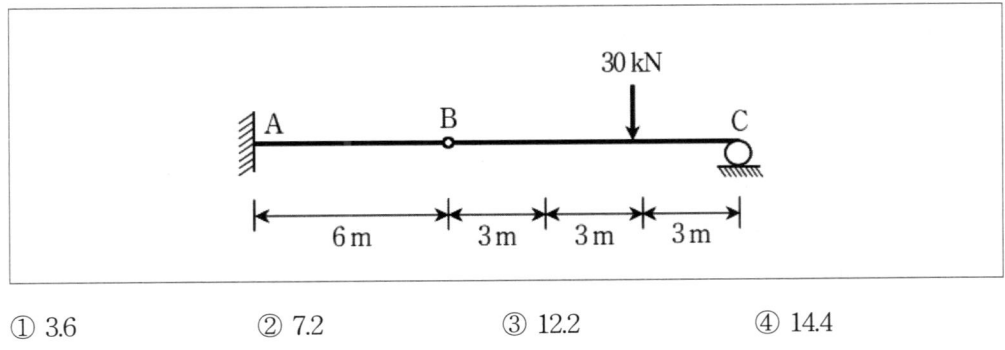

① 3.6 ② 7.2 ③ 12.2 ④ 14.4

11 다음과 같은 구조물에서 C점의 수직변위[mm]의 크기는? (단, 휨강성 EI=10000/16 MN·m², 스프링상수 k=1 MN/m이고, 자중은 무시한다) 15 지

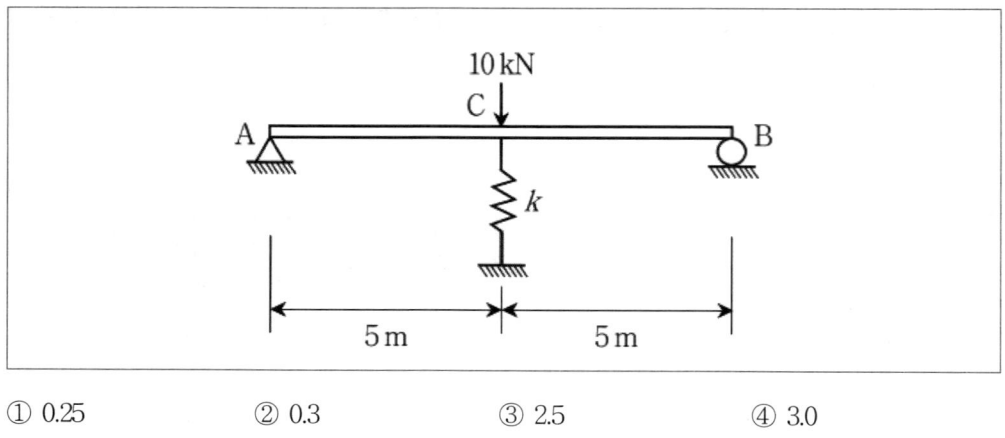

① 0.25　　　② 0.3　　　③ 2.5　　　④ 3.0

12 그림과 같은 단순보의 C점에 스프링을 설치하였더니 스프링에서의 수직 반력이 $\frac{P}{2}$ 가 되었다. 스프링 강성 k는? (단, 보의 휨강성 EI는 일정하고 보의 자중은 무시한다)

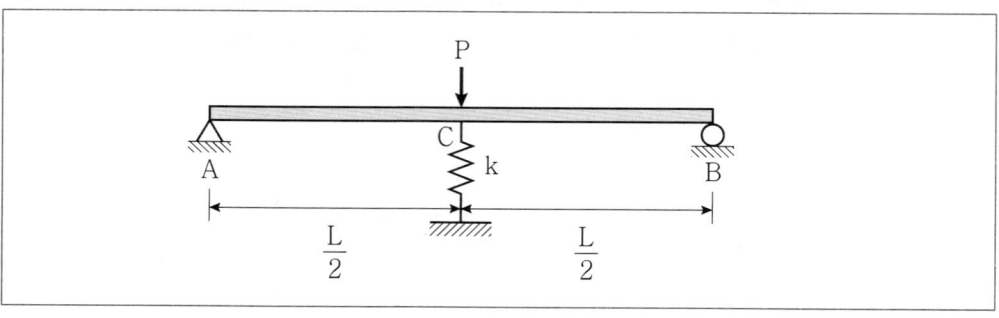

① $\frac{24EI}{L^3}$　　　② $\frac{48EI}{L^3}$　　　③ $\frac{96EI}{L^3}$　　　④ $\frac{120EI}{L^3}$

13 그림과 같은 강체에서 하중 P에 의해 C점에 0.03 m의 처짐이 발생할 때, C점에 작용된 하중 P[N]는? (단, 자중은 무시한다) 17 지-2

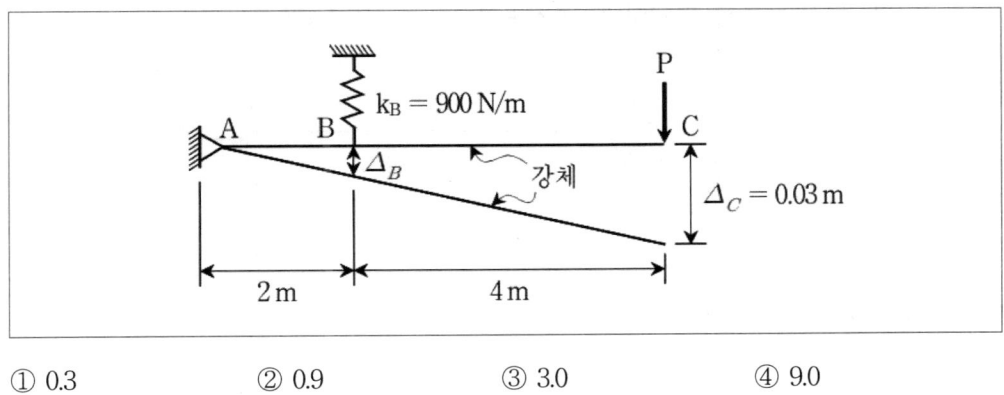

① 0.3 ② 0.9 ③ 3.0 ④ 9.0

14 그림과 같은 이상형 강체 기둥 모델의 좌굴임계하중은? (단, A점은 힌지절점이고, B점은 선형탄성 거동을 하는 스프링에 연결되어 있으며, C점의 변위는 작다고 가정한다. BD 구간의 스프링상수는 k이다) 11 국

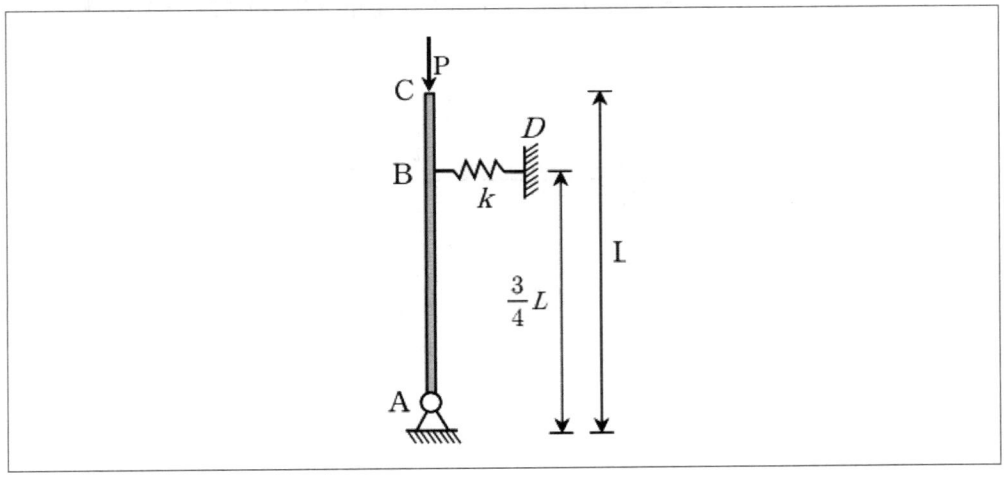

① $\frac{1}{4}$ kL ② $\frac{3}{4}$ kL ③ $\frac{9}{16}$ kL ④ 1 kL

15 그림과 같이 압축력 P를 받는 길이가 L인 강체봉이 A점은 회전스프링(스프링 계수 k_θ)으로, B점은 병진스프링(스프링 계수 k)으로 각각 지지되어 있다. 좌굴하중 Pcr의 크기는? (단, 봉의 자중은 무시하고, 미소변형이론을 적용한다)

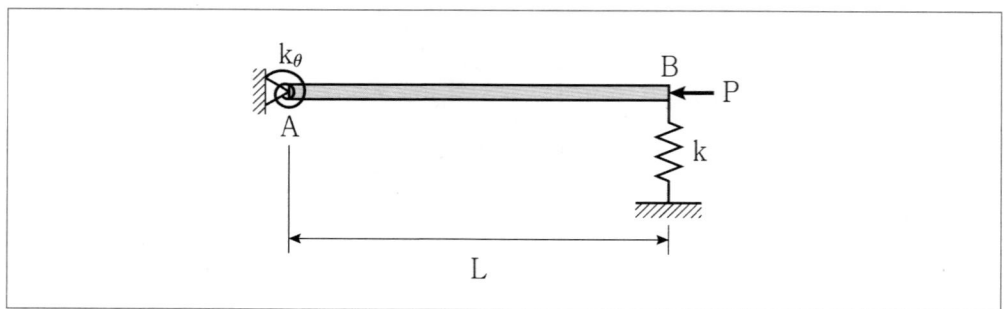

① $kL + \dfrac{k_\theta}{L}$ ② $kL + \dfrac{k_\theta}{2L}$ ③ $2kL + \dfrac{k_\theta}{L}$ ④ $2kL + \dfrac{k_\theta}{2L}$

16 그림과 같은 스프링 연결 보에서 C점의 수직처짐의 크기[mm]는? (단, 보의 EI는 $\dfrac{10^6}{24}[kN.m^2]$이고, 스프링강성 k_s=1,000 kN/m이고, 자중은 무시한다)

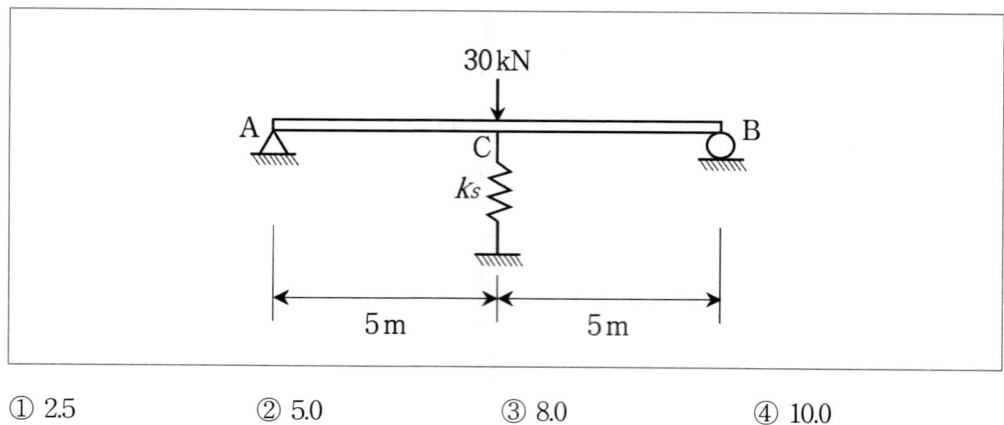

① 2.5   ② 5.0   ③ 8.0   ④ 10.0

정답 및 해설

01 ③ 02 ② 03 ③ 04 ③ 05 ① 06 ① 07 ③ 08 ③ 09 ① 10 ② 11 ③ 12 ②
13 ③ 14 ③ 15 ① 16 ④

01 ③ 가상일법은 가상일의 원리를 이용하는 방법이고, 보 처짐에 관한 미분방정식의 적분과 경계조건을 이용하여 변위를 구하는 방법은 "처짐(탄성)곡선법"이다.

02 ② 단순보에 등분포하중이 작용시 최대처짐각= $\dfrac{wL^3}{24EI}$ 이고, 최대처짐= $\dfrac{5wL^4}{384EI}$ 이다.

03 ③ 캔틸레버 자유단 B점의 회전각은 하중작용점의 회전각과 같으며, 다음과 같이 계산된다.

$$\theta_B = \theta_P = \frac{P(L/2)^2}{2EI} = \frac{PL^2}{8EI}$$

04 ③ 캔틸레버 자유단(A)의 처짐이 "0"이 되기 위해서는 하중 P로 인한 A점의 처짐과 하중 Q로 인한 A점의 처짐이 같아야 하고, 하중 P로 인한 A점의 처짐은 P점의 처짐+PA구간의 처짐으로 되고, PA구간의 처짐은 P점의 처짐각에 거리를 곱한 값으로, 다음과 같이 계산된다.

$$\delta_{A(P)} = \delta_P + \theta_P L = \frac{PL^3}{3EI} + \frac{PL^2}{2EI}L = \frac{5PL^3}{6EI}, \equiv \delta_{A(Q)} = \frac{Q(2L)^3}{3EI} = \frac{8QL^3}{3EI}$$

$$\frac{5}{6}P = \frac{8}{3}Q, \therefore Q = \frac{15}{48}P = \frac{5}{16}P$$

05 ① 캔틸레버 자유단(A)의 처짐은 하중 P로 인한 P점의 처짐+b구간의 처짐으로 되고, b구간의 처짐은 P점의 처짐각에 거리(b)를 곱한 값으로, 다음과 같이 계산된다.

$$\delta = \delta_P + \theta_P b = \frac{Pa^3}{3EI} + \frac{Pa^2}{2EI}b = \frac{(2Pa^3 + 3Pa^2 b)}{6EI} = \frac{Pa^2(2a+3b)}{6EI}$$

06 ① 캔틸레버 자유단(B)에서 하중 P로 인한 처짐은 하향으로 생기고, 모멘트 M으로 인한 처짐은 상향으로 생겨 이 둘을 중첩하여 계산하면 다음과 같다.

$$\delta = \delta_P - \delta_M = \frac{Pl^3}{3EI} - \frac{Ml^2}{2EI} = \frac{Pl^3}{3EI} - \frac{2Pl^3}{2EI} = \frac{2Pl^3 - 6Pl^3}{6EI} = -\frac{4Pl^3}{6EI} = -\frac{2Pl^3}{3EI}(\uparrow)$$

07 ③ 캔틸레버 자유단(B)에서 하중 P로 인한 처짐, 모멘트 M으로 인한 처짐은 다음과 같이 계산되고 이 둘이 같도록 비교하여 P를 산정하면 다음과 같다.

$$\delta_P = \frac{PL^3}{3EI} \equiv \delta_M = \frac{ML^2}{2EI}, \therefore \frac{PL^3}{3EI} = \frac{ML^2}{2EI}, \Rightarrow P = \frac{3EIML^2}{2EIL^3} = \frac{3M}{2L}$$

08 ③ 캔틸레버 자유단(B)에서 하중 P_1 과 P_2 로 인한 처짐이 같다고 식을 전개하여 계산하면 다음과 같다.

$$\delta_{P1} = \frac{P_1 L^3}{3EI} \equiv \delta_{P2} = \frac{P_2 (2L)^3}{3EI}, \therefore \frac{P_1 L^3}{3EI} = \frac{8P_2 L^3}{3EI}, \Rightarrow \frac{P_1}{P_2} = 8$$

09 ① 단순보에 집중하중과 등분포하중이 작용시 A점의 처짐각은 다음과 같다.

$$\theta_{A(P)} = \frac{PL^2}{16EI}, \theta_{A(w)} = \frac{wL^3}{24EI} = \frac{(P/L)L^3}{24EI} = \frac{PL^2}{24EI}, \therefore \theta_A = \theta_{A(P)} + \theta_{A(w)} = \frac{5PL^2}{48EI}$$

10 ② 게르버보이므로 먼저 우측 단순보 BC에서 B의 반력을 구해서(Vb=10kN) 좌측 캔틸레버보에 B점 하중(10kN)으로 작용시켜 B점의 처짐을 구하면 다음과 같다.

$$\delta_B = \frac{PL^3}{3EI} = \frac{10 \times 6^3}{3 \times 100,000} = 0.0072[m] = 7.2[mm]$$

11 ③ 스프링 지지된 보에 집중하중 P가 작용하면, 이 보는 집중하중에 의한 처짐에서 스프링의 강성(복원력)으로 인한 역처짐을 뺀 나머지가 순수한 C점의 수직변위(처짐)가 된다.

보의 처짐에서 스프링의 역처짐을 뺀 나머지가 순수하게 스프링의 변위가 되고 이것은 스프링힘의 스프링상수(강성도)가 주어져 있으므로, 강성도법으로 구한다.

1) 보의 강성도 : F=kδ에서 $\delta = \dfrac{PL^3}{48EI}$, $k_b = \dfrac{48EI}{L^3}$

2) 스프링의 강성도 : $k = k_b + k_s = \dfrac{48EI}{L^3} + k_s = \dfrac{48 \times (10000/16)}{10^3} + 1 = 4$

$$\delta = \dfrac{P}{k} = \dfrac{10}{4} = 2.5$$

12 ② C점에서 단순보의 처짐과 스프링의 처짐에 대한 변위 일치로 계산하면 다음과 같다.

$\delta_b = \dfrac{Pl^3}{48EI} - \dfrac{R_s l^3}{48EI} = \dfrac{Pl^3}{96EI}$, 2) $\delta_s = \dfrac{R_s}{k}$, $\delta_b = \delta_s$, $k = \dfrac{R_s}{\delta_b}$

13 ③ 스프링지지 부재가 강체이므로 C점의 처짐이 0.03m이면 비례관계에 의해 B점의 처짐은 0.01m가 된다. 이를 이용하여 스프링의 복원력을 구하면 다음과 같고, 이어서 C점에 작용된 하중도 다음과 같이 구할 수 있다.

F=kδ관계에서 B점에 연결된 스프링의 힘 $R_S = k_s \delta = (900)(0.01) = 9[N](\uparrow)$

A점에서 모멘트 평형을 취하면, $\Sigma M_A = -R_s \times 2 + P \times 6 = 0$, ∴ $P = 3[N]$

14 ③ 스프링 연결된 강체기둥의 임계하중을 구하는 문제로, 스프링이 힘을 받아 x만큼 변위가 생기면 스프링의 복원력은 kx이다. 길이 L인 기둥이 상단에 힘 P를 받아 변위 d가 생기고 이 힘은 스프링 연결로 인해 모멘트의 평형을 이루는데, 좌굴이 생기는 임계하중은 이 두 힘이 같은 점이 된다.

$\Sigma M_A = -P\delta + k\left(\dfrac{3}{4}\delta\right)\left(\dfrac{3}{4}L\right) = 0$이 되는 P가 임계하중이므로, 계산하면 $P = \dfrac{9}{16} kL$ 이다.

15 ① 스프링연결 강체 기둥의 탄성좌굴하중을 구하는 문제로, 1) B점이 변위를 일으켜 좌굴을 생기게 하는 힘은 Pδ이고, 2) 여기에 저항하는 힘은 A점의 회전스프링(Ms)의 복원력(Rs)과 B점 아래 수직 스프링의 복원력이다. 이들 세힘의 모멘트 평형을 A점에서 취하면 다음과 같다.

$\Sigma M_A = P\delta - M_s - R_S L = 0$, ($\delta = L\theta$, $R_S = kL\theta$, $M_S = k_\theta \theta$)

$PL\theta = k_\theta \theta + kL\theta(L)$, ∴ $P = \dfrac{k_\theta}{L} + kL$

16 ④ 스프링 연결된 보의 처짐을 구하는 문제로, 스프링의 강성이 주어져 있으므로 강성도법으로 다음과 같이 계산한다.

1) 보의 강성 : $k_b = \dfrac{48EI}{L^3} = \dfrac{48 \times 10^6}{10^3 \times 24} = 2{,}000\,[kN/m]$

2) 스프링의 강성 : $k_s = 1{,}000\,[kN/m]$

3) 스프링 분담 힘 : $R_s = \dfrac{k_s}{k_b + k_s}P = \dfrac{1000}{2000 + 1000} \times 30 = 10\,[kN]$

4) 스프링의 변위 : $\delta_s = \dfrac{R_s}{k_s} = \dfrac{10}{1000} = 0.01m = 10mm$

MEMO

김현
응용역학

🚧 학습의 주안점

제10장은 부정정 구조물의 해석 단원으로, 평균 약 1.5 문제 정도 출제되는 단원입니다. 부정정 구조물은 힘의 평형식 만으로 해석할 수 없기 때문에 적합조건 등을 추가로 활용하여서 문제를 풀어야 합니다. 부정정 구조물을 해석하는 방법은 응력법과 변위법으로 나뉘고 이들 각각도 변위일치법, 3연모멘트의 정리, 최소일의 방법, 처지각법 및 모멘트분배법 등 여러 가지의 방법들이 있으나, 공무원 9급에서는 어려운 문제들은 거의 출제되지 않고, 개념적으로 비교적 쉽게 적용할 수 있는 모멘트 분배법에 대한 내용들이 분배율이나 재단 모멘트 구하는 문제 등으로 주로 출제되고 있습니다. 따라서, 어려운 부정정 구조물의 해석법을 모두 익히는 것보다 전반적인 개념 정도 알고 난 후, 여러 방법들 중 모멘트 분배법을 중심으로 익혀 문제 풀이에 연습하도록 합시다.

제1절 부정정 구조물

제2절 3연 모멘트의 정리

제3절 변위일치법

제4절 에너지법

제5절 처짐각법

제6절 모멘트분배법

CHAPTER 10

부정정 구조물의 해석

CHAPTER 10 부정정 구조물의 해석

제1절 부정정 구조물

1 부정정 구조물의 개요

(1) 부정정 구조물은 구조물의 미지 반력의 수가 3개를 초과하여 힘의 평형방정식 만으로 해석이 불가능한 구조물을 말한다.

(2) 부정정 구조물을 해석하기 위해서는 평형방정식 외에 추가로 조건식이 필요하며, 기하학적인 방법을 이용하거나, 에너지 방법 및 수치해석법 등을 이용하여 해석한다.

2 부정정구조물의 해법

(1) 부정정구조물의 해법은 지점 반력이나 부재의 단면력을 미지수로 하는 응력법(force method)과 변위를 미지수로 하는 변위법(displacement method) 및 기타 수치해석법 등이 있다.

(2) 응력법은 유연도법이라고도 하며 처짐곡선의 미분방정식을 이용하는 방법, 3연모멘트의 정리를 이용하는 방법, 변위 일치의 방법, 가상일의 방법과 최소일의 방법 등의 에너지방법 등이 있다.

(3) 변위법은 강성도법이라고도 하며, 처짐각법과 모멘트분배법 등이 있다.

(4) 이 외에 매트릭스구조해석법이나 유한요소법 등의 수치해석법도 사용된다.

제2절 3연 모멘트의 정리

1 개요

(1) 부정정 연속보의 해석에 편리한 방법으로 클라페이론이 제시한 방법이다. 연속보에서 2경간 3지점으로 방정식을 만들어 부정정을 해석하는 것으로, 연속보에서 지점 모멘트를 부정정 여력으로 취하고 부정정 여력의 수 만큼 방정식을 만들어 이 방정식을 연립하여 풀어 지점의 모멘트를 구해나가는 방법이다.

(2) 연속보에 적용된다.

(3) 3지점(2경간)을 1조로 방정식을 하나씩 세운다.

❷ 3연 모멘트의 정리를 이용한 보의 해석

(1) 3연 모멘트의 정리를 이용한 보의 해석

① 기본식

$$M_A \frac{l_1}{I_1} + 2M_B \left(\frac{l_1}{I_1} + \frac{l_2}{I_2} \right) + M_C \frac{l_2}{I_2} = 6E(\theta_{BA} - \theta_{BC})$$

② I 동일한 경우: $M_A l_1 + 2M_B(l_1 + l_2) + M_C l_2 = 6EI(\theta_{BA} - \theta_{BC})$

　　here, M: 재단 모멘트
　　　　θ: 단순지지인 경우 보의 처짐각

(2) 유형 1 − 단순지지의 연속인 경우

　① 2경간

　　$M_1 = M_3 = 0$
　　미지수: M_2

　② 3경간

　　$M_1 = M_4 = 0$
　　미지수: M_2, M_3

　③ 4경간

　　$M_1 = M_5 = 0$
　　미지수: M_2, M_3, M_4

(3) 유형 2 − 고정단 있는 경우

　① 고정단 밖으로
　　가상힌지지점 연결

　　$M_1' = M_3 = 0$
　　미지수: M_1, M_2

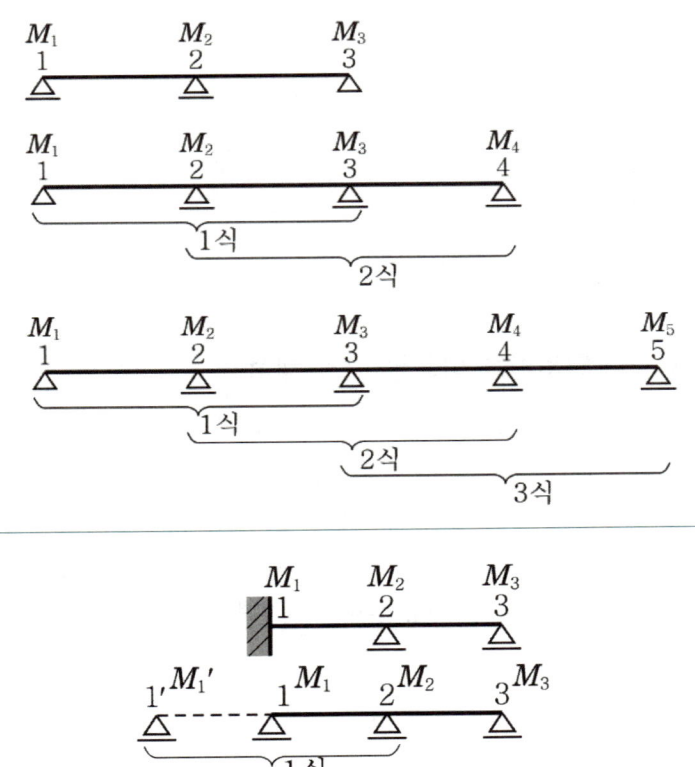

제3절 변위일치법

1 개요

(1) 부정정구조물로부터 적당한 수의 지점 반력을 제거하거나 부재를 절단하여 정정 구조물로 만든 것을 기본 구조물이라 한다.

(2) 기본 구조물에 주어진 하중만이 작용할 때와 부정정력만이 작용할 때의 외적 부정정력 작용 방향의 변위의 합은 0 이어야 한다는 변위의 구속 조건과 부재의 절단면에서의 부정정력 작용 방향의 상대 변위가 0이어야 한다는 변위의 연속조건을 한데 묶어 변위의 적합조건이라 하고 이 조건을 나타내는 식을 적합 방정식 또는 탄성 방정식이라 하며, 이 방정식을 사용하여 부정정구조물을 해석하는 방법을 변위 일치의 방법이라 한다.

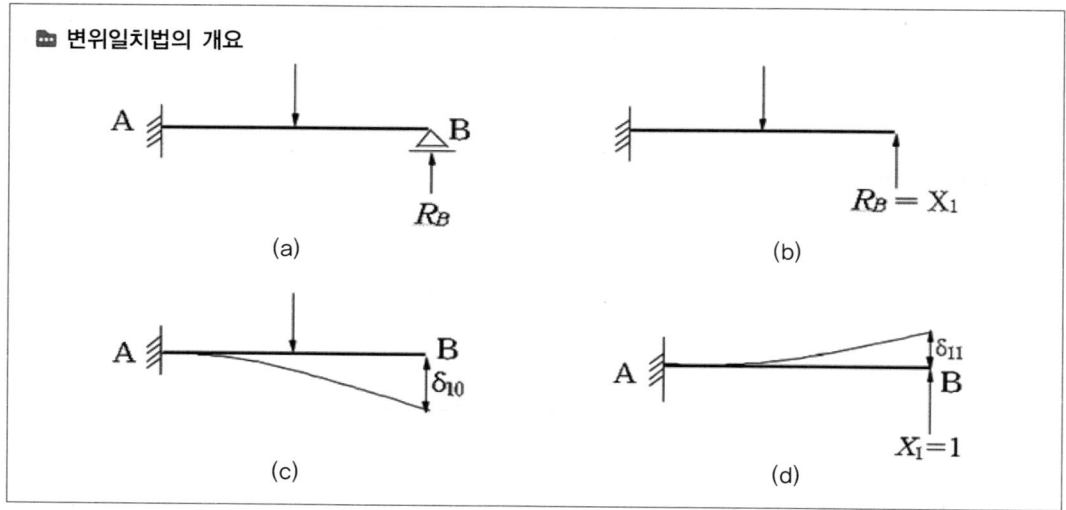

■ 변위일치법의 개요

2 변위일치법을 이용한 구조 해석

(1) 변위일치법의 적합 조건식이라고도 하며, 해법 순서는 다음과 같다.
① 부정정차수 만큼의 부정정력을 선정하고 기본 구조물을 만든다.
② 부정정차수 만큼의 적합조건식을 세운다.
③ ②의 n원 1차 연립 방정식을 풀어 부정정력, x1, x2⋯xn의 값을 구한다.
④ 구조물의 지점 반력, 부재의 단면력을 정역학적으로 구한다.

제4절 에너지법

1 에너지법의 개념과 적용

(1) **변형에너지(strain energy)**
  ① 물체는 하중을 가하거나 제거할 때 에너지를 저장 또는 방출할 수 있는데 이 때 하중으로 인한 부재의 변형으로 부재 내부에 저장된 에너지를 말하는 것으로 탄성에너지라고도 한다.
  ② 탄성체는 외력의 작용을 받아 변형되며 그 사이에 외력은 일을 하는데 이 일이 변환되어 탄성체 중에서 변형의 위치 에너지로 저장되는 것을 말한다.
  ③ 내부에너지로 저장되며 내부에너지는 외부의 일로 바꿀 수 있다.
  ④ 변형에너지는 내력일이다.
    ㉠ 축하중을 받는 보의 변형에너지

$$U = \frac{1}{2}P\delta$$

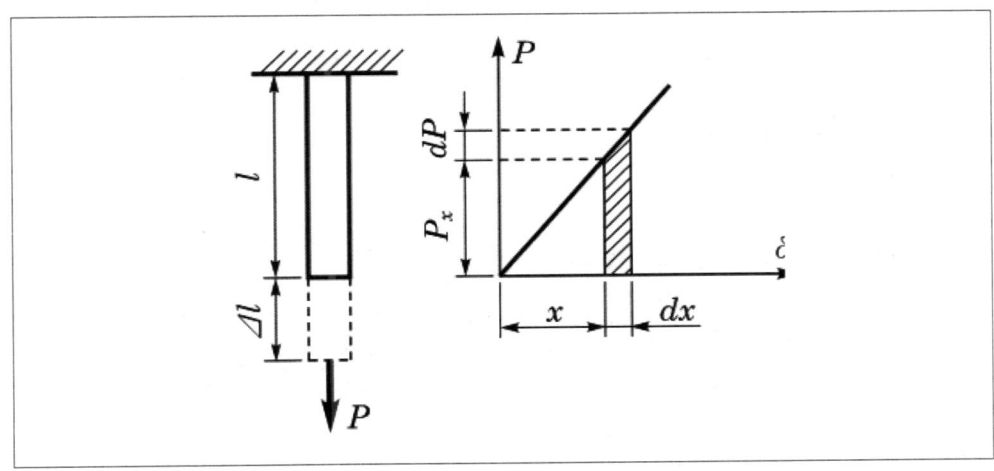

제5절 처짐각법

1 개요

(1) 처짐각법의 개념

① 1915년 미네소타대 조지 A. Maney 교수에 의해 제안된 처짐각법(slope-deflection method)은 연속보나 라멘과 같은 휨모멘트 저항 부정정구조물에서 골조의 변형량을 미지수로 하고 재단의 응력과 각 부재의 변형과의 관계를 평형조건식에 적용하여 미지수인 재단모멘트를 유도된 식으로 직접 구해나가는 방법이다.

② 휨부재에서 축방향력과 전단력에 의해서 생기는 부재의 변형은 상대적으로 미소하므로 무시하고, 휨모멘트에 의해 생기는 변형만 고려한다.

③ 절점에 생기는 절점각과 부재각을 함수로 표시한 절점 방정식과 층방정식에 의해 절점각과 부재각을 구하고 재단 모멘트를 구하는 방법이다.

④ 연속보나 라멘과 같은 부정정 구조물의 해석에 편리하게 활용한다.

(2) 해법상의 가정

① 부재는 직선재이고, 변형 후에도 길이의 변화는 없는 것으로 가정한다.

② 절점에 모인 각 부재는 모두 완전한 강접합으로 가정한다.

2 처짐각법의 기본식

(1) 처짐각법의 기호

① 휨을 받는 라멘이나 연속보에서 탄성변형을 한 부재 AB를 고려하면 다음 그림과 같다. 부재의 길이는 L이고, A점의 절점회전각(Angle of Joint rotation)은 θ_A, B점의 절점회전각은 θ_B이다. AB 부재의 상대 회전각(Revolution)은 R이고 이로 인한 절점 B의 상대 처짐은 Δ이다.

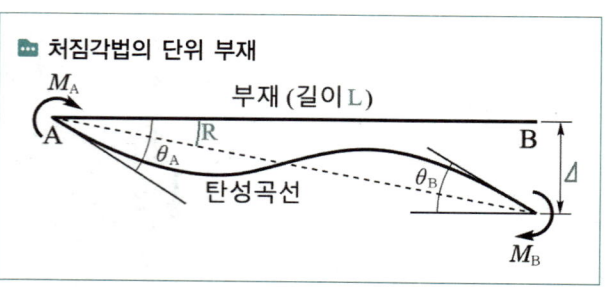

■ 처짐각법의 단위 부재

(2) 처짐각방정식(재단모멘트)

① A단 모멘트

$$M_{AB} = \frac{2EI}{L}(2\theta_A + \theta_B - 3R) + FEM_A$$

② B단 모멘트

$$M_{BA} = \frac{2EI}{L}(\theta_A + 2\theta_B - 3R) + FEM_B$$

(here, FEM : 고정단모멘트(Fixed End Moment)=하중항(C))

3 처짐각법을 이용한 구조해석

(1) 고정단모멘트(FEM)를 구한다.

(2) 처짐각 방정식을 세운다.

(3) 절점평형방정식을 세워 처짐각 θ를 구한다. (라멘의 경우 층방정식 세움)

(4) 부재의 상대 처짐(Δ)이 있는 경우, 부재회전각 R을 구한다.

(5) θ와 R을 처짐각 방정식에 대입하여 재단모멘트(M)를 구한다.

(6) 부재의 자유물체도를 작성하여 반력과 전단력을 구한다.

제6절 모멘트분배법

1 개요

(1) 1930년 일이노이대의 하디 크로스(Hard Cross) 교수에 의해 제안된 모멘트 분배법은 구조물의 절점에서 모멘트의 균형을 유지하기 위하여 지점 조건에 따른 분배율을 적용하여 불균형모멘트를 분배하는 과정을 반복하는 순환방식의 근사적 방법으로 부정정라멘의 해석에 효율적으로 사용되고 있다.

(2) 부정정 구조물의 여러 해법 중에서 연립방정식을 풀지 않고 간단한 계산으로 구하는 방법이다.

(3) 부정정 구조물의 해석 방법들 중에서 수계산 방법으로 가장 간편한 방법이다.

2 모멘트분배법을 이용한 구조해석

(1) 모멘트 분배법의 해법 순서(고정단M－불균형M－분배－전달)

  ① 강도(K : 부재 절대강도) 및 부재 상대강도(k) 계산

  ② 고정단 모멘트(FEM) 산정

  ③ 분배율(DF)과 분배 모멘트(DM) 계산

  ④ 전달률(COF)과 전달 모멘트(CM) 계산

  ⑤ 최종 재단 모멘트(FM) 계산

(2) 절대강도와 강비(부재 상대강도)의 계산

  ① 절대강도 (양단 고정) : $K = \dfrac{4EI}{l}$

  ② 강비(부재 상대강도, 양단 고정단) : $k = \dfrac{I}{l}$

(3) 고정단모멘트(FEM=하중항 C)

양단 고정단의 경우	C_{AB}	C_{BA}
A, w, B, L (등분포하중)	$-\dfrac{wL^2}{12}$	$\dfrac{wL^2}{12}$
A, P at L/2, B	$-\dfrac{PL}{8}$	$\dfrac{PL}{8}$
A, P at a,b, B	$-\dfrac{Pab^2}{L^2}$	$\dfrac{Pa^2b}{L^2}$

B단 힌지인 경우	$H_{AB} = C_{BA} + \dfrac{1}{2}C_{BA}$
A, w, B, L	$-\dfrac{wL^2}{8}$
A, P at L/2, B	$-\dfrac{3PL}{16}$
A, P at a,b, B	$-\left(\dfrac{Pab^2}{L^2} + \dfrac{1}{2}\dfrac{Pa^2b}{L^2}\right)$

(4) **불균형 모멘트(U.B.M)**

① 한 절점에서의 재단 모멘트 합을 말한다.

(5) **분배율과 분배 모멘트**

① 분배율(DF) : $DF = \dfrac{K}{\Sigma K}$

② 분배 모멘트(DM) : DM=분배율×불균형 모멘트

(6) **전달계수(COF)** : 반대지점으로 전단되는 모멘트의 비율
    ① 타단이 고정단인 경우 : COF=1/2
    ② 타단이 힌지인 경우 : COF=0
        ㉠ 고정단은 분배 모멘트를 전달만 받고 분배되지 않는다.
        ㉡ 힌지단은 분배 모멘트를 전달받지 못하고 1회 분배된다.

(7) **최종 재단모멘트**
    ① 최종 재단모멘트 = 고정단 모멘트 + 총분배 모멘트 + 총전달 모멘트
    ② 최종 재단 모멘트 = 구하는 점에 작용되고 있는 모멘트 + 구하는 점의 전달 모멘트

CHAPTER 10 단원 기본 문제

01 부정정 구조물이 정정 구조물에 비해 갖는 장점으로 옳지 않은 것은? 21 국

① 부정정 구조물은 설계모멘트가 작기 때문에 부재 단면이 작아져서 경제적이다.
② 부정정 구조물에서 부정정 반력이나 부정정 부재들은 구조물의 안전도를 향상시킨다.
③ 부정정 구조물은 처짐의 크기가 작다.
④ 부정정 구조물은 지반의 부등침하 또는 부재의 온도변화로 인한 추가 응력이 발생하지 않는다.

02 그림과 같은 부정정 구조물에 등변분포 하중이 작용할 때, 반력의 총 개수는? (단, B점은 강결되어 있다) 17 국

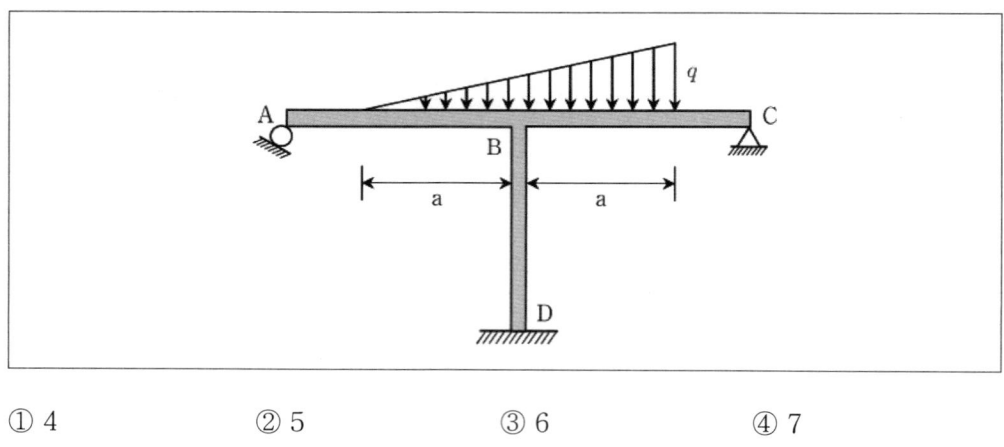

① 4　　② 5　　③ 6　　④ 7

03 다음 부정정보의 B단에 모멘트를 작용시킬 때, A단에 전달되는 모멘트(M_a)는 B단의 작용 모멘트(M_b)의 몇 배가 되는가? (단, E: 탄성계수, I: 단면2차모멘트) 07 국

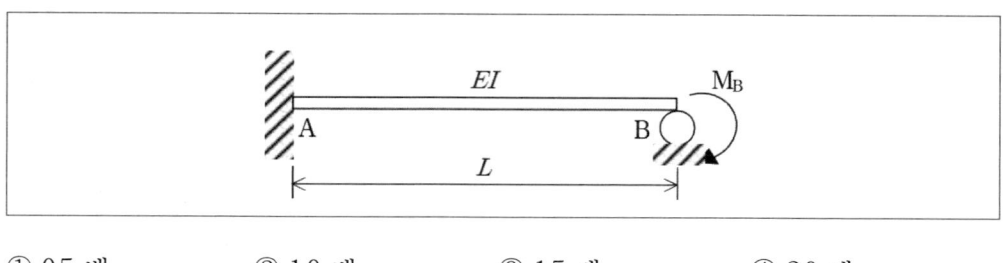

① 0.5 배　　② 1.0 배　　③ 1.5 배　　④ 2.0 배

04 다음 그림과 같은 부정정보에서 지점 A의 처짐각(Θa) 및 수직반력(Va)은? (단, 휨강성 EI는 일정하다) 08 국

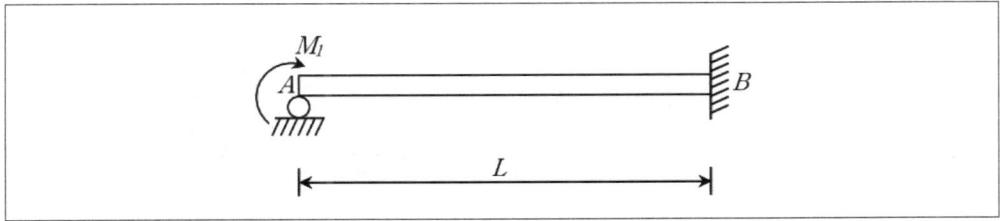

① $\theta_A = \dfrac{M_1 L}{4EI}$, $R_A = \dfrac{M_1}{2L}(\downarrow)$

② $\theta_A = \dfrac{M_1 L}{4EI}$, $R_A = \dfrac{3M_1}{2L}(\downarrow)$

③ $\theta_A = \dfrac{5M_1 L}{12EI}$, $R_A = \dfrac{M_1}{2L}(\downarrow)$

④ $\theta_A = \dfrac{5M_1 L}{12EI}$, $R_A = \dfrac{3M_1}{2L}(\downarrow)$

05 그림과 같은 부정정 구조물의 A점에 처짐각 $\theta_A = 0.025$ rad이 발생하였다. 이때 A점에 작용하는 휨모멘트 M_A의 크기[N·mm]는? (단, 휨강성 EI = 40,000 N·mm²이며, 구조물의 자중은 무시한다) 21 지

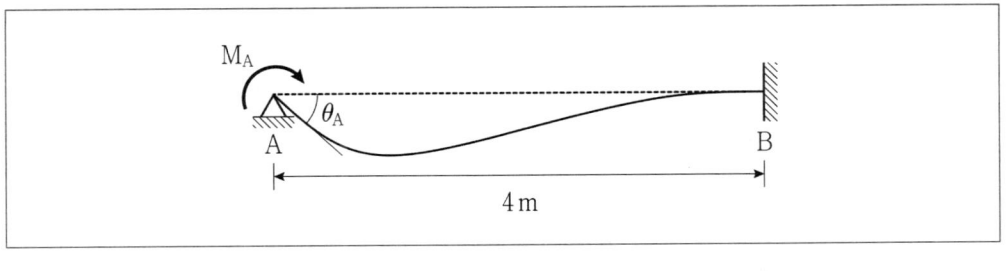

① 0.5 ② 1.0 ③ 5.0 ④ 10.0

06 그림과 같은 부정정보에서 B점의 고정단 모멘트[kN·m]의 크기는? (단, 구조물의 자중은 무시한다) 19 국

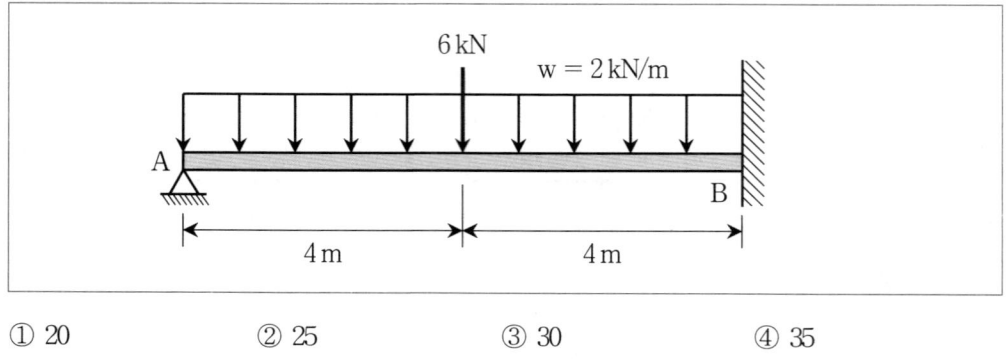

① 20   ② 25   ③ 30   ④ 35

07 그림과 같이 부정정보에 집중하중과 등분포하중이 작용할 때, B 지점에서 반력의 크기 [kN]는? (단, 보의 자중은 무시한다) 22 국

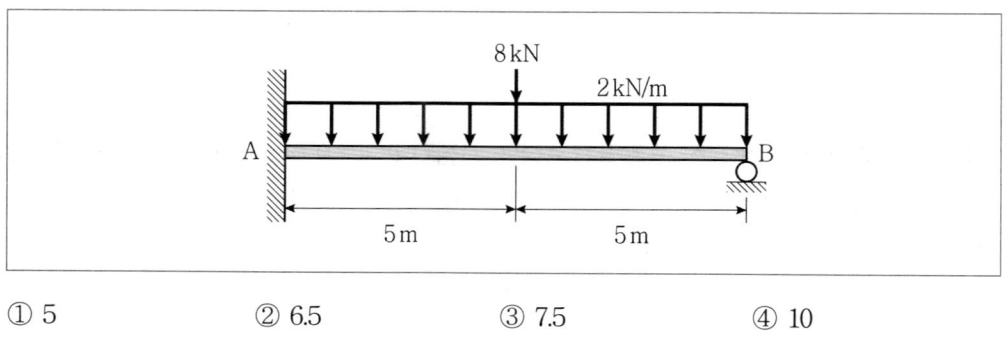

① 5   ② 6.5   ③ 7.5   ④ 10

08 다음 그림과 같이 끝단이 고정지지된 3개의 부재가 절점 A에서 강결되어 있다. 절점 A에 외력 모멘트 M이 작용할 때 부재 AB의 모멘트 분배율(분배계수)은? (단, I는 단면2차모멘트이다) 10 지

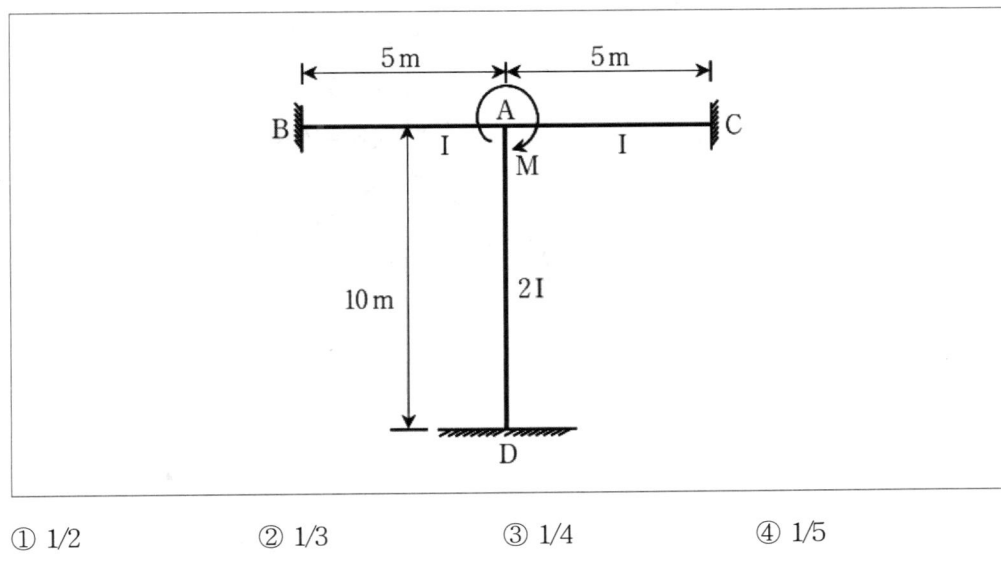

① 1/2 ② 1/3 ③ 1/4 ④ 1/5

09 그림과 같이 하중을 받는 부정정 구조물의 지점 A에서 모멘트 반력의 크기[kN·m]는? (단, 휨강성 EI는 일정하고, 구조물의 자중 및 축방향 변형은 무시한다) 20 지

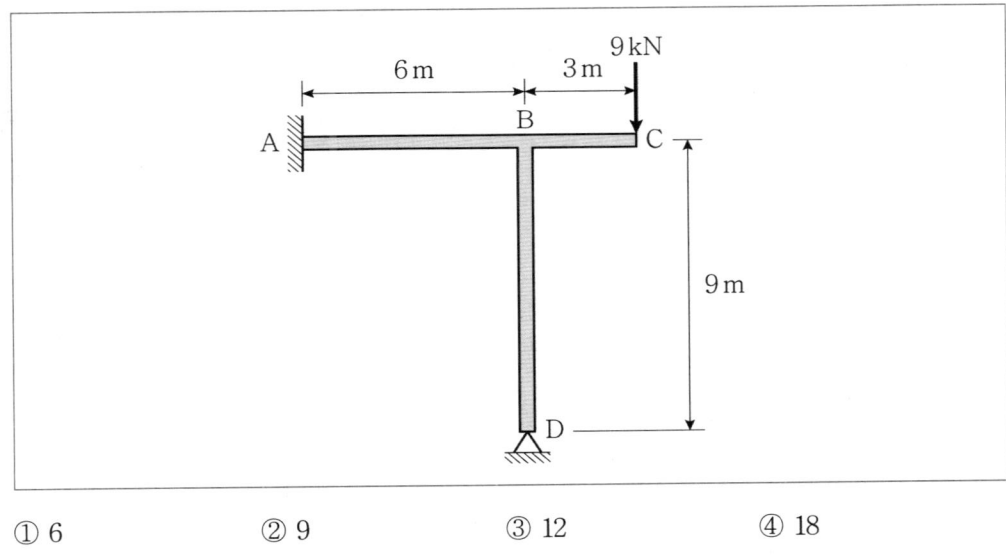

① 6 ② 9 ③ 12 ④ 18

10 그림과 같은 라멘 구조에서 O점에서 20 kNm의 모멘트가 작용할 때, C점의 모멘트는?
(단, 지점 A, B, C는 고정단이고, K는 강성도를 나타낸다)

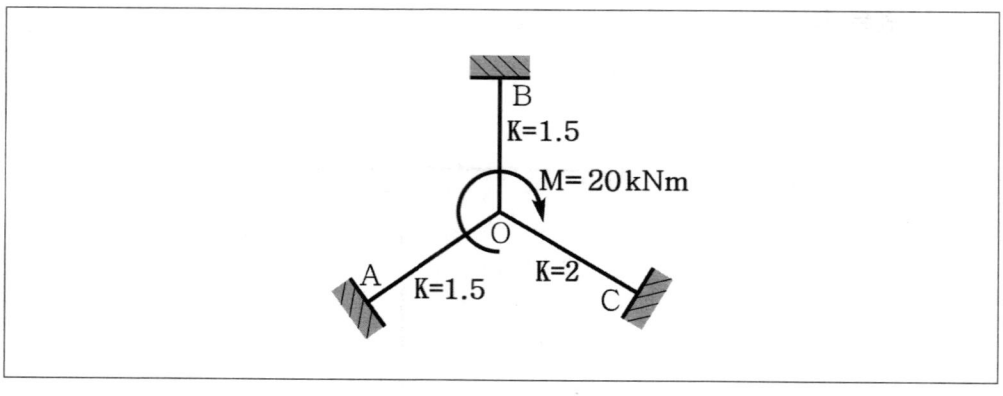

① 4 kN·m   ② 5 kN·m   ③ 8 kN·m   ④ 10 kN·m

정답 및 해설

01 ④ 02 ③ 03 ① 04 ② 05 ② 06 ② 07 ③ 08 ③ 09 ② 10 ①

01 ④ 부정정 구조물은 지반의 부등침하나 온도변화로 인한 추가 응력이 발생한다.

02 ③ 부정정구조에서 고정지점은 반력 3개, 힌지지점은 반력 2개, 롤러지점은 반력 1개로 모두 더하면 6개가 된다.

03 ① 타단고정인 부재로 모멘트를 전달할 때, 도달율은 1/2이다.

04 ② 일단고정 타단힌지인 부정정구조에서 힌지 지점의 처짐각과 반력은 다음과 같다.

$$\theta_A = \frac{M_1 L}{4EI}, \quad R_A = \frac{3M_1}{2L}(\downarrow)$$

05 ② 부정정구조의 처짐각을 이용하여 작용 모멘트하중(M)을 구하는 문제로 강성도법을 이용하여 다음과 같이 계산한다.

$$M_A = K_A \theta_A = \frac{4EI}{L}\theta_A = \frac{4 \times 40,000}{4,000} \times 0.025 = 1.0$$

06 ② 일단고정 타단힌지인 부정정에서 고정단 모멘트는 다음 식과 같이 집중하중이 작용하는 경우와 등분포하중이 작용하는 경우를 중첩하여 계산한다.

1) 집중하중시 $M_{B(P)} = \frac{3PL}{16}$, 2) 등분포하중시 $M_{B(w)} = \frac{wL^2}{8}$

$$\therefore M_B = \frac{3PL}{16} + \frac{wL^2}{8} = \frac{3 \times 6 \times 8}{16} + \frac{2 \times 8^2}{8} = 25[kN.m]$$

07 ③ 일단고정 타단힌지인 부정정구조에서 단순지점 B지점의 수직 반력은 다음 식과 같이 집중하중이 작용하는 경우와 등분포하중이 작용하는 경우를 중첩하여 계산한다.

1) 집중하중시 $V_{B(P)} = \frac{5P}{16}$, 2) 등분포하중시 $V_{B(w)} = \frac{3wL}{8}$

$$\therefore V_B = \frac{5P}{16} + \frac{3wL}{8} = \frac{5 \times 8}{16} + \frac{3 \times 2 \times 10}{8} = 7.5[kN]$$

08 ③ 모멘트분배법으로 분배율(DF)을 다음과 같이 구한다.

$$D.F = \frac{K}{\Sigma K} = \frac{(2I/4)}{(I/2 + I/2 + 2I/4)} = \frac{1}{3}$$

09 ② 모멘트분배법으로 A지점의 모멘트를 구한다.

1) 분배율 계산: $DF_{BA} = \frac{K_{BA}}{\Sigma K} = \frac{(4EI/6)}{(4EI/6 + 3EI/9)} = \frac{2}{3}$

2) 분배모멘트 $M_{BA} = M_B \times DF_{BA} = 27 \times \frac{2}{3} = 18$

3) 전달모멘트 $M_A = M_{BA} \times 전달율(1/2) = 18 \times \frac{1}{2} = 9$

10 ① 모멘트분배법을 이용하여 부정정 라멘을 계산하면 다음과 같다.

1) 분배율: $DF_{oc} = \frac{K_{oc}}{\Sigma K} = \frac{2}{1.5 + 1.5 + 2} = \frac{2}{5}$

2) 분배모멘트: $M_{oc} = 20 \times \frac{2}{5} = 8[kN.m]$

3) 전달모멘트: $M_c = 8 \times \frac{1}{2} = 4[kN.m]$

김현

주요 약력
- ㈜바로구조안전기술사사무소 부설 연구소장
- 건축기사 출제위원(건축구조)
- 한국연구재단 연구과제 선정 및 평가위원
- 친환경건축물 인증 심의위원
- 주택성능인증 심사위원
- 국가기술표준원 KS (건축 및 토목 기술 분야) 제정 및 개정 심의 위원
- 환경부 토목환경신기술 심사위원
- 국토부 건설신기술 심사위원
- 대덕연구단지 OO연구원 수석연구원 역임
- 공기업 OO공사 구조설계부서 근무(구조설계, 내진설계 실무 및 안전진단 업무)
- 충남대 공대 건축학과 강사·겸임교수(구조역학, 철근콘크리트구조, 철골구조 강의)
- The University of Auckland 토목공학과 교환교수(Visiting scholar)
- 고려대 건축공학과 대학원 졸업(건축구조공학 전공 박사과정 수료)
- 現. 박문각 공무원 건축직, 토목직 대표 강사

주요 저서
- 토목직 응용역학 기본서
- 토목직 토목설계 기본서
- 건축직 건축구조 기본서
- 토목직 실전 동형 모의고사
- 건축직 실전 동형 모의고사
- 철근콘크리트조 배근표준화 (기문당)
- 철근선조립공법 (기문당)
- 건축구조 토질기초의 AtoZ (기문당)
- 교육부 공업계고교 건축과 교과서(제6차교육과정) 집필(저자)
- 건축 및 토목기술 관련 연구보고서(복합구조 내진설계기법연구 등) 40여 권 저술
- 대한건축학회, 토목학회, 콘크리트학회 등 연구논문(정착길이 기준연구 등) 30여편 발표

김현 응용역학

초판인쇄 | 2025. 8. 1. **초판발행** | 2025. 8. 5. **편저자** | 김현
발행인 | 박 용 **발행처** | (주) 박문각출판 **등록** | 2015년 4월 29일 제2019-000137호
주소 | 06654 서울특별시 서초구 효령로 283 서경 B/D 4층 **팩스** | (02) 584-2927
전화 | 교재 주문·내용 문의 (02) 6466-7202

저자와의
협의하에
인지생략

이 책의 무단 전재 또는 복제 행위를 금합니다.

정가 20,000원
ISBN 979-11-7519-079-5